PUBLICATIONS SCIENTIFIQUES INDUSTRIELLES DE E. LACROIX

MANUEL
DU GRÉEMENT

ET

DE LA MANŒUVRE

POUR SERVIR AU BREVET

DE CAPITAINE AU LONG COURS ET DE MAITRE AU CABOTAGE

SUIVI DE NOTES

UTILES A TOUS LES MARINS

PAR

E. BRÉART

LIEUTENANT DE VAISSEAU

COMMANDANT LA CORVETTE D'INSTRUCTION DES ÉLÈVES DE L'ÉCOLE NAVALE IMPÉRIALE.

Ouvrage publié avec l'autorisation de Son Excellence le Ministre de la Marine.

Ire Partie

PARIS

LIBRAIRIE SCIENTIFIQUE, INDUSTRIELLE ET AGRICOLE

DE

E. LACROIX

15, QUAI MALAQUAIS

1861

MANUEL
DU GRÉEMENT

ET

DE LA MANŒUVRE

MANUEL
DU GRÉEMENT

ET

DE LA MANŒUVRE

POUR SERVIR AU BREVET

DE CAPITAINE AU LONG COURS ET DE MAITRE AU CABOTAGE

SUIVI DE NOTES

UTILES A TOUS LES MARINS

PAR

E. BRÉART

LIEUTÉNANT DE VAISSEAU

COMMANDANT LA CORVETTE D'INSTRUCTION DES ÉLÈVES DE L'ÉCOLE NAVALE IMPÉRIALE.

Ouvrage publié avec l'autorisation de Son Excellence le Ministre de la Marine.

PARIS

LIBRAIRIE SCIENTIFIQUE, INDUSTRIELLE ET AGRICOLE

DE

E. LACROIX

15, QUAI MALAQUAIS

Droit de traduction réservé

1861

PRÉFACE.

Depuis quelques années, et principalement depuis l'application de la vapeur à nos vaisseaux, des modifications si nombreuses ont été apportées dans leur gréement qu'il nous a semblé utile et nécessaire de les faire connaître aux jeunes gens qui se préparent à subir les examens de capitaine au long cours et de maître au cabotage.

Ce livre est en quelque sorte le résumé des leçons que nous avons professées à l'Ecole navale ; mais comme il s'adresse à un public marin, nous nous sommes dispensé de débuter par les préliminaires du métier, et nous avons évité d'entrer dans des détails trop minutieux qui eussent fatigué l'esprit du lecteur et grossi inutilement le volume.

Nous n'avons pas eu la prétention de faire un traité, mais seulement un manuel ; et la forme par questions et réponses a paru la plus convenable à un ouvrage de cette nature.

Ce livre est divisé en trois sections : la première est relative au bâtiment dans le port. Le navire, à l'état de carcasse flottante, est mâté au moyen des divers procédés connus, puis gréé d'après les dispositions réglementaires en usage dans nos arsenaux. La deuxième section traite du bâtiment en rade, de la manœuvre des canots et de celle des ancres. La troisième section appartient au bâtiment à la mer ; elle comprend les appareillages, évolutions diverses, manœuvres de mauvais temps, avaries, échouages, mouillages, etc... ; elle embrasse par conséquent dans son ensemble toutes les positions du navire, par beau ou mauvais temps.

La forme de rédaction adoptée pour ce manuel nous a mis dans l'obligation de faire figurer sous forme de notes, à la fin du volume, les développements nécessaires à certaines questions.

Notre désir, en publiant cet ouvrage, est d'être utile aux jeunes marins ; si nous parvenons à atteindre ce but, nous aurons dû une part de notre succès aux officiers qui nous ont précédé dans l'enseignement de la manœuvre, à l'Ecole navale.

BREST, juin 1860.

E. BRÉART.

SECTION I

DU BATIMENT DANS LE PORT

MANUEL

DU GRÉEMENT

ET

DE LA MANŒUVRE

MATAGE DU BATIMENT

1. Quels sont les procédés employés pour mâter un bâtiment ?

On met en place les bas-mâts d'un navire au moyen d'une machine à mâter, ou à l'aide de bigues. Le bâtiment armé dans un grand port est mâté par le premier procédé ; il n'a recours au deuxième, que lorsque la localité n'offre pas des ressources suffisantes, ou lorsqu'il est livré à ses propres moyens, après un abordage ou un échouage qui a occasionné la rupture partielle ou totale de sa mâture.

2. Décrivez une machine à mâter.

Une machine à mâter se compose ordinairement de deux ou trois mâts inclinés appelés bigues et faisant avec l'horizon un angle de 75 à 80°. Elles sont liées entre elles par des traverses nommées entretoises placées à intervalles égaux à partir du sommet et soutenues par des haubans qui s'appliquent à

des points fixes pris dans le voisinage ; quelquefois un mât vertical élevé sur l'arrière concourt avec les haubans à la solidité
des bigues ; il est lié avec elles par une pièce de bois qu'on
nomme antenne.

Un chouque surmonte le tout : il est à neuf réas en fonte
traversés par un même axe ; ces réas servent à composer avec
des poulies mobiles, des appareils doubles, triples ou quadruples, suivant les besoins.

Des cabestans sont placés dans le voisinage des bigues pour
servir aux appareils et aux amarres de travers destinés à rapprocher le vaisseau. La machine doit être assez inclinée pour
qu'on puisse mâter sans aucune difficulté les plus grands
bâtiments.

Les bâtiments de rang inférieur à la corvette à batterie sont
ordinairement mâtés au moyen d'une machine semblable
élevée sur un ponton et dont les mâts font avec l'horizon un
angle un peu plus ouvert que lorsqu'ils sont installés à terre ;
par la raison que, lors de l'opération, le poids du mât soulevé
fait incliner le ponton d'un nombre de degrés égal au moins à
la différence des deux angles.

5. Comment mâte-t-on un bâtiment avec la machine à mâter ?

On le hale sous la machine au moyen de quatre amarres,
deux à l'avant et deux à l'arrière, destinées à le maintenir dans
une position invariable ; d'autres amarres sont disposées par le
travers pour l'approcher ou l'écarter du quai, selon le besoin.
Les mâts ont été remorqués sous la machine, et élongés dans
le sens du bâtiment, entre lui et le quai.

On emploie trois appareils pour mâter les vaisseaux à trois
ponts, et deux seulement pour les vaisseaux de rang inférieur
et autres bâtiments. Ainsi que nous l'avons déjà dit, on forme
les appareils en composant chaque caliorne avec des rouets du
chouque, et une poulie mobile à double estrope. S'il s'agit de

mâter un vaisseau à deux ponts, on aiguillette sur les mâts deux
bagues en filin pour y crocher ces poulies : la première, à
quatre ou cinq mètres au-dessous des jottereaux, selon la longueur du mât; la deuxième, à deux mètres plus bas. Pour un
vaisseau à trois ponts, le troisième appareil se croche dans une
bague aiguillettée au-dessous des jottereaux à les toucher.
Après avoir embraqué à la main le mou des apparaux, on les
garnit au cabestan.

Virer, et avant que la tête du mât soit trop élevée au-dessus
de l'eau, y frapper deux cartahus; continuer à virer jusqu'à ce
que le pied du mât puisse parer le bastingage, haler alors sur
les amarres de travers pour obliger le bâtiment à s'approcher
du quai, de manière à placer l'étambrai directement à l'aplomb
de l'appareil. Présenter ensuite, à force de bras, le pied du
mât au-dessus de l'étambrai, et dévirer en douceur les deux
appareils. Le mât sera maintenu droit, au moyen de plusieurs
trévires; et pour éviter que ses cercles s'arrêtent au rebord de
l'étambrai, on pourra disposer, entre les mâts et les ponts, des
morceaux de bois verticaux. On continuera à dévirer, jusqu'à
ce que le mât repose bien carrément dans son emplanture, qui
préalablement aura été bien nettoyée et goudronnée.

4. Comment mâte-t-on le beaupré avec la machine à mâter?

Pour cette opération, deux appareils suffisent : on aiguillette
le grand appareil sur le mât, un peu en dehors de l'endroit qui
doit porter sur l'étrave, et le petit, au tiers de la longueur, à
partir du chouque; en raison des points où ils sont posés, le
mât prendra une position inclinée. On vire, et dès que le mât
est un peu hors de l'eau, on frappe au chouque deux faux bras
pour le diriger; puis, continuant à virer, on élève le pied du
mât à hauteur de l'étambrai; halant alors le bâtiment de l'a-
vant, au moyen de ses amarres, et manœuvrant convenablement les faux bras de tête, on introduit le mât dans son étam-

brai. Dévirant ensuite en douceur les apparaux, et halant fortement sur les garants de deux bons palans frappés à tribord et
à bâbord du mât, on l'oblige à entrer dans son emplanture.

5. Un navire étant complétement démàté, quelles sont les diverses
opérations à exécuter pour le mâter au moyen de bigues ?

1° Embarquer un mât de charge, le garnir, le mâter ;

2° Embarquer un mâtereau et deux espars devant servir de
petites bigues ;

3° Démâter le mât de charge, le dégarnir et le mettre à la
mer ; garnir le mâtereau et le mâter ;

4° Gréer et mâter les petites bigues, amener le mâtereau ;

5° Mâter le mât d'artimon ;

6° Embarquer les grandes bigues, les gréer et les mâter ;

7° Démâter les petites bigues ;

8° Mâter le grand mât ;

9° Mâter le mât de misaine ;

10° Mâter le beaupré, et amener les grandes bigues.

6. Les bigues ne doivent-elles pas remplir certaines conditions
indispensables à la réussite de l'opération du mâtage ?

Il faut qu'elles soient assez solides pour supporter le poids
du mât, et que leur point de croisure soit établi dans le plan
longitudinal du bâtiment, à une hauteur du pont supérieur, telle
que l'appareil qui y sera fixé pour l'opération du mâtage ne soit
pas mis à bloc avant que le pied du mât ait paré le plat-bord.

7. Dites comment on embarque un mât de charge, quelle est sa
garniture, et comment on le mâte.

Ce mât est un espars un peu fort, tel que le mât de perroquet
de fougue, ou le bout-dehors de grand foc ; on l'embarque au
moyen de trévires ; ce sont deux bouts de filin qui font dormant

à bord, passent par-dessus les bastingages, vont entourer le
mât et reviennent à bord; on agit sur eux de manière à élever
le mât carrément, ayant soin de le faire parer des porte-haubans, à l'aide de barres de cabestan; puis, lorsqu'il est arrivé à
hauteur des bastingages, on y frappe des retenues qui passent
par des sabords du pont. Dès qu'il a paré le plat-bord, on s'en
empare à bras, et on le porte par le travers du grand panneau
où il est disposé transversalement, de manière que sa caisse
repose sur le pont, et que l'autre extrémité soit appuyée sur le
bastingage du bord où il a été embarqué; on le saisit alors pour
pouvoir travailler commodément à le garnir.

Son gréement se compose de :
1° Trois ou cinq caliornes;
2° Une guinderesse de mât de perroquet;
3° Une poulie de guinderesse de mât de hune;
4° Deux cartahus de tête;
5° Quatre ou six palans de pied.

Les trois caliornes s'aiguillettent les premières; leurs poulies
inférieures se crochent en abord du bord opposé à celui qu'occupe le mât; l'une par le travers du grand panneau, les deux
autres sur l'avant et sur l'arrière, à quelques mètres de distance
de la première. Si le mât de charge est de grande dimension,
on peut ajouter deux caliornes agissant dans le même sens que
les précédentes.

La guinderesse de perroquet se capelle au-dessus par son
milieu; ses deux bouts, que l'on envoie sur l'avant et sur l'arrière, servent de haubans au mât, et sont raidis après avoir été
passés dans des poulies de retour; on aiguillette par-dessus une
poulie de guinderesse de mât de hune et deux cartahus de tête.
On frappe sur le pied du mât de charge quatre ou six palans:
quatre ou trois de ces palans, crochés sur la caisse, serviront à
sailler le mât sur le bord où on veut le placer; un ou deux autres palans crochés au bord opposé serviront de retenues.

Supposons qu'on veuille établir ce mât à bâbord.

Agir sur les palans de pied, faire passer la caisse sur le grand panneau, et l'amener à s'appliquer contre l'hiloire. Peser les caliornes jusqu'à ce que l'extrémité du mât déborde un peu le bastingage et soit assez élevée pour laisser passer facilement entre elle et le plat-bord le mâtereau et les deux vergues qui doivent être embarqués; genoper les garants des caliornes; bien raidir les deux doubles de la guinderesse servant de haubans, et les palans de pied.

8. Embarquez le mâtereau et les deux espars devant servir de petites bigues.

Une guinderesse de mât de hune dont la poulie de retour est placée sur le pont, près du pied du mât de charge, est passée dans la poulie aiguilletée à la tête du mât; on l'affale jusqu'à la mer et sur le milieu du mât de hune qui doit servir de mâtereau et qui a été conduit le long du bord; on aiguillette une poulie de guinderesse, dans laquelle on passe la guinderesse qui remonte faire dormant à la tête du mât de charge. On frappe, à chaque extrémité du mâtereau, un des cartahus de tête qui serviront en quelque sorte de balancines et auront par conséquent pour but de le maintenir horizontal pendant qu'on l'embarquera. On frappe aussi à chaque extrémité un cartahu qui servira à haler le mât en dedans, lorsqu'il sera arrivé au-dessus du bastingage.

Garnir la guinderesse au cabestan, virer et élever le mât à bonne hauteur; le haler en dedans et l'amener sur le pont.

Les espars devant servir de petites bigues, et qui sont ordinairement les vergues de hune du bâtiment, s'embarquent de la même manière.

9. Que faut-il faire après avoir embarqué le mâtereau et les petites bigues?

Démâter le mât de charge, le dégarnir et le mettre à la mer; garnir le mâtereau et le mâter.

10. Décrivez ces diverses opérations.

On démâte le mât de charge en l'amenant sur les caliornes qui ont servi à le mâter; on le dégarnit, et on le met à la mer, au moyen de trévires, ou on le lance par un sabord des gaillards.

On s'empare ensuite du mâtereau que l'on porte à bras dans le plan longitudinal du bâtiment; sa caisse s'appuie contre l'hiloire arrière du grand panneau, et on fait reposer sa tête sur un espars placé transversalement sur les bastingages, en avant de l'étambrai du mât d'artimon. Pour pouvoir le gréer avec facilité, on établit, si cela est nécessaire, une sorte d'échafaudage que supporte l'espars. Le gréement se compose de :

1° Quatre palans de bout de vergue : deux de chaque bord servant de haubans;

2° Trois ou cinq caliornes à pantoires;

3° Deux ou quatre caliornes devant servir au mâtage des petites bigues;

4° Un cartahu de tête;

5° Quatre palans pour assujettir le pied du mât.

Les palans de bout de vergue servent de haubans, deux de chaque bord : le premier se place par le travers; le deuxième un peu sur l'arrière, de manière à bien maintenir le mât. Des caliornes, placées par-dessus les bouts de vergue, doivent servir à élever le mât; soit que l'on en emploie trois ou cinq, celle du milieu se croche près de l'étambrai du beaupré, et les autres sur le gaillard d'avant, ou sur les bossoirs, dans des positions symétriques par rapport à la première.

Pour mâter le mâtereau, peser les caliornes de l'avant, en filant à retour les bouts de vergue servant de haubans; les palans frappés au pied du mât, deux sur l'avant, deux sur l'arrière, le maintiennent contre l'hiloire du grand panneau. Dès que le mât est vertical, on l'assujettit dans cette position, au moyen de ses haubans et de ses étais, et on bride sa caisse avec la grande épontille.

Si la tête du mâtereau avait été placée sur l'avant, on l'aurait mâté à l'aide des caliornes destinées à élever les petites bigues.

11. Comment grée-t-on et mâte-t-on les petites bigues.

(Planche VIII.) — On les porte sur l'arrière, de chaque bord, de manière qu'elles reposent sur le pont par une extrémité et que l'autre se croise sur la dunette ; on a le soin de placer par-dessus celle qui se trouve du bord où le mât doit être embarqué. Les extrémités inférieures doivent être placées en abord et se trouver en regard l'une de l'autre sur une ligne perpendiculaire à la quille ; de plus, le point de croisure doit être situé dans le plan longitudinal. Pour que leurs pieds n'endommagent pas le pont lorsqu'elles seront verticales, on les introduit dans des savates ; ces savates sont d'épais morceaux de chêne dans lesquels sont pratiquées des mortaises circulaires pour recevoir les pieds des bigues ; elles sont munies de trois fortes estropes, une à chaque extrémité et la troisième sur leur face intérieure. On croche dans ces estropes des palans qui servent à faire marcher les bigues sur l'avant ou sur l'arrière et à écarter au besoin la savate du bord.

Au point de croisure des vergues, on fait une bonne portugaise pour les lier ensemble.

Le gréement des petites bigues se compose de :

1° Une poulie d'appareil pour mâter le mât d'artimon (si l'on opère sur un vaisseau ou sur une frégate, on emploie un deuxième appareil) ;

2° Une poulie de guinderesse pour la cravate, aiguilletée un peu au-dessus de la portugaise sur la bigue supérieure ;

3° Deux étais de tête de la force des guinderesses de perroquet qui se capellent par leur milieu sur chaque bigue au-dessus de la portugaise, au moyen de deux demi-clés (les extrémités de ces deux étais passent sur l'avant, dans des poulies crochées près de l'étambrai du beaupré, et sur l'arrière, dans des poulies sur les bossoirs du canot de poupe ou sur le couronnement) ;

4° Deux étais inférieurs de la même force que les précédents et qui se capellent aussi par leur milieu au quart de la longueur des bigues à partir de leur point de croisure ; leurs extrémités vont, sur l'avant et sur l'arrière, passer dans des poulies placées en dedans de celles qui servent au même usage pour les étais supérieurs ;

5° Deux cartahus de tête aux extrémités supérieures des vergues.

On consolide chaque bigue par des bouts-dehors qui y sont solidement bridés, puis on frappe sur chacune d'elles et à peu de distance du pont un palan qui devra servir à maintenir son pied dans la savate lorsqu'on la mâtera ; les bridures sont souquées par des coins.

Si deux caliornes venant du mâtereau doivent suffire à mâter les bigues, on en aiguillette les poulies inférieures un peu au-dessus des demi-clés des étais inférieurs. Lorsqu'on emploiera quatre caliornes, on aiguillettera les deux dernières à la portugaise.

Les bigues étant ainsi gréées, on les mâte en halant sur les caliornes de mâtage et sur les étais de l'avant, filant les étais de l'arrière et les palans de bout. Une fois verticales, on raidit bien les étais de l'arrière, puis on cloue des taquets autour de leurs pieds sur les savates pour bien les maintenir en position.

Le mâtereau est devenu inutile ; on l'amène sur le pont à l'aide des caliornes de mâtage dont on a passé les garants dans des poulies de retour aiguilletées sur les bigues ; ou bien on dépasse un tour des garants pour faire venir le courant de la poulie inférieure.

12. Les petites bigues ayant été mâtées, dites quelles sont les opérations à faire avant de mâter le mât d'artimon, et comment s'en
exécute le mâtage.

Il faut d'abord épontiller le pont de chaque bord et près de
la muraille, sur toute la longueur du chemin que les savates
ont à parcourir ; puis disposer de chaque côté, le long de la
serre gouttière, un espars qui aura pour but d'empêcher que la
savate ne soit arrêtée par les pitons ou boucles de la muraille.

Ces dispositions prises, agir également et sans secousse sur
les palans de l'arrière des savates, filant à retour ceux de l'a-
vant. Les bigues prendront ainsi une certaine inclinaison qu'on
cessera d'accroître avant de craindre pour leur stabilité, et on les
ramènera verticales en halant sur les étais de l'arrière, filant
ceux de l'avant. Les incliner et redresser ainsi alternativement
jusqu'à ce qu'elles soient arrivées un peu sur l'avant de l'étambrai du mât d'artimon. Dans cette position, brider leurs pieds
contre les murailles en embrassant avec les saisines, les
vergues et les sabords les plus voisins.

Disposer ensuite un fort espars en travers sur les bastingages
ou le pousser par un sabord de la batterie haute ; son extrémité
débordera le bâtiment de quelques mètres ; elle sera maintenue par deux palans en sous-barbe crochés dans des boucles de
la préceinte et par un palan aiguilleté sur la bigue servant de
balancine. Cet espars recevra à son extrémité deux palans devant servir à écarter le mât du bâtiment lorsqu'on le hissera ;
d'abord crochés aux jottereaux, on les descendra ensuite plus
bas, à mesure que le mât montera.

Le mât d'artimon est élongé le long du bord, la tête vers
l'arrière. Aiguilleter la caliorne d'appareil à une distance du
pied du mât un peu plus petite que celle qui existe entre la
poulie supérieure et la lisse de bastingage ; si l'on se sert d'un
deuxième appareil, l'aiguilleter à quelques mètres au-dessus.

La poulie inférieure de la cravate a son point d'application près
des jottereaux ; cette cravate passe dans une poulie de retour
au pied de la bigue du bord opposé à celui où le mât s'embarque, de là dans la poulie aiguilletée au-dessus de la portugaise, puis dans celle placée sur le mât près des jottereaux et
vient faire dormant à la tête des bigues.

On a consolidé la bigue qui est du bord opposé à celui où le
mât s'embarque par une caliorne dont la poulie inférieure est
crochée à son pied.

Ces dispositions étant faites, virer la cravate jusqu'à ce que
la tête du mât ait paré le bastingage, en se contentant d'embraquer l'appareil bien raide ; traverser alors le mât au moyen
d'une aussière amarrée sur son pied et frapper à son tenon
deux cartahus de tête. Continuer à virer jusqu'à ce que le pied
du mât passe par-dessus le bastingage ; le mât vient alors à
l'appel de l'appareil, et les palans de l'arc-boutant lui servent
de retenues pour l'empêcher de rentrer trop brusquement.
Lorsqu'il est au-dessus de son étambrai, dévirer en douceur et
le diriger convenablement au moyen de trévires jusqu'à ce
qu'il repose bien carrément dans son emplanture. Défrapper ensuite l'appareil et la cravate, rentrer l'espars en dedans et larguer les bridures qui maintenaient les bigues contre le bord.

13. Comment s'embarquent, se gréent et se mâtent les grandes
bigues ?

(Planche IX.) — On doit faire marcher les petites bigues
assez sur l'avant pour pouvoir élonger les grandes bigues entre
elles et le mât d'artimon.

Les grandes bigues se forment soit avec les mâts de hune
du bâtiment, soit avec l'un de ces mâts et une basse vergue,
ou bien encore en employant les deux basses vergues. On les
embarque au moyen de l'appareil et de la cravate qui ont
servi à mâter le mât d'artimon, en se servant d'un espars
disposé comme nous l'avons dit, § 12, et garni des mêmes

palans. Lorsqu'elles sont à bord, on fait reposer leurs pieds dans de fortes savates placées sur l'arrière et près de celles des petites bigues ; leurs autres extrémités se croisent sur un espars établi sur les bastingages et placé à quelques mètres en avant du mât d'artimon ; celle qui doit se trouver du bord où l'on embarquera le mât, ayant été placée par-dessus, on fait la portugaise.

Le gréement des grandes bigues se compose de :

1° Deux étais de tête | capelés et passés comme ceux des
2° Deux étais inférieurs | petites bigues ;

3° Une poulie de petit appareil à toucher la portugaise ;

4° Une poulie de grand appareil aiguilletée aussi à la portugaise, mais avec plus de battant que l'autre, pour tomber au-dessous (pour les vaisseaux et frégates, on se sert d'un autre appareil intermédiaire aiguilleté à la portugaise comme le petit appareil) ;

5° Une poulie de cravate aiguilletée au-dessus de la portugaise sur la bigue de dessus ;

6° Deux cartahus à l'extrémité supérieure de chaque vergue.

On aiguillette à la tête des petites bigues deux caliornes dont les poulies inférieures se crochent sur les grandes bigues à une distance de leurs pieds égale à la hauteur des poulies supérieures au-dessus du pont. De plus, pour aider à soulager la tête des bigues, on aiguillette à la portugaise la poulie inférieure d'une caliorne venant du mât d'artimon et celle de l'appareil qui a servi à mâter le mât d'artimon. Ce mât est soutenu par deux caliornes en haubans et une caliorne en étai sur l'arrière ; en outre, on maintient les petites bigues dans l'effort qu'elles ont à supporter par deux ou quatre palans de bout de vergue frappés entre la portugaise et les étais inférieurs ; d'autres palans placés sur les parties inférieures des bigues sont destinés à maintenir les pieds dans les savates pendant l'opération du mâtage qui s'exécutera en soulageant d'abord les bigues avec la caliorne du mât d'artimon, et achevant de les mâter avec les

trois caliornes de mâtage et les étais de l'avant. Lorsqu'elles
sont verticales, on raidit bien les étais de l'arrière et on désai-
guillette la caliorne du mât d'artimon.

14. Comment démâte-t-on les petites bigues ?

On les amène sur l'avant à l'aide des caliornes qui ont servi
à mâter les grandes bigues, et l'on procède de la manière
décrite § 11 relativement au mâtereau.

15. Dites comment on mâte le grand mât avec les grandes bigues.

(Planche X.) — On les fait d'abord marcher sur l'arrière par
un procédé analogue à celui employé pour les petites bigues
jusqu'à les amener un peu sur l'avant de l'étambrai ; elles sont
mises en position verticale au moyen des étais et l'on cloue
des taquets sur les savates autour de leurs pieds. Des espars ou
de forts bouts-dehors sont solidement bridés sur chacune d'elles
pour les consolider ; on les saisit aussi contre le bord. Les étais
sont renforcés par deux ou quatre caliornes crochées sur l'avant.
On dispose un espars qu'on place en travers sur les bastingages,
ou qu'on pousse par un sabord des gaillards comme lorsqu'il
a fallu mâter le mât d'artimon.
   Les garants des appareils et la cravate sont passés.
   Le grand mât a été amené le long du bord, la tête vers l'arrière ; on aiguillette la poulie inférieure du grand appareil à
une distance du pied plus petite que la distance de la poulie
supérieure à la lisse du bastingage : la poulie inférieure du
petit à quelques mètres au-dessus, et la poulie de cravate au-
dessous et près des jottereaux ; une aussière passée dans une
poulie sur l'arrière est frappée sur le pied du mât pour servir
à le traverser au moment convenable. On garnit au cabestan la
cravate et le grand appareil et l'on vire la cravate, embraquant
seulement le grand appareil jusqu'à ce que la tête du mât ait

dépassé le bastingage, on frappe alors deux cartahus de tête et on traverse le mât. Pendant ces diverses opérations, les palans venant de l'espars et frappés alternativement à diverses hauteurs sur le mât ont servi à le faire parer du bord ; on continue à virer le grand appareil meilleur, et maintenant raide le petit appareil à un troisième cabestan. Le reste de l'opération s'exécute comme pour le mât d'artimon.

16. Que fait-on après avoir mâté le grand mât ?

On fait marcher les grandes bigues jusque sur l'avant de l'étambrai du mât de misaine et on mâte ce mât en opérant en tous points de la même manière que pour le grand mât ; il est seulement nécessaire de renforcer les étais de l'avant, parce qu'en raison de leur faible inclinaison ils soutiennent moins les bigues.

17. Que reste-t-il à faire après avoir mâté le mât de misaine ?

On mâte le beaupré. Pour exécuter cette opération, il faut incliner les grandes bigues sur l'avant et les maintenir dans l'inclinaison convenable au moyen de quatre caliornes fixées par leurs poulies supérieures au ton du mât de misaine ; deux des poulies inférieures de ces caliornes sont aiguilletées immédiatement au-dessous de la portugaise, les deux autres à la hauteur des étais inférieurs. Le mât de misaine est soutenu par des caliornes crochées sur l'arrière ; on décroche et enlève les caliornes qui avaient servi à renforcer les étais de l'avant.

Le mâtage du beaupré s'effectue avec deux ou trois appareils et une cravate. On aiguillette le grand appareil sur le mât, un peu en dehors de l'endroit qui doit porter dans l'étambrai, et le petit, à deux ou trois mètres en dehors ; la poulie mobile de cravate est frappée en dedans des violons et à les toucher. L'opération s'accomplit comme elle est décrite au § 4. Lorsque le beaupré est en place, on amène les grandes bigues sur les caliornes aiguilletées à la portugaise, en halant leurs pieds sur l'arrière jusqu'à ce que la croisure des vergues puisse reposer sur un espars placé en travers sur les bastingages. Dans cette position, on les dégarnit. Le mâtage du bâtiment est achevé.

18. La longueur du gaillard d'avant ne sera-t-elle pas quelquefois un obstacle au mâtage du beaupré à l'aide des bigues, et à quel moyen pourra-t-on alors avoir recours pour effectuer cette opération ?

Oui, il peut arriver qu'en raison de la longueur du gaillard d'avant, les vergues n'aient pas assez de saillie pour pouvoir effectuer le mâtage : on a alors recours à un mât de hune poussé en bataille.

19. Comment mâte-t-on le beaupré au moyen des grandes bigues et d'un mât de hune poussé en bataille.

Après le mâtage du mât de misaine, on maintient les grandes bigues verticales ou un peu inclinées sur l'avant ; elles sont soutenues par quatre caliornes disposées comme nous l'avons dit § 17. On aiguillette à leur tête, au-dessus de la portugaise, trois caliornes : la première est destinée à supporter la caisse du mât, on la nomme caliorne de support ; les deux autres servent de balancines. Le mât que l'on veut pousser en bataille est disposé longitudinalement sur le gaillard d'avant. La poulie inférieure de la première caliorne est frappée sur la caisse ; celle de la deuxième, à l'origine de la noix ; celle de la troisième, au milieu de la noix. On frappe de chaque bord sur la caisse deux palans de travers ; ceux de l'avant se crochent dans des erses baguées au trou de liure ; ceux de l'arrière dans des boucles placées à peu près par le travers de la caisse lorsque le mât de hune sera saillé suffisamment en dehors.

On dispose longitudinalement sur le gaillard d'avant de chaque bord un espars ayant à peu près la force du mât de hune ; chacun d'eux fait saillie à quelques mètres en dehors et est solidement tenu par de forts palans crochés à l'extérieur tenant lieu de haubans et sous-barbes ; on les bride aussi avec le bord. Deux caliornes, l'une à bâbord, l'autre à tribord, sont frappées à la caisse et aiguilletées sur chaque espars à l'endroit où sont placés les palans qui le maintiennent ; elles ont pour but d'empêcher le mât de hune de rentrer en dedans.

La poulie supérieure du grand appareil doit être aiguilletée en dehors et à toucher la poulie inférieure de la caliorne de la balancine intérieure ; la poulie supérieure du petit appareil placée dans une position semblable par rapport à l'autre balancine : la poulie de cravate s'aiguillette en dehors sur les épaulettes du mât. La cravate est une guinderesse qui, après avoir passé dans cette poulie, se rend dans une poulie aiguilletée sur le mât en dedans des violons et remonte faire dormant sur le mât de hune un peu en dehors de la poulie dans laquelle passe le courant. On frappe en outre de chaque bord, contre la poulie de cravate et celle du petit appareil, un palan de garde qui se croche au capelage de chaque espars.

Tout étant ainsi disposé, sailler le mât de hune en dehors à bras et à l'aide de la caliorne de bout, puis le soulager à la fois sur la caliorne de support et les deux balancines. Maintenir la caisse dans une bonne position au moyen des palans qui y sont frappés, puis donner au mât de hune l'inclinaison nécessaire pour qu'on puisse mâter le beaupré. Comme la caliorne de bout aura un grand effort à supporter, il sera prudent de passer plusieurs tours d'un bon filin autour de la caisse et de boucles en abord.

L'opération du mâtage s'effectue ensuite de la manière décrite au § 4.

20. Quelle est la série des opérations successives à exécuter pour démâter un navire avec des bigues ?

Si le démâtage doit être complet, disposer les grandes bigues sur l'avant du mât de misaine où elles seront gréées, mâtées et inclinées convenablement pour démâter le beaupré.

Les redresser, les amener à un pied sur l'avant de l'étambrai du mât de misaine et démâter ce mât.

Les faire marcher sur l'arrière ; démâter le grand mât.

Élever par leur moyen un mâtereau à petite distance sur l'avant de l'étambrai du grand mât.

Continuer à les faire marcher sur l'arrière et démâter le mât d'artimon.

Lorsque les bas mâts ont été successivement mis à la mer, amener les bigues sur deux ou quatre caliornes venant du mâtereau ; et palanquer leurs pieds sur l'avant, de manière à faire reposer la croisure des vergues sur un espars placé en travers sur l'avant de l'étambrai du mât d'artimon ; les dégarnir et les mettre à la mer au moyen du mâtereau que l'on inclinera du bord où elles devront être débarquées, après l'avoir maintenu convenablement.

Amener ensuite le mâtereau et le dégarnir ; le débarquer avec deux trévires ou le lancer à la mer par un sabord.

21. Est-on toujours forcé d'avoir recours à de grandes bigues pour mâter ou démâter un bas mât?

Cette opération peut s'effectuer pour le beaupré, au moyen de la vergue de misaine ; et pour le mât d'artimon, au moyen de la grand'vergue poussées en flèche ou en bataille. Le mât de misaine et le grand mât sont d'un trop grand poids et aussi trop éloignés l'un de l'autre, pour qu'il soit possible de les mâter ou démâter autrement qu'avec des bigues.

22. Comment démâte-t-on le beaupré au moyen de la vergue de misaine poussée en flèche ou en bataille?

Je suppose qu'un bâtiment armé ait à changer son beaupré, et je vais décrire les dispositions préliminaires à prendre, puis les moyens qui s'emploient pour enlever ce mât et le remplacer.

Il faut dépasser le petit mât de perroquet, dégréer la vergue du petit hunier, caler ou dépasser le petit mât de hune, rentrer les bouts dehors de foc et leur gréement, déverguer la misaine, dépasser ses cargues, envoyer ses bouts-dehors en bas ; remplacer les étais de misaine par les caliornes de basmât crochées sur chaque bossoir, dégarnir le beaupré n'y laissant que le chouque ; larguer les liures et décoincer le mât dans son étambrai.

Je suppose qu'on veuille disposer la vergue de misaine à bâbord du mât. Pour faciliter son apiquage, frapper un cartahu double sur l'extrémité bâbord, embraquer bien raides les drisses et larguer la suspente. Mollir ensuite les drisses en apiquant la vergue sur bâbord jusqu'à ce que son bout puisse passer entre les haubans et le mât. Décrocher la poulie de bras et décapeler la balancine de bâbord. Frapper un palan sur l'extrémité de la vergue et la haler sur l'arrière en mollissant les drisses et la balancine tribord jusqu'à ce que la vergue repose sur le pont.

Décrocher les drisses. Aiguilleter les estropes de leurs poulies supérieures au capelage du mât à bâbord ; elles auront assez de battant pour que les garants ne puissent toucher le bord de la hune lorsque la vergue sera poussée dans la position qu'elle doit définitivement occuper. Frapper la poulie inférieure de la drisse d'en dedans au milieu de la vergue et celle de l'autre drisse à deux mètres plus en dehors.

Aiguilleter au ton du mât, au-dessus des drisses, les poulies supérieures des deux caliornes qui serviront de balancines ; la poulie inférieure de la première se frappe sur la vergue, un peu en dedans du blin intérieur ; celle de la deuxième, à deux mètres environ en dehors.

Établir une fausse balancine pour mieux soutenir le bout de la vergue ; cette fausse balancine, qui est ordinairement une

guinderesse de perroquet, passe par le trou du chat, puis dans
une poulie aiguilletée au ton, de là dans une poulie à l'extrémité de la vergue et remonte faire dormant, soit au ton du
mât, soit à un piton du chouque.

Afin de bien maintenir le bout bâbord de la vergue lorsqu'elle aura reçu l'inclinaison convenable, faire supporter
cette extrémité par une caliorne dite de support dont la poulie
supérieure sera frappée sur la partie arrière des élongis ;
disposer en outre deux forts palans de bout qui auront leurs
poulies supérieures crochées dans des erses baguées sur la
vergue à l'endroit où est fixée la poulie de support et leurs
poulies inférieures crochées dans des boucles en abord de
chaque côté sur l'avant du mât de misaine.

Pour maintenir la vergue dans un plan longitudinal, frapper
un ou deux palans de garde de chaque bord, à la hauteur des
poulies d'appareil ; ils seront crochés dans des erses sur les
bossoirs.

Pour soutenir le mât contre l'effort des apparaux, aiguilleter
au ton du mât de misaine deux caliornes de bas mât qu'on raidira de chaque bord sur l'arrière.

Ces dispositions étant prises, il s'agit de pousser la vergue en
flèche. Pour exécuter cette opération, peser les drisses, balancines et palans de support, mettre beaucoup de monde sur les
palans de bout pour la sailler sur l'avant jusqu'à ce que son
carré touche le mât de misaine. Lorsqu'elle a été suffisamment élevée, lui donner l'inclinaison et la saillie convenables pour qu'en conservant le guindant nécessaire aux
appareils, ceux-ci puissent sortir complétement le beaupré de
son étambrai.

La vergue n'a l'inclinaison voulue que lorsque la distance
entre la poulie inférieure du grand appareil abandonnée à son
propre poids et l'étambrai du mât est plus grande que la longueur du mât comprise entre l'étambrai et l'emplanture. Les
palans de garde servent à placer la vergue dans le plan du

beaupré. On fait une bonne portugaise pour la saisir au mât ; les balancines sont embraquées bien raides.

Cela fait, aiguilleter le grand appareil sur le beaupré à toucher l'étambrai, le petit appareil à deux ou trois mètres en dehors, et la cravate disposée comme nous savons (§ 19) en dehors des violons à les toucher.

Deux palans sont frappés sur le chouque, un de chaque bord ; ils servent à maintenir le mât et à le traverser lorsqu'il est temps de l'amener à la mer.

Virer le grand appareil, embraquer le petit et la cravate, de manière à conserver au mât son inclinaison et l'empêcher de trop s'appuyer contre la partie supérieure de l'étambrai. Le mât étant complétement sorti, le traverser pour pouvoir l'amener à la mer sans avarier la poulaine et l'extérieur du bâtiment.

Il peut arriver que le pied du mât n'ait pas encore paré l'étambrai au moment où les garants sont verticaux, on doit alors disposer deux espars ou bouts-dehors de basse -vergue, longitudinalement à bâbord et à tribord du mât ; ils ont quelques mètres de saillie en dehors et sont bien bridés sur le gaillard d'avant ; chacun d'eux est maintenu par un ou deux palans en sous-barbe et reçoit à son extrémité un palan qui doit servir à achever la sortie du mât de son étambrai.

23. Comment démâte-t-on le mât d'artimon au moyen de la grand'vergue poussée en flèche ou en bataille ?

Il faut dégréer complétement le mât d'artimon, décapeler la hune et les barres de travers ; disposer la grand'vergue sur l'arrière du grand mât, comme la vergue de misaine l'a été sur l'avant du mât de misaine et l'élonger du bord où le mât d'artimon doit être débarqué.

Frapper au ton du mât et sur la grand'vergue les caliornes et appareils dans des positions analogues à celles que nous leur avons assignées (§ 22). Si le bâtiment n'a pas à sa disposition un nombre suffisant de caliornes, lorsqu'il s'agit de démâter à la fois le beaupré et le mât d'artimon, on peut remplacer celles qui servent de balancines à l'une ou l'autre des basses vergues par une aussière passée en martinet dans deux poulies de guinderesse aiguilletées au ton du bas mât et deux autres sur la vergue. Le dormant de cette aussière se fait au ton.

Un seul appareil et une cravate suffisent si l'on opère à bord d'un bâtiment d'un rang inférieur à une frégate.

On emploie deux palans de garde de chaque bord. Le premier se frappe un peu en dedans de l'appareil, l'autre en dehors de la cravate.

Le grand mât est soutenu sur l'arrière par deux caliornes aiguilletées au milieu de son ton et raidies sur l'avant.

Si les démâtages du beaupré et du mât d'artimon doivent être simultanés, soutenir en outre le mât de misaine et le grand mât au moyen d'un orin allant d'un ton à l'autre, que l'on raidit en son milieu par une caliorne crochée à une boucle du pont. Cet appareil prend le nom de maroquin.

On pousse la grand'vergue en bataille comme la vergue de misaine; elle doit être inclinée de façon que la poulie supérieure de l'appareil soit sur la verticale de l'étambrai, son extrémité inférieure déborde le grand mât sur l'avant d'une quantité suffisante pour pouvoir l'y brider.

On dispose sur l'avant du mât d'artimon et à le toucher un espars établi et gréé ainsi que nous l'avons dit § 12.

Pour démâter le mât, le soulager sur la cravate et l'appareil. Dès que le pied est arrivé à hauteur du bastingage, y frapper les palans venant de l'espars pour le porter en dehors, ainsi qu'une aussière venant de l'avant; dévirer l'appareil et la cravate, employer simultanément ou successivement les palans de l'espars pour écarter le mât du bord. Le forcer ensuite au moyen de l'aussière venant de l'avant à élonger le bâtiment.

24. Ne peut-on pas, lorsqu'on veut démâter le mât d'artimon, disposer la grand'vergue de telle sorte qu'il ne soit plus nécessaire d'avoir recours aux palans venant de l'espars, pour obliger le mât à parer le bastingage?

Il faut alors disposer la grand'vergue du bord opposé à celui où le mât doit être débarqué ; la garnir et l'établir ainsi que je viens de le dire (§. 23), avec cette différence qu'au lieu de l'assujettir sur le grand mât par le moyen d'une portugaise, il faut seulement l'y maintenir avec une bridure assez lâche pour qu'elle puisse facilement tourner autour du mât.

Il résulte d'une pareille disposition que, lorsque le pied du mât a été élevé à la hauteur du bastingage, on peut, au moyen des palans de garde, porter la grand'vergue du bord où le débarquement doit avoir lieu, et de cette manière, mettre le mât d'artimon à la mer avec beaucoup plus de facilité que si l'on avait été obligé d'avoir recours à des palans frappés à l'extrémité d'un espars.

GRÉEMENT DU BATIMENT.

Lorsque le mâtage s'effectue avec la machine à mâter, on conserve les hunes aux bas mâts des frégates et des bâtiments plus petits, et les barres traversières aux bas mâts des vaisseaux de deuxième rang, les vaisseaux à trois ponts reçoivent leurs mâts complétement nus. Si le bâtiment a été mâté par ses propres moyens, il ne doit avoir en place aucun de ces accessoires.

25. Comment met-on les élongis en place ?

Des échafauds sont installés à un mètre environ au-dessous de la face supérieure des jottereaux pour que les charpentiers puissent cheviller commodément les élongis.

Les élongis se hissent au moyen des cartahus de tête frappés lors du mâtage, on les place de chaque côté du mât et on se dispose à les hisser en même temps.

Sur le bout de chaque cartahu, faire un grand nœud de chaise bridé sur chacune des extrémités de l'élongis de manière à le prendre en patte d'oie, frapper sur le milieu de l'élongis un cartahu destiné à lui servir de retenue et à lui faire parer l'échafaud.

Hisser, larguer le cartahu de retenue dès qu'il n'est plus utile et élever l'élongis un peu au-dessus de la position qu'il doit occuper, amener en douceur, présenter les chevilles lorsqu'il repose sur les jottereaux et le cheviller.

26. Comment capeler les barres de travers ?

Affaler un des cartahus de tête, y faire un grand nœud de chaise, brider ce nœud à chaque extrémité de la barre de manière qu'elle se maintienne en position horizontale lorsqu'on la hissera. Hisser en maintenant la barre dans le sens de la quille, au moyen d'un cartahu frappé sur l'un de ses bouts. Dès qu'elle est à hauteur des élongis, lui faire prendre une position perpendiculaire à la quille et l'amener de manière à la faire reposer dans les entailles pratiquées sur les élongis.

27. Comment s'embarquent les hunes ?

Les hunes ont été conduites le long du bord par des embarcations qui les avaient à la remorque ou dans des chalands. On aiguillette, avec le moins de battant possible, deux fortes poulies à cosses sur le tenon du mât ; deux guinderesses de mât de perroquet servent de cartahus.

Je suppose qu'on veuille embarquer la grand'hune qui est le long du bord, à tribord.

Affaler le cartahu de tribord jusqu'à la mer et le frapper dans le trou de suspente. Disposer le long du bord de petits espars ou barres de cabestan pour que la hune ne puisse s'engager sous les porte-haubans.

Hisser la hune jusqu'à ce que son bord inférieur soit prêt à parer le bastingage, frapper alors sur cette partie une retenue passée par le sabord placé par le travers du mât. Continuer à hisser jusqu'à ce qu'elle ait paré le bastingage, mollir la retenue et l'amener sur l'arrière du mât, la partie droite reposant sur le pont et celle circulaire touchant le mât, sa face supérieure tournée vers l'arrière ; lui donner une petite inclinaison pour qu'elle se maintienne sans autre soutien dans cette position. Défrapper le cartahu de tête du trou de suspente.

Les autres hunes s'embarquent de la même manière. La

hune de misaine se place dans une position analogue à celle de la grand'hune ; la hune d'artimon est disposée sur l'avant de son mât ; la partie circulaire touchant le pont et la face supérieure tournée vers l'avant.

28. Décrivez la manière dont on capelle une hune.

Je suppose qu'on veuille capeler la grand'hune. Employer pour cette opération les deux guinderesses passées en cartahus de tête au grand mât et les deux cartahus du mât d'artimon disposés dans un but analogue (*Fig. 1*).

Affaler les deux cartahus du grand mât sur l'arrière des barres de travers ; prendre celui de tribord, le passer d'abord sur l'avant de la hune, puis par le trou du chat, lui faire embrasser le côté tribord par un tour mort et l'assujettir par un nœud de bois bridé dans les formes de la hune pour qu'il ne puisse courir.

Passer et frapper le cartahu de bâbord de la même manière. Les nœuds de bois doivent être bien souqués et partager la hune en deux parties d'un poids égal.

Embraquer le mou des cartahus et brider leur double au trou de suspente.

Frapper un des cartahus du mât d'artimon au trou de suspente. Faire avec l'autre un grand nœud de chaise, élonger le milieu de ce nœud d'un bord à l'autre sur la partie arrière de la hune et le brider à chaque extrémité de manière qu'il puisse travailler en patte d'oie.

Hisser sur les élongis deux hommes qui s'y maintiendront au moyen de tire-veilles capelées au tenon du mât et garnies de nœuds.

Hisser carrément la hune sur les deux cartahus du grand mât, embraquer ceux du mât d'artimon pour l'écarter du mât, la faire parer des élongis au moyen du cartahu d'artimon frappé au trou de suspente. Dès qu'elle aura paré, mollir un peu ce cartahu en embraquant celui en patte d'oie, de façon qu'en rapprochant ainsi la partie circulaire des gabiers placés sur les élongis, ils puissent larguer les bridures des cartahus au trou de suspente. Continuer à hisser, et lorsque le bord supérieur du trou du chat est au-dessus du tenon, faire basculer la hune en pesant le cartahu en patte d'oie et mollissant celui du trou de suspente. Amener la hune carrément et la pousser à bras jusqu'à ce que les trous de ses clés soient bien présentés au-dessus des trous correspondants des barres de travers.

Mollir et défrapper les cartahus.

29. Ne peut-il pas arriver que le bord supérieur du trou du chat ne puisse parer le tenon, et que doit-on faire alors?

Si les poulies de tête de mât ont été aiguilletées avec trop de battant ; si les nœuds de bois ne partagent pas bien la hune ou s'ils ont couru, faute d'avoir été bien saisis ; il arrive alors que le bord supérieur de la hune ne peut parer le tenon. Il faut dans cette circonstance tenter de présenter un des angles du trou du chat au-dessus du tenon en pesant un cartahu et mollissant l'autre, et si ce moyen ne réussit pas, agir sur un palan dont la poulie supérieure est frappée au tenon du mât et la poulie inférieure crochée sur le bord arrière de la hune.

30. Quel est le but des liures du beaupré ?

Les liures servent à fixer le beaupré contre la guibre. La solidité de ce mât est essentielle à celle de toute la mâture parce qu'il est le point d'application des étais du mât de misaine sur lequel viennent se fixer les étais de la mâture haute de l'arrière.

Les grands bâtiments ont ordinairement deux liures : celle d'en dedans et celle d'en dehors. La liure d'en dedans est en

chaîne et celle d'en dehors en filin (1). On commence par faire
celle d'en dehors, parce qu'en agissant autrement, celle d'en
dedans prendrait du mou, lorsque l'on viendrait à faire celle
d'en dehors. Le filin employé doit être de la force d'une guinderesse de hune, avoir déjà servi et n'être plus susceptible de
s'allonger.

31. Comment fait-on les liures du beaupré ?

On suspend un poids à l'extrémité du beaupré pour le rapprocher de la guibre. C'est ordinairement une ancre dont le
poids varie selon le bâtiment sur lequel on opère.

Le règlement dit qu'elle doit être de 1,500 kilogr. pour les
vaisseaux, 750 kilogr. pour les frégates, 500 kilogr. pour les
corvettes et de 250 kilogr. pour les brigs.

De chaque côté de la guibre, et près de ses mortaises, on établit des échafauds sur lesquels des hommes pourront travailler
commodément.

Si le bâtiment peut disposer d'un ponton, les tours de liures
seront raidis au cabestan de ce ponton qui aura été placé en
position convenable pour cette opération ; mais s'il est réduit
à ses propres moyens, il disposera à tribord, par exemple, un
mât de hune dont les extrémités seront solidement bridées sur
le bossoir et sur le beaupré ; une forte poulie coupée sera
aiguilletée dessus, au-dessus de la mortaise de la guibre.

(*Fig.* 2.) Faire le dormant de la liure sur le beaupré au
moyen d'un nœud coulant qu'on placera en dessous du mât,
à toucher les taquets placés pour la retenir ; passer le bout
dans la mortaise de bâbord à tribord et à toucher la partie

(1) Le règlement prescrit une seule liure en fer ; cependant comme les
mâts de beaupré portent encore deux entailles pour les liures et que la
guibre est percée de deux mortaises, on fait ordinairement deux liures ; celle
d'en dedans est en chaîne et celle d'en dehors en filin.

L'entaille du beaupré destinée à la liure en fer et la mortaise correspondante
de la guibre sont garnies de tôle pour préserver le bois ; la mortaise de la
guibre qui doit recevoir la liure en filin est garnie de cuir.

avant, faire revenir le bout sur le beaupré, le placer sur l'a-
vant du premier tour, le ramener dans la mortaise, de bâbord
à tribord, après l'avoir passé entre le dormant et la guibre.
Capeler alors le double dans la poulie coupée de l'espars, y
frapper une caliorne dont le garant est garni au cabestan ; virer jusqu'à ce que la tension soit suffisante ; coincer les tours
déjà faits dans la guibre et les maintenir l'un contre l'autre au
moyen d'amarrages faits de chaque côté ; défrapper la caliorne
et décapeler la liure de la poulie coupée ; passer un deuxième
tour sur le beaupré sur l'avant du premier, après avoir fait
passer le bout entre le tour déjà fait et la guibre ; le faire revenir par bâbord dans la mortaise sur l'arrière du tour précédent et capeler de nouveau le double dans la poulie coupée.
On le raidit comme précédemment et après avoir coincé ce
tour, on le genope avec le premier de chaque côté de la
guibre.

On continue ainsi jusqu'à ce qu'on ait fait autant de tours
que la mortaise peut en contenir, puis avec le bout de la liure
on bride tous les tours ensemble à l'endroit où ils se croisent
au moyen d'une demi-clé bien raidie au cabestan, on fait ainsi
plusieurs autres demi-clés, et enfin on genope le bout sur la
liure.

La liure d'en dehors terminée, faire celle d'en dedans, puis
les recouvrir toutes deux de basane.

D'après une dépêche en date du 6 janvier 1860, la liure en
fer doit être établie de la manière suivante :

On applique successivement, juxtaposés de l'arrière à l'a-
vant et sans tension, les tours de chaîne en nombre égal à celui fixé par le règlement du gréement. De distance en distance
et aux deux extrémités de la chaîne, on genope les maillons
entre eux de manière à former un grand écheveau de cordons
parallèles et tendus seulement à la main ; cela fait, on applique deux cabrions en dessous du beaupré à tribord et à bâbord de l'écheveau. On approche ensuite ces cabrions au

moyen d'une velture et on donne par ce moyen la tension convenable à la liure.

Ce système de ridage est destiné à remplacer celui précédemment usité :

Deux bandes de fer d'une largeur de quelques centimètres et d'une longueur égale à celle de l'écheveau occupaient la position assignée aux cabrions par la dépêche; elles étaient percées de trois trous qui recevaient trois longs boulons taraudés à une de leurs extrémités, et la tension s'effectuait au moyen d'écrous.

32. Quelle est la garniture du beaupré et comment la met-on en place?

(*Fig.* 20). La garniture du beaupré est généralement placée dans l'ordre suivant :

1° Estrope de la moque de la première sous-barbe.

2° Deux estropes à cosses pour haubans de beaupré.

3° Estrope à cosse pour hisser la chaloupe (servant au besoin de rechange à une estrope de hauban de beaupré).

4° Chaînes des étais de misaine terminées par deux maillons pour recevoir des ridoirs.

De chaque côté du beaupré sont aiguilletées sur ces chaînes les poulies de garants de cargue fonds et de boulines de misaine.

5° Estrope de la moque de la deuxième sous-barbe, en dehors du capelage.

6° Estrope de la moque de la troisième sous-barbe, en dedans des violons à les toucher.

Lorsqu'on désire placer les étais de misaine à des hauteurs différentes sur le beaupré; la chaîne qui doit recevoir le ridoir du premier étai prend place après l'estrope de la sous-barbe n° 1, et celle pour le deuxième étai après l'estrope de la sous-barbe n° 2.

Au lieu de chaînes, le beaupré reçoit quelquefois des colliers en filin avec cosses en forme de fer à cheval.

Pour mettre cette garniture en place, on établit de chaque côté du beaupré, un bout-dehors de bonnette-basse dont l'extrémité extérieure est soutenue à quelques pieds du mât par plusieurs tours d'un filin passé dans les trous des violons, et dont l'extrémité intérieure s'appuie sur la lisse de poulaine et se saisit à des pitons sur les apôtres. Un bout de filin ou deux ou trois tours de garcette maintiennent l'un avec l'autre les bouts extérieurs. Par-dessus ces bouts-dehors, on saisit quelques planches sur lesquelles les hommes se placent pour travailler commodément.

Les diverses estropes qui composent la garniture du beaupré sont maintenues par des taquets, et le mât est garni de tôle au portage des chaînes d'étais.

55. Comment met-on les sous-barbes en place et comment les tient-on ?

Les sous-barbes sont fixées à la guibre et raidies sur le beaupré. Elles sont tout entières en filin ; celle d'en dehors peut recevoir un bout de chaîne, lorsque sa position l'expose à être endommagée par les amarres du bâtiment.

Le bout de filin destiné à former la sous-barbe ayant été passé dans le trou de la guibre, en réunir les deux extrémités par une épissure carrée et placer une moque contre cette épissure entre les deux doubles du filin où elle sera maintenue par un amarrage à plat. Faire un amarrage au ras de la guibre, si sa conformation en fait voir l'utilité.

Lorsque la sous-barbe se termine par une chaîne, celle-ci vient se maillonner à un étrier placé sur la guibre et se termine par une cosse dans laquelle on passe la partie en filin sur laquelle on opère comme si la sous-barbe était tout entière en cordage.

Passer ensuite la ride de la moque de la sous-barbe à celle correspondante du beaupré de la manière suivante :

Placer son milieu dans la goujure du milieu de la moque supérieure, par conséquent l'un de ses bouts au-dessus de la moque et l'autre au-dessous ; faire venir chacun d'eux dans la goujure correspondante de la moque inférieure où ils se croiseront et les faire revenir de la même manière dans la moque supérieure ; passer d'autres tours jusqu'à ce que les goujures soient pleines et conserver les deux bouts de la ride venant de la moque supérieure.

Avant l'opération du ridage, on suspend sous le beaupré un certain poids, comme lorsque l'on a fait les liures.

(*Fig.* 3.) Frapper sur chaque bout de la ride les poulies supérieures de deux palans, leurs poulies simples sur la sous-barbe ; et sur les garants de ceux-ci, les poulies doubles de deux autres palans crochés dans des pitons à la joue du bâtiment. Bien suifer tous les tours de rides, puis palanquer et lorsque la tension est suffisante, genoper les trous entre eux. Passer le bout restant d'une moque à l'autre et l'arrêter au moyen d'un petit amarrage.

On peut aussi épisser la ride, c'est-à-dire faire son dormant sur la moque fixée à la sous-barbe, la passer ensuite d'une moque à l'autre et la raidir en mettant palan sur garant : mais la première méthode est à préférer, elle empêche la torsion de la sous-barbe qu'on ne peut guère éviter lorsqu'on emploie le deuxième moyen.

34. Comment sont installés les haubans de beaupré?

Les haubans de beaupré sont en filin ou en chaîne et ordinairement au nombre de deux, un de chaque bord ; cependant quelques bâtiments en ont quatre. Lorsqu'ils sont en filin, ils sont simples ou doubles et, dans ce dernier cas, formés comme les sous-barbes par un cordage replié sur lui-même et dont les deux doubles sont rapprochés par des amarrages ; ils se crochent à des pitons sur la joue du bâtiment et se raidissent au moyen de moques et de rides, comme les sous-barbes (*fig.* 20). S'ils sont en chaîne, on les raidit avec des ridoirs. Le plus généralement, le ridoir est fixé sur la cosse de l'estrope qui fait partie du capelage du beaupré ; on voit cependant quelques bâtiments avec ridoirs sur le bout inférieur.

35. Quel est l'ordre de capelage des bas mâts ?

Mât de misaine.

Première paire de haubans bâbord.
        Id.   *id.*   tribord.
Estrope avec margouillet pour le passage de l'étai du grand mât de hune.
Deuxième paire de haubans bâbord.
Estrope avec margouillet pour le passage du faux étai du grand mât de hune.
Deuxième paire de haubans tribord.
Estrope à cosse, pour bout de vergue de chaloupe (la cosse à tribord).
Les autres paires de haubans.
Étais.
Estrope ou élingue avec cosse pour palan d'étai.
Estrope des poulies de drisses de basse vergue (elles doivent être aiguilletées à l'extrémité des suspentes, lorsque celles-ci sont en filin).
Suspente de la vergue de misaine (à une distance variable au-dessus de la hune).

Grand mât.

Première paire de haubans tribord.
        Id.   *id.*   bâbord.

Estrope de la moque de l'étai du mât de perroquet de fougue.

Deuxième paire de haubans tribord.

Id.   *id.*   bâbord.

Estrope à cosse pour bout de vergue de chaloupe.

Les autres paires de haubans.

Étais.

Estrope ou élingue avec cosse pour palan d'étai.

Estropes des poulies de drisses de grand'vergue (comme au mât de misaine).

Suspente de la grand'vergue (à une distance variable au-dessus de la hune).

Mât d'artimon.

Haubans (en commençant par la première paire de tribord).

Étai.

Estropes des poulies de balancines de gui.

Suspente de la vergue barrée.

36. Comment capelle-t-on les haubans?

Les haubans se capellent par paires; on commence par capeler une des paires de l'avant, celle de tribord pour le grand mât et le mât d'artimon, celle de bâbord pour le mât de misaine; puis la première paire de l'autre bord; ensuite la deuxième du bord qui a été capelé le premier, et ainsi de suite. Lorsque le nombre des haubans de chaque bord est impair, celui que l'on capelle le dernier est un hauban simple, appelé hauban bâtard. De petits bouts de ligne, luzin ou merlin, sont fixés sur le cordage nu, au milieu du capelage, et maintenus ensuite par la fourrure dont l'œil est garni; ils dépassent un peu cette garniture, et indiquent, d'après leur nombre, le rang que la paire de haubans doit occuper.

Après que les hunes ont été mises en place, on a désaiguil-leté les poulies de cartahus de tête que l'on a remplacées par

un bout de filin (1), ayant un peu plus de deux fois la longueur du ton, et deux autres bouts destinés à servir, l'un de
marchepied, et l'autre de tire-veille.

Pour capeler les haubans, frapper sur les élongis de chaque
bord une poulie, dans laquelle est passé un cartahu venant du
pied du mât ; ouvrir l'œil de chaque hauban avec des palans
agissant en sens contraire. Élonger sur le pont la paire de haubans à capeler, l'œil par le travers du mât. Frapper le cartahu
venant des élongis, sur le hauban, à une distance de son amarrage plus grande que la hauteur du ton, élonger le double vers
l'œil, et faire deux bridures, dont l'une à côté de l'amarrage,
et l'autre au sommet de l'œil, c'est-à-dire au milieu du capelage.

Peser sur le cartahu. Dès que l'extrémité du hauban est à la
hauteur des élongis, couper la première bridure, casser un peu
le filin, c'est-à-dire plier l'œil pour le rapprocher du double ;
passer le bout de filin venant du ton dans l'œil, de dedans en
dehors, et l'envoyer à un gabier placé sur le marchepied capelé au tenon du mât. Peser le cartahu, couper la deuxième
bridure ; le gabier capelle le hauban par-dessus le ton, dès
qu'il y a assez de mou. Les hommes placés dans la hune manient le hauban pour le faire tomber sur les coussins ou sur les
paires déjà capelées ; ils sont aidés dans leur besogne par le
gabier qui est sur le ton.

37. Ne peut-on pas capeler les haubans d'une autre manière ?

On peut en effet employer un moyen qui dispense de l'obligation de larguer le dormant du cartahu, opération qui nécessite qu'un homme s'affale sur le hauban ; et voici en quoi il
consiste. Un petit cabillot est amarré en travers sur chaque

(1) Sur un grand bâtiment, ce bout de filin serait remplacé par un cartahu
de même longueur passé dans une poulie aiguilletée au ton du mât. Les
hommes placés dans la hune manœuvreraient ce cartahu pour hisser le sommet de l'œil à hauteur du tenon.

cartahu, à une distance du bout, égale au moins à la distance du pont aux élongis; la plus petite longueur qu'on puisse donner au cartahu doit être de trois fois cette distance. On bride ensemble les deux haubans constituant la paire, à une distance de l'œil un peu plus grande que la hauteur du ton, le cabillot est engagé sous cette bridure; on élonge le cartahu jusqu'au sommet de l'œil, et l'on fait deux autres bridures. L'action de capeler s'exécute comme nous l'avons dit dans la question précédente. Lorsque le hauban est rendu à son poste, il suffit, pour dégager le cabillot, de haler du pont sur le cartahu.

38. Comment capelle-t-on les étais des bas mâts?

On emploie, pour cette opération, les deux cartahus qui ont servi à capeler les haubans, après avoir remonté leurs poulies sur le ton, au-dessus de l'endroit que les étais doivent occuper.

Après avoir frappé les deux cartahus à la jonction des branches, on élonge le double de chacun sur chaque branche, et on fait plusieurs bridures. Les deux cartahus sont pesés également, les bridures larguées à mesure qu'elles arrivent aux poulies, et les branches conduites de chaque côté du mât, où on les aiguillette ensemble sur l'arrière, au moyen d'un ai-guilletage croisé. Avant de frapper les cartahus, on a eu soin de marier les deux étais l'un au-dessus de l'autre, au moyen d'amarrages, depuis la jonction des branches jusqu'aux œils.

39. Que doit-on faire après avoir capelé les haubans et étais?

Mettre en place des caliornes pour appeler les bas mâts sur l'avant, afin de pouvoir raidir les étais.

40. Pourquoi appelle-t-on les bas mâts sur l'avant et comment dis-pose-t-on les caliornes qui servent à cette opération?

Si l'on agissait directement sur les étais pour les raidir, il pourrait arriver, en raison de la position qu'ils occupent, qu'on arquât les mâts dans leur longueur; et pour remédier à cet inconvénient, on appelle préalablement les bas mâts sur l'avant, par le moyen de caliornes qui prennent leur point d'application à quelques mètres au-dessous des élongis.

Lorsque l'on effectue cette opération, les mâts sont décoincés dans leurs étambrais.

Les cartahus qui ont servi à capeler les étais sont ceux à l'aide desquels on envoie en haut les caliornes de bas mâts. Ces caliornes portent une pantoire qui est aiguilletée par l'intermédiaire d'une cosse sur la poulie supérieure. Le cartahu est frappé sur la cosse de la pantoire, et on l'élonge vers son extrémité, en y faisant plusieurs bridures. On pèse sur le cartahu; les bridures sont successivement larguées jusqu'à ce que les hommes placés dans la hune aient assez de mou pour faire, avec la pantoire, tour-mort et deux demi-clés sur les élongis.

Des gabiers s'affalent ensuite dans des chaises, et vont saisir ensemble par une forte bridure les deux pantoires sur l'arrière du mât, à quelques mètres au-dessous des élongis. Les deux poulies doivent se trouver à égale hauteur au-dessus du pont; on a pris le soin de garnir le mât de fourrure à leur portage (*fig.* 4).

Les poulies inférieures des caliornes du mât de misaine sont crochées dans des erses sur les bossoirs ou dans des pitons aux apôtres; les garants passent dans des poulies de retour. Celles du grand mât se crochent en abord dans des boucles placées un peu sur l'arrière des haubans de misaine.

En halant sur ces caliornes, on appelle les bas mâts un peu sur l'avant de la position qu'ils devront occuper lorsqu'ils auront été tenus d'une manière définitive, parce qu'en raidissant les haubans on les ramènera sur l'arrière.

41. Quels sont les systèmes employés pour raidir la basse carène d'un bâtiment?

On emploie des caps de mouton avec rides en cordages ou des ridoirs métalliques.

42. Comment marquer sur les haubans la place que doivent occuper les caps de mouton?

Fouetter sur chaque bas hauban, un peu plus bas que le bastingage, un bout de filin que l'on passe de dehors en dedans dans un des trous du cap de mouton qui lui correspond; y faire une gueule de raie dans laquelle on croche la poulie inférieure d'un palan, dont la poulie double est frappée vers le milieu du hauban.

Raidir ensemble les haubans correspondants de chaque bord et, après leur avoir donné une tension égale et peu considérable, tendre une ligne parallèlement aux bastingages, à une hauteur convenable; marquer l'endroit où elle rencontre chaque hauban, et indiquer ainsi la place que doit occuper le cap de mouton.

Décrocher les palans et laisser venir les haubans le long du mât; disposer des échafauds sur lesquels se placeront les hommes pour travailler commodément aux amarrages.

43. Ne fixe-t-on pas les caps de mouton sur les haubans de diverses manières?

On fixe les caps de mouton par un amarrage en étrive (méthode peu employée aujourd'hui), ou au moyen d'un erseau embrassant les deux doubles du hauban, à toucher la partie supérieure du cap de mouton, ou bien encore en faisant à l'extrémité du hauban une sorte de nœud de bouline, dans lequel on renferme le cap de mouton; ce dernier mode d'amarrage est celui le plus généralement employé. Lorsque les caps de mouton sont fixés par un erseau ou un amarrage en étrive, on élonge le bout du hauban sur lui-même, et on fait deux amarrages en portugaise et un amarrage à plat ; après quoi on passe les rides.

44. Comment passe-t-on les rides des bas haubans ?

Les caps de mouton employés aujourd'hui étant à quatre trous, il faut brider le milieu de la ride sur le collet de l'estrope en fer qui entoure le cap de mouton des porte-haubans, passer les deux bouts de la ride dans les deux trous supérieurs du cap de mouton fixé sur le hauban de dedans en dehors, dans les deux trous inférieurs du cap de mouton ferré de dehors en dedans, et remplir de même les autres trous.

Si le cap de mouton est à trois trous, on fait ordinairement le dormant de la ride dans l'un des trous du cap de mouton supérieur au moyen d'un cul-de-porc, mais quelquefois cependant sur le collet de l'estrope du cap de mouton inférieur. La ride se passe d'un cap de mouton à l'autre.

On voit, d'après cela, qu'avec des caps de mouton à quatre trous il faut, pour raidir le hauban, palanquer à la fois sur les deux bouts de la ride, et, lorsqu'ils sont à trois trous, agir sur un seul bout.

45. Quels sont les ridages métalliques qui remplacent les caps de mouton ?

Ce sont : la crémaillère, le ridoir à vis couverte (système de Brest) ; le ridoir à vis découverte de M. Huau et le ridoir de M. l'ingénieur de la marine Charriot.

(*Fig.* 5.) La crémaillère fut le premier ridage métallique employé dans la flotte. Elle se compose de trois parties : 1° une crémaillère en fer fixée sur la chaîne du porte-haubans ; 2° une tige de fer maintenue par des guides sur la crémaillère et terminée à l'une de ses extrémités par une manille garnie d'une

cosse dans laquelle passe le hauban , et à l'autre par une sorte
de maillon mobile à charnière autour de cette extrémité, et qui
vient faire arrêt à une dent quelconque de la crémaillère ;
3° un appareil volant servant au ridage, composé de deux lattes
réunies par deux boulons, et d'un levier terminé en forme de
piton pour pouvoir y crocher un palan.

Pour rider avec ce système, engager le levier dans la manille
qui termine la crémaillère ; placer les lattes de chaque côté et
réunir leurs extrémités supérieures au levier au moyen d'un
boulon. Le levier ayant été placé à peu près horizontalement,
maintenir les lattes par un boulon appliqué contre une dent de
la crémaillère et allant de l'une à l'autre ; peser un palan frappé
à l'extrémité du levier et croché en abord. Ce palan fait descendre la portion de la crémaillère sur laquelle est fixé le hauban , et permet de faire engager le petit maillon mobile dans
une dent inférieure. Ce système de ridage a l'inconvénient de
ne pas être continu , puisqu'il fait obtenir une augmentation
de longueur d'une dent au moins, avant de trouver un nouveau
point d'arrêt.

On distingue deux espèces de ridoirs à vis. Les uns sont cou-
verts, c'est-à-dire que leur mécanisme intérieur ne s'aperçoit
pas ; les autres sont découverts.

Les premiers se composent (*fig.* 6) : 1° d'une vis recouverte
d'un cylindre en tôle, séparé d'elle d'une quantité suffisante
pour laisser passer l'écrou : cette vis est terminée par une manille portant une cosse dans laquelle passe la manœuvre à raidir ; 2° d'un écrou cylindrique en fer, tenant par une de ses
extrémités au porte-haubans et s'engageant sur la vis intérieurement. Un levier fixé sur le cylindre inférieur sert à faire
tourner la vis, et par conséquent à donner le ridage. Lorsque
la tension a été obtenue, on rend ce levier parallèle à la vis, et
l'on engage son extrémité dans une petite poche sur le recou-
vrement de l'écrou : tout mouvement est alors impossible.

Dans les ridoirs actuels, l'écrou supérieur se termine par

une vis qui s'engage dans l'écrou fixé au porte-haubans. Le levier sert aux deux ridages supérieur et inférieur, et une clavette arrête au besoin le mouvement sur l'écrou inférieur.

Le ridoir à vis découverte (*fig.* 7 et 8) se compose d'une vis terminée par une manille sur laquelle est une cosse qui reçoit le filin à raidir ; cette vis est évidée des deux côtés par des coches assez profondes, perpendiculaires aux ridoirs.

L'écrou *a* est placé sous un arrêt à l'extrémité de deux tiges entre lesquelles est comprise la vis ; ces tiges sont réunies à leurs parties inférieures par une manille qui les fixe aux porte-haubans. Un levier volant L se place dans un des trous de l'écrou et donne le ridage.

L'écrou *a* (*fig.* 7 *bis*) est composé de deux parties à charnière retenues par un boulon *f*.

Quelquefois le maillon supérieur du ridoir est à échappement, la virole *b* (*fig.* 8 et 8 *bis*) est conçue d'après l'idée de celle de la baïonnette ; on la rend indépendante du ridoir en la faisant tourner jusqu'à ce que le point d'arrêt qui occupe sa rainure en soit dégagé ; on peut alors ouvrir la manille qui tourne à charnière autour d'un boulon fixé à sa partie supérieure. Cette disposition permet de séparer promptement la manœuvre de son ridoir dans une circonstance urgente.

Le troisième ridage métallique employé est celui de M. l'ingénieur de la marine Charriot (*fig.* 9). Un bout de chaîne d'une longueur variable, et dont la force est proportionnée à la grosseur du cordage à raidir, est terminé à l'une de ses extrémités par une manille portant une cosse sur laquelle se fixe la manœuvre. L'autre extrémité traverse une sorte de chape à branches AD, maintenue par une manille A sur les porte-haubans. Pour raidir le cordage, on fixe une vis *g*, au moyen d'un boulon *f*, sur la dernière maille de chaîne ; cette vis traverse la pièce taraudée *h*, contre laquelle vient s'appuyer l'écrou *l*, que l'on fait mouvoir, à l'aide d'une clé, jusqu'à ce que l'on ait convenablement raidi le cordage. La tension ayant été obtenue, on applique la pièce mobile *d*, sorte de boîte de retenue, dans laquelle est passée la chaîne, et qui porte des entailles de diverses hauteurs faites à différents points de sa surface; on applique, dis-je, cette pièce contre la partie haute D de la chape, et on la présente de manière qu'une clavette *e* puisse être introduite en même temps dans l'une des entailles de la boîte et dans un des maillons de la chaîne, de manière à maintenir le ridage. Lorsque la goupille *e* est en place, on enlève la vis *g* et les pièces qui en dépendent, pour ne les rétablir que lorsqu'il s'agit de donner un nouveau ridage.

46. Comment fixe-t-on les ridoirs sur les haubans et sur les étais?

Les ridoirs ayant été fixés sur les chaînes de porte-haubans, on leur donne toute la longueur possible; puis on passe les bouts des haubans dans leurs cosses de dehors en dedans. Ceci fait, on fouette sur chaque hauban la poulie supérieure d'un palan, dont la poulie simple se frappe sur le bout; et après avoir donné une tension égale et modérée, on fait trois amarrages en portugaise, et un amarrage à plat.

Les cosses des ridoirs devront être sur une ligne parallèle aux bastingages; il faudra donc, en raison de l'obliquité des haubans, raccourcir les ridoirs de l'avant.

Les ridoirs des étais de misaine se fixent sur des chaînes au capelage du beaupré; ceux des étais du grand mât, dans les maillons extrêmes d'une chaîne qui fait tour-mort sur le beaupré entre l'étambrai et l'emplanture, et dont les bouts viennent au-dessus du pont des gaillards.

Le ridoir de l'étai d'artimon est appliqué sur l'arrière du grand mât, à la jonction de deux bouts de chaîne dont les autres extrémités sont fixées à des pitons sur l'avant du grand mât de chaque côté.

Après les avoir entièrement développés, on passe dans leurs cosses, de dessus en dessous, les bouts des étais, et lorsqu'une tension suffisante a été donnée, on fait sur chaque étai trois amarrages en portugaise et un amarrage à plat.

Dès que ces amarrages sont terminés, on raidit les étais avec les ridoirs.

47. Comment juge-t-on que les étais sont suffisamment raides?

Lorsqu'en maniant les caliornes de bas mâts, on s'aperçoit qu'elles ont commencé à mollir.

48. Que reste-t-il à faire, avant de pouvoir fixer le mât d'une manière invariable dans ses étambrais?

Il faut donner aux haubans une bonne tension, avant de coincer le mât, afin de pouvoir faire les enfléchures.

Si les caps de mouton sont à trois trous, si par conséquent les rides se raidissent par un seul bout, voici comment il faut procéder (*fig.* 10). Frapper, vers le milieu de chaque hauban, la poulie supérieure d'un palan à fouet; un peu au-dessous, la poulie inférieure d'un palan à croc dont la poulie double se croche sur la ride, et, sur le garant de ce palan, crocher la poulie simple du premier palan. On constitue ainsi un système de palans renversés, à l'aide duquel on donne aux haubans la tension voulue.

Si les caps de mouton sont à quatre trous, les rides doivent être raidies sur les deux bouts à la fois (*fig.* 10). On dispose alors, comme nous venons de le dire, deux palans sur chaque hauban; la poulie double du palan inférieur se croche sur les deux bouts de la ride mariés ensemble par de petits amarrages provisoires, et la poulie simple du palan à fouet sur le garant du palan à croc. On agit comme précédemment pour donner la tension convenable.

Dès que les haubans ont été raidis, on fait les enfléchures.

49. Comment fait-on les enfléchures?

Les enfléchures sont faites avec du quarantenier de $0^m,040$ à $0^m,030$; elles doivent comprendre tous les haubans, à l'exception du premier et du dernier, qui ne sont enfléchés que de cinq en cinq.

Toutes les enfléchures portent à chacune de leurs extrémités un œil qu'on fixe sur les haubans extrêmes, par une bridure de fil de caret, et sont frappées sur ceux intermédiaires, au moyen de deux demi-clés renversées.

La distance d'une enfléchure à l'autre doit être de $0^m,30$.

Pour pouvoir faire les enfléchures, disposer de chaque bord un espars de la manière suivante :

Passer un cartahu dans une poulie aiguilletée au ton au-dessus du capelage, en faire venir le bout sur le pont, sur l'avant des haubans, et y faire un grand nœud de chaise, ayant soin de laisser au bout un excédant de longueur; frapper les deux côtés de ce nœud aux extrémités de l'espars, par le moyen de deux demi-clés, de telle sorte que les deux branches de la patte-d'oie ainsi formée soient égales, et amarrer sur le milieu de l'espars le bout laissé en excédant.

Les hommes qui font les enfléchures se placent sur cet espars, que l'on hisse à mesure qu'ils avancent dans leur besogne.

Un autre moyen consiste à brider plusieurs petits espars sur les haubans, parallèlement aux bastingages, à certaine distance les uns des autres.

Pour faire les enfléchures, prendre le quarantenier, qui aura été bien élongé pour en défaire les coques; faire deux demi-clés renversées sur l'avant-dernier hauban, et successivement sur chacun des autres, jusqu'au deuxième; raidir ensuite le quarantenier entre chaque hauban, puis le couper aux points où il touche les haubans extrêmes, et faire sur chaque bout un œil qu'on bride, comme nous l'avons dit plus haut.

Continuer de la même manière, en observant de garder entre chaque enfléchure la distance voulue. Les gabiers reçoivent, à cet effet, de petits morceaux de bois coupés à cette longueur.

50. Comment sont installées les gambes de revers, et comment les raidit-on ?

Les hunes sont percées sur chaque bord de quatre ou trois trous, dans lesquels passent les lattes des caps de mouton des haubans de hune. Les gambes de revers, en nombre égal à ces trous, sont crochées dans les lattes de dehors en dedans, par une de leurs extrémités; les autres passent de dessous en dessus dans les cosses fixées sur la manille du cercle de trelingage, et remontent sur les gambes.

Pour raidir chaque gambe, frapper au milieu de sa longueur la poulie double d'un palan, et crocher la poulie simple sur le bout près de la cosse; faire passer le garant de ce palan dans une poulie de retour crochée sur le mât, dans une erse placée presque à toucher le cercle de trelingage. Peser le palan, et lorsque la gambe est suffisamment raide, trésillonner ensemble le double et le bout, puis faire un amarrage à toucher la cosse, et deux autres sur la longueur qu'on laisse au bout.

Lorsque la première gambe de chaque bord a été raidie, et les amarrages faits, on passe à la dernière, afin de bien maintenir la hune dans un plan horizontal; puis on raidit la deuxième et la troisième.

51. Dites comment s'embarquent les chouques des bas mâts et comment on les présente prêts à capeler?

Les chouques sont amenés le long du bord dans des embarcations, où ils reposent sur leurs pitons.

On aiguillette une poulie de guinderesse de mât de hune sur le ton du bas mât, et on passe dans cette poulie une guinderesse dont le bout, venant sur l'avant de la hune, est amarré sur le chouque, au moyen d'un tour-mort et de deux demi-clés, en la passant du trou rond dans le trou carré; puis elle est garnie au cabestan.

On frappe en patte-d'oie, de l'un des pitons avant du chouque à l'un de ses pitons arrière du même bord, un cartahu qui permettra de le placer perpendiculairement aux élongis. Ce cartahu viendra du beaupré pour le chouque du mât de misaine, et du mât de misaine pour celui du grand mât. On vire, en ayant soin de faire parer le chouque des porte-haubans, et un peu avant qu'il arrive à la hauteur du bastingage on frappe dessus, une retenue passée par un sabord des gaillards. (Si un ponton est accosté au bâtiment, un cartahu venant de la tête de son mât sera frappé sur le chouque et servira d'abord à le déborder ; et plus tard de retenue.) On continue à virer, le faisant parer de la hune au moyen du cartahu venant du mât de l'avant, et on le place perpendiculairement à la quille, de manière que le trou rond soit au-dessus de la cheminée.

On défrappe la guinderesse que l'on passe par la cheminée sans pour cela l'introduire dans le trou rond du chouque et on l'affale jusqu'à la mer.

52. Comment embarquer et présenter un mât de hune?

Le mât de hune est à la mer, élongé le long du bord, la tête sur l'avant. Passer la guinderesse dans le clan inférieur, faire avec le bout sur le double un tour-mort et deux demi-clés ; l'élonger sur le mât, la brider au-dessous de la noix et à l'extrémité du ton, faisant tour-mort sur le mât de hune avec les deux bridures ; virer en faisant parer le mât du bord à mesure qu'il monte. Dès que le tenon est engagé entre les élongis, larguer la première bridure et frapper sur la caisse un cartahu de retenue, continuer à virer jusqu'à ce que le pied du mât soit au-dessus du plat-bord.

Si le mât est assez long pour que sa caisse puisse reposer

sur le pont, le tenon étant engagé entre les élongis, dévirer jusqu'à l'amener dans cette position ; mais s'il est trop court pour pouvoir en agir ainsi, le soutenir à une certaine hauteur du pont, au moyen de caliornes frappées de chaque bord sur le premier hauban et crochées dans une erse passée dans le trou de la clé.

Il peut arriver que le mât soit d'une longueur telle que sa caisse n'ait pas paré le plat-bord au moment où l'extrémité arrive à hauteur des élongis ; on doit alors, après avoir largué la première bridure, frapper un cartahu sur le tenon pour déborder la tête du mât sur l'avant de la hune ; virer jusqu'à ce que le mât ait paré le bastingage, puis dévirer et introduire la caisse dans un panneau pratiqué par le travers du mât de misaine pour le petit mât de hune, et dans le grand panneau pour le grand mât de hune. On dévire jusqu'à ce que le tenon puisse être engagé dans les élongis, après quoi on guinde de nouveau pour faire reposer la caisse sur le pont (1).

53. Les mâts de hune ayant été présentés, que faut-il faire pour pouvoir procéder sans retard à la mise en place des chouques de bas mâts ?

Que le mât repose sur le pont ou qu'il soit soutenu par deux caliornes, il faut défrapper la guinderesse et la passer en double, c'est-à-dire faire son dormant au ton du mât au-dessus du capelage, en la faisant passer par le trou de la cheminée, puis guinder le mât de hune de manière à élever le tenon à soixante ou quatre-vingts centimètres au-dessus de la hune afin de pouvoir élinguer le chouque.

(1) Aujourd'hui, l'on ne pratique plus de panneau par le travers du mât de misaine ; cette privation rend quelquefois fort difficile l'opération de présenter le petit mât de hune. (Le petit mât de hune d'un vaisseau à trois ponts a 20^m33, la longueur du mât de misaine depuis le pont jusqu'à la face supérieure des jottereaux est de $17^m,10$, différence $3^m,23$.)

54. Comment capelle-t-on un chouque de bas mât ?

Il faut d'abord élinguer le chouque de la manière suivante :
(*Fig.* 11.) Capeler au ton du mât de hune, au moyen de deux demi-clés renversées, le milieu d'un bout de filin de quelques mètres de longueur ; prendre l'un des bouts, le passer dans un des pitons arrière du chouque, le faire revenir se capeler sur le tenon du mât, puis renvoyer ce bout dans le piton arrière de l'autre bord et le capeler de nouveau au mât ; agir de la même manière avec l'autre bout de filin sur les pitons de l'avant. Cela s'appelle faire la fronde.

Amarrer sur le chouque un cartahu qui servira à lui faire prendre la position longitudinale lorsqu'il aura été élevé au-dessus du tenon du bas mât ; ce cartahu viendra du mât d'artimon pour le chouque du grand mât, et du grand mât pour le chouque du mât de misaine.

Virer sur la guinderesse. Lorsque le chouque sera élevé au-dessus du tenon, manœuvrer le cartahu pour le placer en position convenable, et s'aider, s'il le faut, d'un trévire sur le mât de hune. Forcer le tenon d'entrer dans le trou carré du chouque à coups de masse et mettre l'épontille en place.

Décapeler la fronde et amener le mât ; le soutenir au moyen de caliornes ou le faire reposer sur le pont et passer la guinderesse en quatre.

55. Quel est le moyen employé pour capeler un chouque de bas mât, lorsque le mât de hune n'est pas encore présenté?

On se sert d'un espars ou d'un mâtereau présenté le long du bas mât et qui passe par la cheminée et le trou rond du chouque (*fig.* 12). Ce mâtereau est hissé au moyen d'un cartahu passé en guinderesse, jusqu'à ce que son extrémité supérieure soit élevée à un mètre à peu près au-dessus de la hune : on frappe à cette extrémité les poulies supérieures de deux palans destinés à servir de haubans, dont les poulies simples sont crochées sur des erses passées dans des trous de lattes sur le bord de la hune ; deux petits cartahus servent d'étais, l'un sur l'avant et l'autre sur l'arrière. On aiguillette aussi à la tête du mât une caliorne de braguet dont la poulie inférieure se croche dans l'élingue du chouque et deux petits bouts de filin, ayant un peu plus que la longueur du ton, sont frappés sur des pitons de chaque côté du chouque pour le diriger sur le tenon.

Cela fait, on guinde de nouveau le mâtereau jusqu'à ce que sa tête soit à deux mètres environ au-dessus du tenon du bas mât, puis on bride fortement son extrémité inférieure avec le bas mât. Les palans servant de haubans et les deux cartahus tenant lieu d'étais ayant été bien raidis, on amène le chouque sur sa caliorne et on le dirige au moyen des bouts de filin latéraux, de manière à y faire entrer le tenon du bas mât.

56. Dites comment on passe une guinderesse de mât de hune en 4.

Les mâts de hune portent deux clans pour guinderesse perpendiculaires l'un à l'autre et percés diagonalement (*fig.* 14). Le clan inférieur du grand mât de hune est dirigé suivant la diagonale A B ; et le clan supérieur suivant celle C D. Il en est de même au mât de perroquet de fougue.

Le clan inférieur du petit mât de hune est percé suivant la diagonale C D, et le clan supérieur suivant celle A B.

(*Fig.* 13.) D'après cela, pour passer la guinderesse du grand mât de hune, larguer son dormant au ton du bas mât, la dépasser du clan du mât de hune, ainsi que de sa poulie au ton, et garder le bout dans la hune.

Crocher deux poulies de guinderesse aux pitons placés de chaque bord vers le milieu du chouque, passer le bout de la guinderesse de l'arrière à l'avant dans la poulie de tribord, le faire descendre par la cheminée, le passer dans le clan inférieur de tribord à bâbord, le faire remonter par le trou de la cheminée pour de là passer dans la poulie de guinderesse de bâbord, de l'arrière à l'avant ; puis, toujours par le trou de la cheminée, dans le clan supérieur de bâbord à tribord et remonter faire dormant au piton avant du chouque à tribord.

Les guinderesses du petit mât de hune et du mât de perroquet de fougue se passent d'une manière analogue.

Le retour de celle-ci est à tribord sur le pont et celui de la guinderesse du petit mât de hune à bâbord.

57. Décrivez l'opération de capeler les barres de perroquet sur les chouques.

Je suppose qu'on ait à capeler les barres du grand perroquet et qu'on veuille les hisser par bâbord.

(*Fig.* 15.) Aiguilleter sur le côté bâbord du chouque deux poulies distantes l'une de l'autre d'une longueur égale à l'intervalle des traversins des barres. Passer deux cartahus dans des poulies de retour au pied du mât, les faire monter par le trou du chat dans les poulies au chouque, et les affaler sur l'avant de la hune jusque sur le pont.

Les barres de perroquet sont disposées à bâbord sur le pont perpendiculairement à la quille. Prendre le cartahu de l'avant, en frapper le bout sur l'extrémité de bâbord du traversin de l'avant, élonger le double par-dessous sur toute la longueur du traversin et faire trois bridures ; une de chaque côté des élongis, la dernière à l'extrémité tribord.

Frapper de la même manière le cartahu de l'arrière sur l'autre traversin. Afin de pouvoir déborder les barres des étais et de la hune, amarrer dans le trou de la cheminée un cartahu venant du mât de misaine.

Peser les deux cartahus et hisser les barres verticalement. Lorsqu'elles sont arrivées à hauteur de la hune, les gabiers les dirigent par le travers du mât et l'on continue à hisser

jusqu'à ce que la première bridure puisse être larguée par un
homme placé sur le chouque ; frapper alors à chaque extrémité des barres un bout de filin passé dans l'un des trous du
cap de mouton à latte du hauban de hune placé par le travers de chaque traversin et destiné à servir de balancine
pour maintenir les barres. Continuer à peser les deux cartahus, larguer les bridures à mesure qu'elles arrivent aux
poulies et placer les barres de manière que le trou de la cheminée corresponde au trou rond du chouque ; les maintenir
bien carrément au moyen de leurs balancines.

Cette opération est toujours délicate à exécuter ; aussi est-
il bon d'employer, pour plus de garantie, un troisième cartahu qui part du pied du mât du bord opposé à celui où l'on
capelle les barres, passe par le trou du chat, de là dans une
poulie aiguilletée au chouque et vient se frapper sur l'élongis
le plus à proximité. On ne l'amarre ainsi que lorsque la première bridure a été larguée.

58. Après que les barres ont été capelées, que reste-t-il à faire avant
de capeler le gréement du mât de hune ?

Il faut guinder le mât jusqu'à ce que la partie inférieure
de la noix soit un peu au-dessus du chouque.

59. Comment met-on en place les capelages des mâts de hune et dans
quel ordre les capelle-t-on ?

On aiguillette une poulie de chaque bord sur l'arrière des
élongis des barres ; deux cartahus venant du pied du mât
passent dans ces poulies et reviennent sur le pont par l'arrière
de la hune ; ils servent à hisser successivement les diverses
poulies ou manœuvres qui doivent former le capelage.

On capelle les gréements des mâts de hune comme ceux
des bas mâts, c'est-à-dire qu'on commence par tribord pour

le grand mât de hune et le mât de perroquet de fougue, et par bâbord pour le petit mât de hune.

Les coussins des barres de perroquet sont, comme ceux des bas mâts, garnis de cuir.

ORDRE DES CAPELAGES.

Petit mât de hune.

Estrope de poulie d'itague, ou estrope pour chape d'itague, à bâbord.

Même estrope à tribord.

Estrope de la poulie ou de la chape de draille du grand foc.

Haubans.

Galhaubans.

Étais.

Draille du grand foc. (Lorsqu'elle fait partie du capelage, l'estrope de sa poulie devient inutile.)

Mobiles au capelage.
- Poulie de drisse du petit foc.
- Poulie de drisse du grand foc.
- Pantoires de candelettes.
- Pantoires des poulies de drisse de bonnette basse.

Grand mât de hune.

Estrope de poulie d'itague, ou estrope pour chape, à tribord.

Même estrope à bâbord.

Haubans.

Galhaubans.

Étais.

Pantoires de candelettes (mobiles au capelage).

Mât de perroquet de fougue.

Estrope de poulie d'itague, ou estrope pour chape, à tribord.
Haubans.
Galhaubans.
Étais.
Pantoires de candelettes (mobiles au capelage).

60. Sur les bâtiments de guerre, installe-t-on la draille du grand foc de diverses manières ?

Oui, deux manières sont employées. La plus usitée consiste à fixer la draille au capelage du mât de hune comme un étai, au moyen d'un collier, et à la faire revenir, le long du beaupré, se raidir par un palan dont la poulie inférieure est crochée à un piton des apôtres, après l'avoir passé dans le clan pratiqué à l'extrémité du bout-dehors de grand foc, un peu en dedans du capelage.

Avec la seconde installation (*fig.* 16), la draille ne passe plus dans ce clan ; elle s'épisse sur le rocambeau, va passer dans une poulie ou chape au capelage et se raidit au pied du mât de misaine, au moyen d'un palan fixé sur elle à demeure. Le clan du bout-dehors est alors réservé pour le passage d'un bout de filin à fourche, appelé itague d'amure, qui vient s'aiguilleter sur le rocambeau et dont l'autre extrémité se termine par un palan croché à un piton des apôtres. On peut ainsi faire varier à volonté la position du point d'amure du grand foc et, pour chacune, donner à la draille la tension convenable.

61. Quel est le nombre des haubans de hune des bâtiments de guerre et de quelle manière sont-ils réunis ensemble?

Tous les vaisseaux et frégates de premier rang ont quatre haubans de hune de chaque bord au grand mât de hune et

au petit mât de hune, et trois au mât de perroquet de fougue ;
les autres bâtiments en ont au moins trois à chaque mât. Que
leur nombre soit pair ou impair, les deux paires du même
bord sont réunies en galette, de façon à diminuer de moitié
l'épaisseur de leur capelage.

62. Combien y a-t-il de galhaubans de hune par mât ; et quelle est
leur installation ?

Tous les bâtiments, jusqu'à la corvette de 24 canons
comprise, ont six galhaubans de hune par mât, trois de chaque
bord ; ceux d'un rang inférieur n'en reçoivent que quatre qui
sont tous fixes.

: Le premier, placé par le travers du mât, est un galhauban
étranglé ; les deux autres sont fixes et forment une seule paire
que l'on capelle avant le galhauban de travers ; ils descendent
directement dans les porte-haubans où ils sont raidis au moyen
de caps de mouton ou de ridoirs, de la même manière que les
bas haubans.

Pour donner moins de hauteur au capelage, on forme les
deux galhaubans de travers avec le même bout de filin sur
lequel on greffe un autre bout pour former l'œil.

Le galhauban de travers (*fig.* 17) suit la direction des haubans de hune, s'applique dans une goujure pratiquée à l'extrémité d'un arc-boutant chevillé sur la hune, passe dans un
margouillet maintenu dans une estrope entourant le bas
mât au-dessous du cercle de trelingage, et se raidit dans les
porte-haubans au moyen d'un palan dont la poulie inférieure
est estropée à un piton à cosse dans les porte-haubans. Le
margouillet devant déborder les bas haubans, son estrope
doit être assez longue pour que cette condition soit remplie.

Quelquefois ce galhauban se raidit au pied du mât, l'estrope
est alors assez raccourcie pour que le margouillet soit placé
à toucher le mât.

On voit aussi ce galhauban, quoique placé par le travers, se diriger vers les porte-haubans comme un galhauban fixe; le but de ce système étant de pouvoir l'employer comme palan de bout de vergue, la poulie inférieure du palan qui le termine porte alors un croc qui le rend mobile.

63. Comment capelle-t-on les étais des mâts de hune, et quels sont leurs passages?

Les étais des mâts de hune se capellent comme ceux des bas mâts (§ 38), leurs branches de colliers croisent les capelages des haubans et galhaubans, et s'aiguillettent sur l'arrière du mât.

Les étais du petit mât de hune passent dans les violons du beaupré et se raidissent au moyen de ridoirs fixés à des pitons dans la muraille, près de l'étambrai du beaupré. L'étai de bâbord, appelé aussi faux étai, sert de draille au petit foc; il est capelé avant l'étai.

Les étais du grand mât de hune passent dans des margouillets dont les estropes font partie du capelage du mât de misaine et descendent entre les élongis se raidir au moyen de ridoirs fixés dans des pitons au pied du mât de misaine.

L'étai du mât de perroquet de fougue passe dans une moque à rouet de bronze dont l'estrope fait partie du capelage du grand mât et se raidit sur lui-même.

64. Les mâts de hune une fois capelés, que reste-t-il à faire avant de les guinder?

Il faut mettre leurs chouques en place, et pour cela se servir d'un espars ou bout-dehors de bonnette maintenu verticalement dans le trou de la cheminée des barres, à l'extrémité duquel on frappe un palan, pour soulever le chouque et le mettre à poste. Des bouts de filin capelés à l'extrémité du mâtereau servent de haubans et d'étais.

65. Les mâts de hune étant complétement capelés, dites comment on les guinde.

La guinderesse est garnie au cabestan et on passe le braguet. Ce braguet est une sorte de grande pantoire terminée à l'une de ses extrémités par une cosse ou un œil et dont l'autre bout est façonné en queue de rat (*fig.* 18).

Pour le mettre en place, crocher une poulie de guinderesse dans un piton du chouque du bord opposé au courant de la guinderesse ; passer le braguet dans cette poulie, de là dans le trou du chat et le faire remonter de l'autre bord, en passant par-dessous les élongis, faire dormant au capelage du bas mât. Ceci fait, brider ensemble ses deux doubles à hauteur de la hune pour qu'ils ne soient pas affalés par le poids de la caliorne dont la poulie supérieure est crochée dans l'œil qui termine le braguet, et la poulie inférieure dans une boucle au pied du mât.

Donner du mou dans tout le gréement et virer. Lorsque la caisse du mât arrive à hauteur des jottereaux, un gabier s'affale dans une chaise, largue la bridure qui maintient les deux doubles du braguet et le capelle dans l'engoujure pratiquée sous la caisse ; on raidit aussitôt la caliorne que l'on tient toujours bien raide à mesure que le mât monte.

Dès que le trou de la clé paraît au-dessus des élongis, y passer une pince sur les adents de laquelle est amarrée une aiguillette fixée au bout de la clé ; et lorsque le mât de hune est suffisamment guindé, haler sur l'aiguillette pour introduire la clé complétement. Mollir le braguet et le décapeler, dévirer la guinderesse et dégarnir le cabestan.

66. Comment tient-on les mâts de hune?

On commence par raidir les étais, puis les galhaubans et enfin les haubans.

Les étais portent des ridoirs, à l'exception de celui de perroquet de fougue ; les galhaubans de travers ou étranglés reçoivent des palans ; les galhaubans fixes ou de l'arrière, des ridoïrs ou des caps de mouton, et les haubans, des caps de mouton. Tous ces divers systèmes de ridage se mettent en place par les moyens déjà décrits §§ 42 et 46.

Nous venons de dire que pour tenir un mât de hune, on commence par raidir ses étais. Le maître qui dirige cette opération se tient dans les porte-haubans, par le travers du mât, de manière à voir à la fois le mât de hune et le bas mât ; il a soin de faire haler le mât un peu sur l'avant pour qu'il soit parallèle au bas mât après qu'il aura été rappelé sur l'arrière par les galhaubans.

Lorsque les étais ont été convenablement raidis, on procède au ridage des galhaubans. Le maître se porte au milieu du bâtiment pour s'assurer que les galhaubans sont pesés également et que le mât est toujours maintenu dans le plan de symétrie du navire ; il voit ensuite des porte-haubans si la tension exercée a amené le mât de hune dans le prolongement du bas mât.

On termine la tenue des mâts par le ridage des haubans. Il s'effectue avec les candelettes de hune, en ridant à la fois les deux haubans correspondants. Pendant cette opération, les gabiers frappent sur le bord de la hune de chaque côté du cap de mouton, pour faire participer la gambe à la tension du hauban.

On fait ensuite les enfléchures (§ 49).

67. Présentez et capelez le bout-dehors de grand foc.

Le bout-dehors est porté à bras sur l'avant ; sa noix repose sur le gaillard ou le plat-bord et sa caisse sur le pont.

La guinderesse se passe dans une poulie crochée au chouque du beaupré, de là dans le clan de la caisse en dedans des étais et l'on fait son dormant à un piton du chouque de l'autre bord.

On frappe sur les étais de misaine, à deux ou trois mètres au-dessus du beaupré, les poulies supérieures de deux palans dont on aiguillette les poulies simples sur le bout-dehors près de la noix.

Cela fait, on pèse à la fois la guinderesse et les palans. Lorsque l'extrémité du bout-dehors est engagée entre les deux étais, les palans sont décrochés et aiguilletés plus bas sur le mât; on les pèse de nouveau, ainsi que la guinderesse, jusqu'à ce que le bout-dehors qui a été engagé dans le chouque le déborde suffisamment pour pouvoir être capelé.

L'ordre du capelage est le suivant :

Rocambeau.

Marchepieds.

Haubans.

Martingale ou sous-barbe du bout-dehors de grand foc.

68. Dites comment on met en place les arcs-boutants de beaupré et de martingale.

Pour mettre en place les arcs-boutants de beaupré, on frappe un palan sur chaque étai du petit mât de hune, à une hauteur telle qu'ils soient verticalement placés au-dessus du point que doivent occuper les arcs-boutants; leurs poulies inférieures se crochent dans des erses baguées près des extrémités qui doivent s'appliquer sur le beaupré. Deux petits cartahus sont frappés sur le bout inférieur de chaque arc-boutant, l'un qui vient du bâtiment sert de retenue, l'autre qui est passé dans une poulie à l'extrémité du bout-dehors sert de bras pour le traverser.

Les arcs-boutants de beaupré sont à croc sur les grands bâtiments, et à mâchoire sur les petits. Dans le premier cas, ils se crochent à des pitons sur un cercle du beaupré; dans le second, ils s'appuient contre le mât en dehors de son capelage et sont maintenus par un bâtard de racage. Les arcs-boutants sont supportés par les palans qui ont servi à les mettre en place jusqu'après la tenue du bout-dehors de grand foc.

L'arc-boutant de martingale se croche dans un piton placé à la pártie inférieùre du chouque et sur sa face avant; on le met en place à l'aide d'un cartahu ou d'un palan frappé sur le bout-dehors de grand foc, à l'aplomb de la position qu'il doit occuper.

69. Que fait-on dès que ces arcs-boutants ont été mis en place?

On capelle les haubans du bout-dehors à l'extrémité des arcs-boutants de beaupré, et la martingale sur l'arc-boutant de martingale.

70. Le bout-dehors venant d'être capelé, poussez-le complétement.

On pèse sur la guinderesse, en maintenant la tête du mât au moyen d'un cartahu venant des barres de perroquet; lorsque le bout-dehors est suffisamment poussé, on met en place le braguet qui doit servir à le maintenir. Ce braguet (*fig.* 19) est une chaîne fixée par l'une de ses extrémités à un piton sur un cercle du beaupré; l'autre extrémité s'engage par un de ses maillons dans un croc à échappement porté par une manille qu'un boulon maintient dans un piton placé sur le même cercle que le précédent et dans une position symétrique par rapport à l'axe du beaupré. Cette disposition permet de rentrer promptement le bout-dehors dans un cas urgent.

La longueur du bout-dehors en dedans du chouque est égale à la moitié de la saillie du beaupré; un croissant le maintient parallèle au bas mât, et une velture faite sur l'arrière du croissant le consolide entièrement.

71. Comment est tenu le bout-dehors de grand foc et quel est le passage
des diverses manœuvres qui composent son capelage?

(*Fig.* 20.) Le bout-dehors est tenu de bas en haut par la martingale, et latéralement par les haubans.

Le marchepied est à deux branches et ne forme qu'un œil
au capelage; il est aiguilleté aux pitons supérieurs du chouque
de beaupré.

Les haubans sont doubles; ils forment capelage sur les arcs-
boutants où ils sont maintenus par deux amarrages, l'un sur
l'avant, l'autre sur l'arrière, et vont se raidir séparément sur
les bossoirs.

Le ridage de chacun des bouts se fait au moyen de moques
à ride à talon, dont l'une, estropée en fer et portant une cosse,
est fixée sur le hauban, et dont l'autre, estropée en cordage,
est fixée à un piton à cosse sur la face avant du bossoir. Un
calebas, appelé aussi *bras simple pour arc-boutant de foc*, est
capelé à l'extrémité de l'arc-boutant, passé dans un piton à la
guibre, replié sur lui-même et maintenu par des amarrages
à plat.

Sur quelques bâtiments, l'un des bouts vient se raidir à la
joue, mais n'y arrive qu'après avoir passé dans la poulie de
fausse amure sur la guibre; il remplace alors le calebas. Dans
ce cas, l'amarrage à plat fait sur l'arrière de l'arc-boutant est
remplacé par une étrive.

La martingale est double comme les haubans; elle est maintenue à l'extrémité de l'arc-boutant par un amarrage à plat sur
l'avant et une étrive sur l'arrière; les deux bouts se séparent
ensuite et vont se raidir sur chaque bossoir à l'aide du même
système de ridage que les haubans. Ces bouts sont appelés
haubans de martingale ou moustaches.

Souvent la martingale, au lieu d'être double, est simple depuis le capelage du bout-dehors jusqu'à l'extrémité de l'arc-

boutant, et faite avec un filin d'un très-fort diamètre. Les moustaches sont alors formées par un cordage dont le milieu est capelé à l'extrémité de l'arc-boutant, et dont les bouts viennent se raidir aux bossoirs.

Pour la meilleure tenue du bout-dehors, l'arc-boutant doit lui être perpendiculaire, et c'est pour lui conserver cette position que quelques bâtiments disposent leur martingale de manière à pouvoir la raidir à volonté. Elle est alors capelée à son point ordinaire, passée dans une moque à rouet à l'extrémité de l'arc-boutant; de là, dans une autre moque semblable au capelage, et revient le long du beaupré, en dedans du bâtiment, où un palan permet de la raidir en temps opportun.

Les arcs-boutants de beaupré sont placés normalement au mât et inclinés de 15° environ avec l'horizontale, pour mieux résister à l'effort du grand foc. Avec cette inclinaison, leur extrémité n'est jamais trop relevée lorsque le bâtiment est à la bande.

Après avoir tenu le bout-dehors, on raidit la draille du grand foc.

72. Les basses vergues sont, le long du bord sur des pontons, disposées pour être garnies, quel est l'ordre de leur garniture?

Au milieu de chaque vergue est un cercle pour la suspente; à partir de ce cercle, chaque moitié de vergue reçoit la garniture suivante :

Grand'vergue.

Drosse.

Cercle à piton, ou estrope pour poulie de bas-cul.

Estrope pour drisse de la vergue.

Estrope de la poulie de cargue-point de grand'voile (1).

Estrope de la poulie de cargue-bouline d'en dedans.

(1) On établit quelquefois des poulies de cargue-points d'en dehors ; elles sont placées assez loin pour que les points parent les bas haubans.

Estrope de la poulie de cargue-bouline d'en dehors (1).

Au capelage de la vergue.
{
Filières d'envergure et de ris.

Estrope à cosse pour empointure d'envergure.

Estrope à cosse pour palan de roulis.

Estrope à cosse pour bout de vergue de chaloupe.

Marchepied.

Estrope de poulie de bras.

Estrope de poulie de faux grand bras.

Pantoire de fausse balancine.

Estrope de poulie de balancine.
}

Vergue de misaine.

Même garniture, moins l'estrope de poulie de faux grand bras.

Vergue barrée.

Drosse; et de l'autre côté de la vergue, à égale distance du milieu, l'estrope de drosse.

Cercle à piton, ou estrope pour poulie de bas-cul.

Estrope à cosse pour palan de roulis.

Au capelage de la vergue.
{
Marchepied.

Estrope de poulie de bras.

Balancine.
}

(1) Si les basses voiles doivent recevoir de fausses cargue-boulines, aiguilleter au centre des vergues, en dedans des poulies de bas-cul, les estropes de deux poulies doubles pour conduit de ces cargues qui passent en outre dans des poulies simples aiguilletées sur l'arrière de la vergue, à la même hauteur que celles des cargue-boulines.

73. Les basses vergues sont à la mer, le long du bord, comment les embarque-t-on ?

On exécute cette opération, au moyen de deux caliornes de bas mât, ou d'une guinderesse de mât de hune.

Je suppose la basse vergue à embarquer élongée le long du bord à bâbord, le bout de tribord sur l'avant, et qu'on veuille employer le premier moyen :

Les pantoires de caliorne sont envoyées en haut, et amarrées au capelage ; on affale la caliorne de bâbord jusqu'à la mer, et on la croche dans une erse baguée sur le bout de tribord de la vergue, en dedans du carré ; la caliorne de tribord est affalée jusque sur le pont. Après avoir frappé sur l'extrémité de bâbord un cartahu double venant du bossoir, on pèse la caliorne et on élève la vergue que l'on fait parer des porte-haubans et des boucles et pitons extérieurs, à l'aide de barres de cabestan. Dès que le bout de tribord arrive au-dessus du bastingage, on y croche la poulie double d'un palan dont la poulie simple est fixée en abord à bâbord, par le travers du mât ; on prend ce palan à retour, et on traverse la vergue au moyen du cartahu double. On croche alors la caliorne de tribord, à une petite distance du milieu de la vergue, à tribord, et dès qu'elle est bien embraquée, on affale celle de bâbord, que l'on décroche et place à babord, à une même distance du milieu que celle de tribord. Cela fait, on pèse les deux caliornes, en conservant raide le cartahu double, et mollissant à retour le palan de retenue. Lorsque la vergue a été hissée à bonne hauteur, on l'amène sur l'avant du mât, et on la fait reposer sur des morceaux de bois placés dans les bastingages ou sur les plats bords ; c'est dans cette position qu'on la garnit.

Lorsqu'on veut embarquer une basse vergue avec la guinderesse du mât de hune, on agit de la manière suivante :

La guinderesse est passée dans une poulie de retour au pied du mât ; de là, par le trou du chat, dans une poulie au chouque ;

on la frappe au milieu de la vergue, et on l'élonge vers le bout de tribord en faisant trois bridures ; on la garnit ensuite au cabestan. Un cartahu double venant du bossoir est croché sur l'extrémité de bâbord, et on dispose un palan de retenue, comme nous l'avons dit précédemment.

On vire ; la première bridure est larguée lorsqu'elle arrive à hauteur des bastingages ; on croche le palan de retenue et on traverse la vergue avec le cartahu double. On continue à virer, la deuxième bridure est larguée, et lorsque la vergue est hissée à bonne hauteur, on dévire pour l'amener et la faire reposer convenablement.

74. En supposant qu'une basse vergue ait été garnie sur un ponton, quel moyen employez-vous pour la hisser à son poste ?

Je me sers pour cette opération d'une caliorne venant de la tête du mât du ponton.

Lorsque la vergue a été hissée à la hauteur du bastingage, des palans frappés sur ses extrémités permettent de la traverser perpendiculairement à la quille, et les amarres du ponton sont manœuvrées pour l'amener dans la position la plus convenable. Les caliornes de drisses sont alors crochées dans leurs estropes sur la vergue, puis pesées, en mollissant la caliorne du ponton à retour, jusqu'à ce que le milieu de la vergue soit amené à toucher la génératrice avant du mât. On mollit les drisses pour faire reposer la vergue sur des morceaux de bois placés de chaque côté dans les bastingages, et lorsqu'elle est assujettie dans cette position, on passe ses bras et balancines.

75. Comment sont installées les suspentes des basses vergues ?

Les suspentes des basses vergues sont en filin ou en chaîne.

Lorsqu'elles sont en filin (*fig.* 21 et 21 *bis*), elles sont formées par deux bouts ; chaque bout embrasse en double la cosse qui doit recevoir la manille se boulonnant avec le cercle sur la vergue et s'épisse sur lui-même à la hauteur de la génératrice avant du mât, tourne autour du mât, passe entre le ton et le mât de hune, et soutenu par une collerette s'amarre sur lui-même au moyen d'une bague, puis se termine par une cosse dans laquelle s'aiguillette la poulie supérieure de drisse de basse vergue. Les deux bouts sont réunis jusqu'au trou de suspente et là, bien fourrés et garnis de basane. Les poulies inférieures des drisses portent des crocs à ciseaux reçus dans les cosses des estropes de sus-vergue.

Lorsque la suspente est en chaîne (*fig.* 22), elle fait tour-mort autour du mât contre lequel elle est supportée par une collerette ; ses deux bouts viennent par le trou de suspente et sont chacun terminés par un échappement à cloche, sorte d'émerillon brisé, ou par un croc semblable à celui que l'on emploie pour le braguet du bout-dehors de grand foc. Ces échappements maintiennent chacun le dernier maillon d'une chaîne dont l'autre extrémité est reçue dans le maillon d'assemblage fixé au cercle de suspente, au moyen d'un boulon.

La cosse qui termine l'estrope de la poulie supérieure de drisse reçoit le croc à ciseaux ou le boulon d'un maillon d'assemblage qui termine une chaîne dont l'autre extrémité est fixée au moyen d'une manille sur la chaîne de suspente .La maille choisie pour recevoir cette manille est celle qui correspond à la génératrice avant du bas mât.

76. Combien y a-t-il de filières sur les basses-vergues et quelle en est la disposition ?

Les basses vergues, à l'exception de la vergue barrée, reçoivent deux filières, celle d'envergure et celle de ris. Elles peuvent être indépendantes, mais le plus souvent elles sont formées par le même bout de filin sur chaque côté de la vergue. Le milieu de ce cordage, maintenu par un amarrage convenablement placé, se capelle à l'extrémité de la vergue ; l'un des doubles, celui de l'avant, sert de filière d'envergure et l'autre double, de filière de ris ; une épissure joint leurs extrémités, et une cosse placée dans cette partie reçoit une ride qui, après avoir été passée dans la cosse des filières de l'autre bord, sert à donner la tension convenable. Des taquets et des crampes leur servent d'appui ; elles passent aussi dans des pitons sur quelques cercles de la vergue et sont ainsi maintenues de manière à ne pas être entraînées sur l'avant de la vergue par l'effort que la voile exerce. On les soutient encore par quelques veltures faites autour de la vergue.

77. Comment sont passées les balancines des basses vergues?

Suivant la grandeur du bâtiment, les balancines sont passées en simple ou en double.

Lorsqu'elles sont en simple, on les fixe au bout de la vergue par une espèce de nœud coulant fait à leur extrémité, ou par un œil formé en épissant le bout sur lui-même ; elles vont de là passer dans une poulie estropée à un piton à cosse fixé sur la face longitudinale du chouque, descendent par le trou du chat et se terminent par un palan dont la poulie inférieure est estropée sur la cosse d'un piton au pied du mât.

Si le chouque ne porte pas de piton pour poulies de balancines, on les estrope dans un cordage double épissé sur lui-même en forme d'erse, qu'on capelle par-dessus le chouque et qu'on maintient en dessous au moyen d'une bridure qui, passant entre le ton du bas mât et le mât de hune, rapproche les deux poulies, à toucher la partie inférieure du chouque. Cet assemblage du cordage et des poulies constitue ce qu'on appelle une civière.

Lorsque les balancines sont passées en double, elles font dormant au chouque sur le piton de la poulie de balancine du bord opposé à leur courant, passent par-dessus le chouque, vont dans une poulie au capelage de la vergue, remontent passer dans leur poulie du chouque et descendent au pied du mât par le trou du chat ; elles se terminent par un palan dont la poulie supérieure porte un émerillon, et dont la poulie inférieure s'estrope sur la cosse d'un piton au pied du mât.

78. Décrivez les passages des bras des basses vergues?

Les bras de misaine passent dans un des réas des bittes du râtelier du grand mât, montent le long du grand mât, passent dans des poulies estropées sur des pitons à cosse aux jottereaux, vont de là dans leurs poulies au bout de la vergue, de dehors en dedans, et viennent faire dormant au capelage du grand mât.

Les deux bras sont bridés à la jonction des branches des étais du grand mât, longent les branches et vont s'aiguilleter ensemble sur l'arrière du capelage.

Les bras de grand'vergue passent dans un chaumard près du couronnement ; dans des poulies capelées aux extrémités de la vergue de brasseyage ; de là, dans leurs poulies au capelage de la vergue, de dedans en dehors, et viennent faire dormant sur la vergue de brasseyage, en dehors de la poulie.

Les faux grands bras passent dans un des réas des bittes du râtelier du mât de misaine, montent le long du mât, passent dans des poulies aiguilletées sur l'arrière des élongis, vont de là dans leurs poulies sur la vergue, de dedans en dehors, et reviennent faire dormant sur les élongis près de leurs poulies.

Généralement, ces bras se croisent au mât de misaine, c'est-à-dire que celui de tribord passe dans la poulie aiguilletée à bâbord sur les élongis et réciproquement.

Quelquefois le faux grand bras, au lieu de passer dans un des réas des bittes, s'introduit dans le réa extérieur d'une poulie double placée au pied du mât de misaine, monte passer dans un des réas d'une autre poulie double aiguilletée sur l'arrière des élongis, va de là dans sa poulie au bout de la vergue, revient passer dans le deuxième réa de la poulie aux élongis, descend le long du mât pour occuper l'autre clan de la poulie au pied du mât et se tourne à un cabillot du râtelier ou à un taquet sur le pont.

Les bras barrés passent dans des poulies estropées sur des pitons à cosse placés en abord, à la hauteur des derniers haubans du grand mât, montent dans des poulies fixées sur le dernier bas hauban du grand mât, à peu près à la hauteur de la vergue barrée, vont dans leurs poulies au bout de la vergue, de dedans en dehors, et reviennent faire dormant sur les haubans près de leur courant.

79. Les basses vergues ayant été garnies à bord, leurs bras et balancines passés, dites comment on les hisse.

En même temps qu'on passe les garants des drisses, il faut frapper un palan sur le milieu de la vergue, le prendre à retour sur l'avant et bien le raidir ; pour la vergue de misaine, il vient du beaupré. Ce palan sert de retenue et empêche que la vergue vienne frotter contre le mât pendant l'opération.

On pèse ensuite également les drisses et balancines de manière à élever la vergue carrément, et dès qu'elle est suffisamment hissée (1), on met la suspente en place. Les drisses peuvent alors être mollies et la vergue dressée en bras et balancines.

80. Comment sont installées les drosses des basses vergues ?

La grand'vergue et la vergue de misaine portent chacune deux drosses placées de chaque côté et à égale distance du cercle de suspente ; la vergue barrée n'en reçoit qu'une seule.

(*Fig.* 21 *bis.*) Chacune consiste en un cordage qui porte une cosse à l'un de ses bouts ; ce bout entoure la vergue et y est maintenu par une étrive faite à toucher la cosse, l'autre bout passe en arrière du mât, va dans la cosse de la deuxième drosse,

(1) La distance du dessus de la basse vergue à la face inférieure des élongis est égale au dixième de la longueur totale du mât de hune.

monte passer dans un placard à l'arrière des élongis et s'amarre sur lui-même, après avoir été introduit dans la cosse de l'estrope de la poulie inférieure du palan de drosse dont la poulie supérieure est crochée à un piton sur l'arrière du chouque.

81. Les vergues de hune sont le long du bord, comment doit-on les embarquer ?

On se sert pour cette opération de deux cartahus (ordinairement les guinderesses de perroquet), passés dans les poulies d'itague du capelage, et l'on procède comme pour les basses vergues.

Après qu'elles ont été élongées sur le pont, on les place sur des chantiers pour pouvoir les garnir commodément.

82. Dans quel ordre, à partir de leur milieu, garnit-on les vergues de hune ?

Au milieu des vergues.	Cercles en fer à anses ou estropes des poulies d'itague. Racage.
Du milieu en allant vers les extrémités.	Cercles en fer à 2 pitons pour les poulies d'écoute de perroquet et de cargue-point de hunier ou estropes pour ces mêmes poulies. Estrope de la poulie de cargue-bouline. Estrope du palan de roulis. Filières d'envergure et de ris. Estrope à cosse pour empointure d'envergure. Marchepied. Estrope à cosse pour poulie de bras. Estrope à cosse pour balancine. Poulie de faux palanquin. Poulie de drisse de bonnette de hune. Faux marchepied.

La vergue de perroquet de fougue reçoit la même garniture, à l'exception de la poulie de drisse de bonnette.

85. Comment sont passées les itagues et drisses, lorsque les vergues de hune portent deux poulies d'itague ?

S'il y a deux poulies de sus-vergue, les deux itagues sont doubles ; chacune d'elles fait dormant à la tête du mât de hune au-dessus du capelage, va passer dans la poulie sur la vergue de l'avant à l'arrière, de là dans la chape au capelage de l'avant à l'arrière et revient sur l'arrière du mât jusqu'à quelques pieds au-dessus de la hune ; son bout passe alors dans l'œil de l'estrope de la poulie supérieure de drisse et s'épisse sur lui-même.

Le garant qui constitue la drisse, passe dans une poulie de retour crochée à une boucle placée sur le pont, à la hauteur du galhauban de l'arrière, remonte dans la poulie fixée sur le bout de l'itague et descend dans une poulie à émerillon crochée à un piton dans les porte-haubans, pour de là aller faire dormant sur un ringot fixé sur l'estrope de la poulie supérieure.

Si la poulie supérieure de drisse est double, le dormant du garant se fait sur l'estrope de la poulie inférieure.

Avec une seule poulie sur la vergue, il n'y a qu'une itague : chacun des bouts peut recevoir une drisse, ou bien l'un d'eux fait dormant au capelage du mât de hune et la drisse se fixe sur l'autre bout.

Dans le premier cas, l'itague passe dans une des chapes au capelage, de l'arrière à l'avant, de là, dans la poulie sur la vergue et remonte passer, de l'avant à l'arrière, dans la chape de l'autre bord ; chacun de ses bouts s'épisse sur lui-même, après avoir passé dans l'œil de l'estrope de la poulie supérieure de drisse.

Lorsque l'itague est passée de cette manière, on ne hisse pas

la vergue sur ses deux drisses à la fois ; il faut préalablement
avoir embraqué l'une en filant celle sur laquelle la vergue
doit être hissée, jusqu'à ce que sa poulie inférieure soit suffisamment élevée au-dessus de la hune, pour qu'elle se trouve
au moins à quelques mètres du bastingage, lorsque le hunier
est suffisamment étarqué.

Dans le deuxième cas, l'itague passe dans la chape au capelage de l'arrière à l'avant, de là dans la poulie sur la vergue et
remonte faire dormant au capelage.

84. Quel est le but du gouvernail de drisse et comment est-il disposé ?

Le but du gouvernail est de maintenir la poulie de drisse
et d'agir concurremment avec la poulie inférieure à émerillon
pour empêcher les tours. Il est fixé par ses deux branches sur
l'itague, un peu au-dessus de la poulie de drisse, et on y a
passé le galhauban de hune arrière, avant d'y fixer son ridoir.

85. Quelle est l'espèce de racage en usage aujourd'hui pour les
vergues de hune ?

Le racage généralement employé se compose de bigots à
deux rangs de pommes en bois, d'un cordage appelé bâtard
de racage, et d'un faux bâtard de racage.

Les pommes et les bigots sont enfilés en chapelet par le bâtard, et les pommes sont séparées l'une de l'autre par un bigot.

La figure 23 représente sa projection verticale ; elle indique
que les deux branches supérieures sont formées par le même
bout de cordage et les deux branches inférieures par un autre
bout uni au premier par des amarrages. Il suffira de décrire le
passage des branches supérieures pour en déduire celui des
inférieures.

Le bout du cordage part du point **A**, va de droite à gauche,
en s'appliquant contre l'engoujure des bigots, forme la bran-

che CE, se replie sur lui-même et forme ainsi un œil au moyen de l'amarrage *bb* ; il continue à se diriger sur lui-même (la projection représentée par la figure ne permet pas de l'apercevoir), et s'enfile dans les pommes supérieures, après avoir été maintenu à leur entrée par l'amarrage CC. Il est tenu à sa sortie des pommes par l'amarrage C'C', forme la branche C'D, se replie sur lui-même et revient par-dessus repasser dans l'amarrage C'C' pour venir s'épisser au point A.

La branche inférieure se passe d'une manière analogue.

Quelquefois le racage est formé par quatre branches, au lieu de deux ; il existe alors quatre œils de chaque bord, chacun d'eux est formé par le bout de la branche s'épissant sur lui-même.

86. Quelle est la disposition particulière des poulies de cargue-fonds des huniers ?

Les poulies de cargue-fonds sont quelquefois aiguilletées sur le collet de la poulie d'itague. Il résulte de cette disposition qu'il suffit d'enlever le boulon qui fixe cette poulie pour dégager aussitôt la vergue d'une partie de sa garniture mobile, mais elle assujettit à ne pouvoir élever la ralingue de fond qu'à la hauteur de la vergue lorsqu'on serre la voile. Pour éviter cet inconvénient, on estrope les deux poulies de cargue-fonds sur un même bout de filin portant des pommes de racage et faisant le tour du mât de hune, au-dessus des poulies d'itague. Lorsqu'on pèse les fonds, les deux poulies s'élèvent le long du mât de hune et permettent d'amener la ralingue à telle hauteur voulue.

87. Comment sont installés les marchepieds et faux-marchepieds des vergues de hune ?

Les marchepieds se fixent par une de leurs extrémités au bout de la vergue au moyen d'un œil, l'autre extrémité est maintenue

sur la vergue par un aiguilletage perpendiculaire à son axe;
cet aiguilletage est fait un peu en dehors du milieu de la vergue pour chaque marchepied.

Les étriers sont au nombre de 2, 3, ou 4, au maximum, de
chaque bord ; les cosses qui sont à leurs bouts inférieurs sont
traversées par les marchepieds et maintenues de chaque côté
par des pommes faites sur les marchepieds ; leurs autres bouts
entourent la vergue ou se terminent par un œil que l'on aiguillette sur la filière d'envergure.

Les faux-marchepieds sont capelés par un de leurs bouts sur
le collet de la ferrure qui supporte le blin, l'autre bout terminé
aussi par un œil s'aiguillette sur la filière ou autour de la vergue et perpendiculairement à son axe, à toucher le clan d'é-
coute de perroquet, en dedans.

88. Comment sont passées les balancines des vergues de hune ?

Les balancines des vergues de hune passent dans des moques
à rouet au pied du mât ou sur l'avant des porte-haubans, montent le long du mât ou suivent la direction des haubans, passent par le trou du chat, vont dans le réa inférieur de la baraquette fixée entre les deux premiers haubans de hune ou entre
le galhauban étranglé et le premier galhauban fixe et viennent de là se crocher dans les estropes aux bouts des vergues.

89. Quels sont les passages des bras des trois vergues de hune?

Le bras du petit hunier passe dans un des réas des bittes du
râtelier de grand mât, monte dans une poulie fixée sur le premier hauban de grand mât, un peu au-dessus de la basse vergue, passe dans une poulie aiguilletée à la jonction des branches des grands étais, va dans sa poulie au bout de la vergue,
de dessous en dessus, et fait dormant au capelage du grand
mât de hune.

Le bras du grand hunier passe dans un des réas des bittes du râtelier du mât d'artimon, monte passer dans une poulie dont l'estrope fait tour-mort sur le mât d'artimon, à quelque distance au-dessous de la vergue barrée, va dans sa poulie au bout de la vergue, de dessous en dessus, et fait dormant au capelage du mât de perroquet de fougue.

Le bras du perroquet de fougue part d'une poulie placée en abord à la hauteur des derniers haubans du grand mât, monte passer dans une poulie estropée à un piton sur la face supérieure du chouque du grand mât, va dans sa poulie au bout de la vergue et fait dormant sur le piton du chouque.

Après avoir fait les dormants des bras du grand hunier et du petit hunier, on les bride à la jonction des branches des étais du grand mât de hune et de l'étai du mât de perroquet de fougue.

90. Les vergues de hune ayant été garnies, comment les met-on en croix sur les chouques ?

Outre la garniture énumérée (§ 82), les vergues de hune doivent porter trois estropes, une de chaque côté au quart de la longueur totale, la troisième au milieu.

La guinderesse de perroquet est passée en cartahu double dans une poulie à croc et son dormant fait au capelage du mât de hune ; on croche la poulie à croc dans l'estrope du milieu de la vergue. Un second cartahu double, passé dans une des poulies mobiles disposées à la tête du mât, est croché dans l'estrope placée sur le bout de la vergue qui doit monter le premier.

Pour mettre en croix la vergue du grand hunier, l'élonger sur le pont dans le sens de la quille, le bout de bâbord qui doit monter le premier placé sur l'avant et dépassant très-peu le mât. Affaler les cartahus doubles à tribord des étais, crocher la guinderesse dans l'estrope du milieu de la vergue et l'autre cartahu double dans l'estrope de bâbord. Affaler les bras et balancines de tribord sur le pont et ceux de bâbord dans la hune.

Peser les deux cartahus, celui de bâbord meilleur pour faire prendre à la vergue une position verticale. On a eu soin de garnir d'un paillet l'extrémité tribord pour la garantir du frottement, ainsi que le pont. Guider cette extrémité en la rapprochant du milieu du bâtiment pour que le bout de bâbord n'aille pas s'engager sous les étais, crocher les bras et les balancines lorsque le bout de tribord est un peu au-dessus du pont. Continuer à hisser ainsi jusqu'à ce que l'extrémité bâbord soit un peu au-dessous des barres, puis peser seulement le cartahu du centre et la balancine tribord ; le bout de bâbord pourra ainsi parer les étais du mât de hune et les barres. Cesser de hisser lorsque le milieu de la vergue est au-dessus du chouque, et peser la balancine de tribord en mollissant celle de bâbord et le cartahu d'apiquage, jusqu'à ce que la vergue soit perpendiculaire au mât. Mollir la guinderesse, amener la vergue sur le chouque, faire son racage, et la tenir en bras et balancines.

Si la vergue porte des cercles à anse, on y maillonne les poulies d'itague et on décroche les cartahus dès que la vergue est supportée par ses itagues. Si les poulies sont aiguilletées sur la vergue, il faut attendre pour décrocher que les itagues aient été passées.

91. A défaut de cercle à anse, comment peut-on installer une poulie d'itague pour la rendre facilement indépendante de la vergue?

La vergue est entourée en son milieu par une estrope à cosse et la poulie d'itague porte une estrope double à deux cosses ; un boulon qui traverse les trois cosses réunit l'itague à la vergue.

92. Comment met-on en place un bout-dehors de basse vergue?

Un bout-dehors se hisse au moyen de deux cartahus; le premier se frappe à la caisse, le deuxième à l'autre extrémité.

Le cartahu frappé à la caisse est celui qui sert à hisser ou amener le bout-dehors lorsqu'il repose dans les blins de la vergue; on le nomme cartahu de bout-dehors. Il part d'une poulie placée en abord par le travers du mât, monte passer dans une poulie dont l'estrope traverse un trou pratiqué dans la hune à la hauteur de la face antérieure de la barre traversière de l'avant où elle est maintenue par un burin, descend passer dans une autre poulie fixée sur la caisse du bout-dehors et remonte faire dormant sur l'estrope de la poulie sous la hune.

Le deuxième cartahu part du pied du mât, monte passer dans une poulie crochée à un piton du chouque, va de là dans une poulie qui a été fouettée sur la balancine dans une position intermédiaire entre les deux blins, et vient sur l'avant de la vergue. Il est affalé jusque sur le pont et frappé à deux mètres environ de l'extrémité du bout-dehors.

Pour mettre le bout-dehors en place, l'élever avec le cartahu de la caisse et lorsque son bout inférieur est un peu au-dessus du bastingage, peser le cartahu frappé sur cette extrémité jusqu'à ce que le bout-dehors soit en position horizontale, le hisser en lui conservant cette position jusqu'à ce qu'il soit à la hauteur de la vergue. Les gabiers placés sur la vergue s'en emparent, le font reposer dans le blin à charnière et le poussent à bras dans le blin extérieur. Lorsqu'il est ainsi engagé, ils le saisissent avec son aiguillette. Cette aiguillette est fixée sur la caisse du bout-dehors; c'est en en passant plusieurs tours autour de la caisse et d'un cabillot fixé sur la filière qu'on assujettit le bout-dehors sur la vergue. Sur les petits bâtiments, cette aiguillette est souvent remplacée par un œil que l'on bague dans le cabillot.

93. Comment met-on en place un bout-dehors de hune?

Un bout-dehors de hune s'élève verticalement au moyen de son cartahu, et lorsque son bout extérieur est arrivé à hauteur de la hune, on y frappe un bout de filin qui a été préalablement passé, de dehors en dedans, dans le blin de la vergue de hune. En pesant ce cordage, on amène l'extrémité du bout-dehors près du blin dans lequel un homme l'introduit; il ne reste plus ensuite qu'à mollir le cartahu de la caisse et à saisir le bout-dehors sur la vergue.

Le cartahu du bout-dehors part d'une poulie placée en abord par le travers du mât, monte par le trou du chat, va passer dans une poulie aiguilletée sur le traversin avant des barres et descend se fixer sur la caisse du bout-dehors.

Afin que les bouts-dehors soient pesés à égale hauteur lorsqu'on les élève au-dessus de la vergue pour les manœuvres de voiles, on fixe sur le premier hauban de hune de chaque bord, à distance égale de la vergue, une cosse dans laquelle on fait passer le cartahu de bout-dehors.

94. Quelle est la garniture du gui?

La garniture du gui se place dans l'ordre suivant, à partir de son bout extérieur :
Estrope à cosse pour l'écoute de l'artimon ;
Dormant des balancines du gui ;
Estrope à cosses pour palans de retenue ;
Poulies de palans d'écoutes de gui;
Estrope à cosses, faisant tour-mort, pour poulies inférieures des balancines du gui.

95. Comment se passent les écoutes du gui?

Le garant qui forme l'écoute du gui passe dans une poulie

de retour estropée dans un piton à cosse sur le couronnement et successivement dans deux poulies doubles, dont l'une est à capeler sur le gui et l'autre sur la vergue de brasseyage. Le dormant du garant est fait sur un ringot fixé à la partie inférieure de l'estrope de la poulie sur le gui.

Lorsque le gui déborde beaucoup le couronnement, on passe l'écoute de manière à ce qu'elle puisse lui servir de moustache, c'est-à-dire de soutien. Une poulie simple est capelée sur le gui un peu en dedans de son chandelier ; une autre poulie simple au milieu de la distance de la première poulie au bout extérieur du gui ; une poulie double est aussi capelée sur la vergue de brasseyage et la poulie simple de retour est estropée dans un piton à cosse du couronnement.

Le garant passe dans cette poulie de retour, puis dans la première poulie simple sur le gui, ensuite dans un des clans de la poulie double sur la vergue de brasseyage, remonte dans la deuxième poulie sur le gui, va de là dans le deuxième clan de la poulie double et fait dormant à l'extrémité du gui.

La poulie simple de retour et la poulie double peuvent être remplacées par une poulie triple fixée sur la vergue de brasseyage.

96. Comment sont installées les balancines du gui?

Les deux balancines sont formées par le même bout de filin qui fait tour-mort par son milieu autour du gui ; chaque moitié du cordage, après avoir passé de l'arrière à l'avant dans la poulie qui a été capelée au mât d'artimon (§ 35), passe dans la cosse baguée adaptée à la poulie supérieure du palan de balancine et se replie sur lui-même pour être maintenu par des amarrages à plat. La poulie inférieure du palan de balancine est crochée dans l'estrope double faisant tour-mort sur le gui, et le garant du palan passe dans une poulie de retour aiguilletée sur cette estrope, parce que sur les guis de construction actuelle il n'existe plus de chaumards. Sur les petits bâtiments, la poulie inférieure du palan de balancine est crochée en abord au lieu de l'être sur le gui, et la poulie supérieure est installée comme nous venons de le dire.

La poulie de retour est supprimée, de même que l'estrope sur le gui.

97. Quel est l'usage du palan de retenue et comment le dispose-t-on?

Le palan de retenue sert à maintenir le gui lorsqu'il est poussé en dehors pour l'allure du largue. Il porte une pantoire que l'on croche dans une estrope sur le gui, sa poulie inférieure se croche en dehors du bâtiment à l'arrière des grands porte-haubans et le garant vient en dedans par un chaumard de la muraille.

98. Quelle est la garniture de la corne?

La garniture de la corne se place dans l'ordre suivant, à partir de la mâchoire :

Racage.

Poulies simples pour étrangloirs de brigantine.

Poulies de cargues hautes d'en dedans.

Poulies de cargues hautes d'en dehors.

Pantoires des palans de garde.

Estrope à cosse pour empointure d'envergure.

99. Comment sont passées les drisses de mât et de pic?

La drisse de mât est un garant qui passe dans deux poulies doubles dont l'une, celle qui est supérieure, est frappée sur les élongis ou au ton du mât, et dont l'autre est crochée dans une cheville à piton qui traverse la mâchoire.

La drisse de pic, plus forte que la drisse de mât, est constituée par le passage successif, dans quatre poulies ferrées à croc, du filin qui sert à la former. Deux de ces poulies sont au ton du mât d'artimon, les deux autres sur la corne. Les poulies au mât sont crochées, l'une dans un piton sur l'arrière du chouque, l'autre dans un piton fixé sur un cercle placé à une distance du chouque égale aux 3/5 du diamètre du mât. Les poulies sur la corne sont crochées dans des cercles à anse fixés l'un aux 3/5 et l'autre aux 4/5 de la longueur de la corne à partir de la mâchoire.

Le dormant de la drisse se fait au capelage du mât de perroquet de fougue, quelquefois aussi au chouque du bas mât. Les deux poulies au ton du mât sont souvent remplacées par une poulie triple crochée dans le piton sur l'arrière du chouque; il en résulte que le dormant de la drisse se fait alors à l'extrémité de la corne.

100. Comment sont disposées les poulies d'étrangloirs de brigantine et celles de cargues hautes?

Les poulies d'étrangloirs sont estropées sur des cosses fixées dans des pitons sous la mâchoire de la corne.

Les poulies de cargues hautes sont placées de manière à partager la longueur de la corne en trois parties égales.

101. Quelle est l'installation des palans de garde?

Les pantoires de ces palans sont formées par le même bout de filin qui entoure la corne en dehors de la poulie extérieure de drisse de pic; elles ont peu de longueur et se terminent par des poulies simples. Le garant qui forme le palan de garde passe dans un chaumard de la muraille, puis dans une poulie fixée à l'extrémité de la vergue de brasseyage, de là dans la poulie au bout de la pantoire et vient faire dormant sur la vergue de brasseyage en dehors de sa poulie.

102. Comment hisse-t-on la corne?

Les garants des drisses de mât et de pic, ainsi que ceux des palans de garde, ayant été passés, on frappe sur la mâchoire de la corne un bout de filin que l'on prend à retour sur l'arrière, après l'avoir embraqué raide.

On pèse les deux drisses en maintenant la corne horizontale et filant à retour les palans de garde ainsi que la retenue, de manière à conserver la mâchoire un peu écartée du mât. Lorsque la corne a été hissée à bonne hauteur, on tourne la drisse de mât; puis on pèse la drisse de pic pour lui donner l'inclinaison convenable.

L'apiquage est approximativement de 42° sur les vaisseaux; de 38° à 40° sur les frégates et corvettes; de 35° sur les brigs et bâtiments inférieurs dont le grand mât est très-incliné.

103. Dans quel ordre dispose-t-on sur les chouques des mâts de hune les gréements des mâts de perroquet et de flèche?

Grand mât de perroquet et mât de perruche.

Étai.

Galhaubans.

Étai de flèche.

Petit mât de perroquet.

Étai.

Draille de clin foc.

Galhaubans.

Étai de flèche.

Galhaubans de flèche.

Pour la commodité de la manœuvre, on dispose souvent les capelages sur des manchons en cuir et quelquefois en cuivre ou en tôle galvanisée.

104. Quels sont les passages des étais de perroquet et de flèche?

L'étai du grand mât de perroquet et celui de flèche vont passer dans des margouillets fixés dans des estropes sur le ton du mât de misaine, l'étai de perroquet à tribord et celui de flèche à bâbord; descendent le long du ton, passent dans des cosses aiguilletées au capelage sur l'œil des étais et se roidissent sur eux-mêmes.

L'étai du mât de perruche et celui de flèche passent de la même manière sur le ton du grand mât, avec cette différence que les deux margouillets sont fixés dans la même estrope.

(*Fig.* 20.) L'étai du petit mât de perroquet va passer dans le demi-clan à l'extrémité du bout-dehors du grand foc, se rend de là dans la joue de bâbord de l'arc-boutant de martingale, puis dans une cosse à un piton des apôtres et s'arrête sur lui-même au moyen d'amarrages, ou mieux se termine par un palan.

(*Fig.* 20.) L'étai de flèche du petit mât de perroquet passe dans le demi-clan à l'extrémité du bout-dehors de clin-foc, se rend de là dans le trou inférieur de l'arc-boutant de martingale et se raidit à bâbord sur le bossoir, dans le piton qui a reçu la martingale du bout-dehors de grand foc.

105. Quel est, par mât, le nombre des galhaubans de perroquet et de flèche?

Il y a par mât deux galhaubans de perroquet et deux galhaubans de flèche, de chaque bord. Sur chacun, le galhaubans de travers est étranglé et celui de l'arrière est fixe.

106. Comment sont passés les galhaubans de perroquet?

(*Fig.* 17.) Le galhauban de l'arrière vient directement

dans les porte-haubans ; il est raidi au moyen de caps de mouton.

Le galhauban étranglé s'applique dans la goujure pratiquée à l'extrémité du traversin arrière des barres, va passer dans un margouillet fixé dans une estrope aiguilletée sur le mât de hune au-dessous de la noix, descend le long du mât de hune et du bas mât, en passant par le trou du chat, et se raidit au pied du mât au moyen d'un palan à deux poulies doubles fixé sur son extrémité. Le garant de ce palan vient de la poulie inférieure.

107. Comment sont passés les galhaubans de flèche ?

(*Fig.* 17.) Les galhaubans de flèche de l'arrière viennent directement dans les porte-haubans où ils sont raidis au moyen de câps de mouton.

Le galhauban étranglé s'applique dans la goujure du taquet chevillé sur l'extrémité du traversin arrière des barres et est passé de la même manière que le galhauban de perroquet (§ 106).

Les galhaubans de flèche de perruche fixes ou étranglés portent seulement des cosses au lieu de poulies ou de caps de mouton.

108. N'aiguillette-t-on pas certaines poulies aux capelages des mâts de perroquet ?

On aiguillette sur l'étai, presque à toucher le mât, l'estrope de la poulie de cargue fond de perroquet, et au petit mât de perroquet, au-dessus du capelage, la poulie de drisse de clin-foc.

Les poulies de drisses de bonnettes de perroquet s'aiguillettent aussi au-dessus des capelages, mais sont mobiles.

109. Quel est l'ordre du capelage du bout-dehors de clin-foc et quelles sont les dispositions particulières des manœuvres qui forment ce capelage ?

Le bout dehors de clin-foc est capelé dans l'ordre suivant :
Marchepied.
Haubans.
Martingale.
(*Fig.* 20). Le marchepied est à deux branches qui s'aiguillettent sur l'œil du capelage des haubans du bout-dehors de grand foc ; elles sont garnies de pommes de distance en distance.

Les haubans sont simples et formés par la même bout de filin ; chacun d'eux passe dans le trou pratiqué à l'extrémité de chaque arc-boutant de beaupré et se raidit à un piton sur le bossoir.

La martingale passe dans le trou supérieur à l'extrémité de l'arc-boutant de martingale et se raidit à tribord sur le bossoir dans le piton qui a reçu la martingale du bout-dehors de grand foc.

110. Le grand mât de perroquet est élongé sur le pont ; passez sa guinderesse et guindez-le.

Cette manœuvre s'exécutant de la même manière pour chaque mât, nous nous bornerons à la décrire pour le grand mât de perroquet.

La guinderesse est passée dans une poulie de retour crochée dans une boucle en abord près de la muraille, elle se dirige dans une poulie crochée au chouque du mât de hune, en passant sur l'arrière de la hune et des barres, va de là dans le trou de la cheminée des barres, descend sur l'avant des vergues, passe dans une cosse fixée à l'extrémité d'un petit fouet amarré dans le clan de la drisse de cacatois, puis dans le clan de la caisse, et remonte sur l'avant des vergues et par le trou de la cheminée, faire dormant au chouque du bord opposé à son courant.

La guinderesse du petit mât de perroquet a son retour à bâbord ; celle du mât de perruche a le sien à tribord.

L'entretoise des barres qui forme la face avant du trou de la cheminée est à charnière autour d'une de ses extrémités et s'ouvre pour donner passage au mât de perroquet. Cette disposition est obligatoire pour pouvoir introduire la flèche dans le chouque, lorsque le mât de perroquet n'a pas paré la vergue de hune.

On pèse la guinderesse ; les gabiers font parer le mât de la hune et des vergues et conduisent la flèche dans la cheminée des barres, en veillant que la guinderesse n'ait pas de tours. Dès que la tête du mât est engagée, on largue le fouet de la cosse conductrice, puis on met en place le capelage de flèche, la pomme et le paratonnerre, après s'être assuré que le clan de cacatois est bien déviré ; la drisse de cacatois est passée et l'on continue à guinder. Lorsque le clan de la drisse de perroquet est arrivé au-dessus du chouque, il faut faire tomber le gréement à toucher les épaulettes du mât, passer la drisse de perroquet et guinder en allégeant le gréement. Dès que le trou qui doit recevoir les clés est à découvert au-dessus de la cheminée, on les met en place.

Ces clés sont à levier ; elles ont leur point d'appui sur les élongis ; leur bout le plus court s'engage dans le trou de la clé et elles sont maintenues en place par des boucles ou manilles fixées sur des traverses parallèles aux élongis et allant du croissant au traversin avant ; ces boucles sont engagées dans les leviers lorsqu'ils sont horizontaux ; une clavette sert à les maintenir.

Dès que les mâts sont en clé, on les tient en étai et galhaubans ; le galhauban de travers qui tient lieu de hauban est raidi le dernier.

111. Quelle est la garniture d'une vergue de perroquet?

Une vergue de perroquet est garnie dans l'ordre suivant à partir de son milieu.

Estrope en quatre avec cosse, pour drisse.

Racage, d'un bord, et son estrope, de l'autre.

Estrope de poulie d'écoute de cacatois.

Estrope de poulie de cargue point de perroquet.

Filière.

Estrope à cosse pour empointure d'envergure.

Marchepied.

Estrope de poulie de bras.

Balancine.

Estrope de la poulie de drisse de bonnette de perroquet (excepté à la vergue de perruche).

112. La vergue de perroquet ayant été garnie, mettez-la dans les haubans.

La drisse est affalée sur l'avant des vergues, on y passe un erseau assez grand pour pouvoir entourer librement la vergue de perroquet à son extrémité et on la frappe sur la cosse de l'estrope fixée en son milieu; son double est élongé le long du bout qui doit monter le premier et maintenu au moyen de l'erseau.

On pèse la drisse jusqu'à ce que l'extrémité inférieure de la vergue soit élevée au-dessus du bastingage et on la fait reposer dans les porte-haubans ou supporter par un erseau fixé sur le premier bas hauban à hauteur des bastingages; le bout supérieur est saisi sur le hauban.

Les vergues du grand perroquet et de perruche se placent à tribord sur le premier bas hauban de leur mât, celle du petit perroquet à bâbord.

113. Quelle est la garniture d'une vergue de cacatois?

Estrope en quatre avec cosse pour drisse.
Racage.
Estrope de poulie de cargue-point.
Filière.
Estrope à cosse pour empointure d'envergure.
Marchepied.
Bras.
Balancine.
Les vergues de cacatois se placent dans les haubans ; elles
sont en opposition à celles de perroquet.

114. Quelle est la garniture d'un tangon?

Le gréement d'un tangon se compose de deux bras, l'un de
l'avant, l'autre de l'arrière; d'une balancine, d'un garde-corps,
de pantoires et d'échelles.

Le bras de l'avant est double sur les vaisseaux et frégates,
simple sur les autres bâtiments, et passe dans une poulie estropée sur un piton à cosse fixé sur la face supérieure des violons
de beaupré. Lorsqu'il est double, son dormant est fait à ce
piton.

Le bras de l'arrière est toujours simple ; il passe dans un
chaumard de la muraille, sur l'avant de la coupée.

La balancine est double pour les vaisseaux et frégates, simple
pour les autres bâtiments.

Lorsqu'elle est double, elle passe 1° dans une poulie sur le
pont au pied du mât de misaine, 2° dans une poulie estropée
sur un piton à cosse aux jottereaux, 3° dans une autre poulie
estropée à l'extrémité d'une petite pantoire capelée à l'extrémité du tangon et monte faire dormant sur le piton des jottereaux. La longueur de la pantoire est telle que sa poulie se

trouve à hauteur d'homme, lorsque la balancine est raide.

Si la balancine est simple, elle se capelle par un œil à l'extrémité du tangon, après avoir passé dans sa poulie aux jottereaux.

Le garde-corps s'aiguillette sur la pantoire, à toucher la poulie, ou à hauteur d'homme si la balancine est simple, et se raidit par l'autre bout à une boucle sur la muraille.

Les vaisseaux et frégates de premier rang reçoivent sur chaque tangon trois pantoires et trois échelles; tous les autres bâtiments en reçoivent deux. Les pantoires sont quelquefois baguées; d'autres fois, embrassent le tangon par une fourche dont on réunit les deux œils par un aiguilletage ou bien portent un œil à leur extrémité et sont aiguilletées tour et autre sur le tangon. Les échelles sont disposées d'une manière analogue; les limons se joignent à leurs parties inférieures pour recevoir une cosse.

115. Comment sont disposés les grands palans de bout de vergue et les grands palans d'étais?

Les grands palans de bout de vergue et d'étais destinés à hisser la chaloupe sont des palans à deux poulies doubles; chacun d'eux se termine par une longue et forte pantoire qui s'épisse par l'un de ses bouts sur une cosse baguée avec celle comprise dans l'estrope de la poulie supérieure et dont l'autre bout porte un croc. Le croc de la pantoire du palan de bout de vergue se croche dans une élingue double à deux cosses passée par-dessus le chouque du bas mât; l'autre cosse est aiguilletée sur la cosse de l'estrope au capelage (§ 35), (*fig.* 25). Cette élingue est toujours en place; lorsqu'elle n'est pas en usage, on genope sur le capelage la cosse dans laquelle doit se crocher la pantoire (1). Chaque palan de bout de vergue porte

____

(1) Il est préférable que l'élingue porte le croc, et la pantoire la cosse; on n'est pas ainsi exposé à engager la pantoire dans le gréement lorsqu'on la hisse ou l'amène.

en outre une élingue courte à croc et à cosse ; le croc est destiné à être croché dans l'estrope qui fait partie du capelage de
la basse vergue, et la pantoire peut courir librement dans la
cosse.

La pantoire de chaque palan d'étai se croche dans une
estrope à bâbord au capelage du bas mât (§ 35) ; elle porte à
deux ou trois mètres au-dessus de la poulie supérieure une
estrope à cosse dans laquelle se croche la poulie du guide.
Ce guide, qui permet de faire varier à volonté la distance qui
sépare le palan du mât, consiste en un cartahu double passé
de la manière suivante, s'il s'agit, par exemple, du palan d'étai
du mât de misaine : Dans une poulie coupée au pied du grand
mât, de là dans une poulie aiguilletée sur l'avant de l'élongis
de bâbord, puis dans une autre poulie crochée dans la cosse
de l'estrope bridée sur la pantoire (*fig.* 26) et monte faire dormant sur l'élongis.

Un guide simple remplace souvent les deux guides doubles ;
il consiste alors en un fort filin de la force des pantoires
croché par ses extrémités dans les cosses des estropes des pantoires.

PASSAGE DES MANOEUVRES COURANTES.

116. Quels sont les divers passages des manœuvres relatives aux focs?

La drisse du petit foc passe dans une poulie à croc crochée à un piton en abord à bâbord, monte sur l'arrière de la hune, va passer dans une poulie mobile aiguilletée au capelage du petit mât de hune, de là dans une poulie au point de drisse du foc et remonte faire dormant au capelage du petit mât de hune.

La drisse du grand foc est placée à tribord; elle monte passer dans une poulie aiguilletée au capelage du petit mât de hune du bord opposé à la poulie de drisse du petit foc et suit son passage de la même manière.

La drisse du clin-foc passe dans une poulie à croc en abord à bâbord, monte sur l'arrière de la hune et des barres, va passer dans une poulie mobile aiguilletée au capelage du petit mât de perroquet, et fait dormant au point de drisse.

Le halebas du petit foc passe dans une poulie estropée à un piton sur le plat bord devant à bâbord, dans une poulie aiguilletée sur la draille à toucher les violons, de là dans toutes les bagues et fait dormant au point de drisse.

Le halebas du grand foc passe dans une poulie estropée à un piton sur le plat bord devant à tribord, élonge le beaupré et le bout-dehors, passe dans une poulie aiguilletée sur le rocambeau, de là dans toutes les bagues et fait dormant au point de drisse.

Le halebas du clin-foc passe dans une poulie estropée à un piton sur le plat bord devant, élonge le beaupré et les bouts-dehors, passe dans une poulie aiguilletée au capelage du bout-dehors de clin-foc, de là dans toutes les bagues, et fait dormant au point de drisse.

L'écoute du petit foc passe dans une poulie estropée à un piton à cosse fixé dans la muraille intérieure près du bossoir, puis dans une autre poulie estropée à un piton sur le bossoir de traversière, de là dans la poulie à l'extrémité de la pantoire aiguilletée sur le point d'écoute et vient faire dormant à un piton sur l'arrière du bossoir de traversière.

L'écoute du grand foc est passée d'une manière analogue.

L'écoute du clin-foc passe dans un chaumard de la muraille et fait dormant au point d'écoute.

La cargue du grand foc passe dans une poulie estropée à un piton sur le plat-bord devant, de là dans une poulie aiguilletée sur le rocambeau, puis élonge la draille, passe dans une poulie aiguilletée à une patte sur la ralingue d'envergure, et va faire dormant à une autre patte placée sur la chute arrière au premier quart de sa longueur au-dessus du point d'écoute. La patte de la ralingue d'envergure est placée à la même distance du point de drisse que la précédente.

117. Comment sont passées les amures et écoutes des basses voiles ?

L'amure de misaine traverse le pavoi de la poulaine après avoir passé par le sabord de chasse, va passer dans une poulie capelée au minot, de là dans la poulie d'amure fixée au point de la voile et vient faire dormant sur le minot, en dehors de la poulie.

L'écoute de misaine passe dans un chaumard sur l'arrière des porte-haubans de misaine, va, en dehors de toutes les manœuvres, passer dans la poulie d'écoute au point de la voile, de dessus en dessous, et vient se crocher à un piton placé en dehors un peu au-dessous du chaumard.

Les poulies d'amure et d'écoute sont fixées dans une estrope commune assez longue pour être ensuite repliée autour d'une cosse que l'on y fixe avec un amarrage. Ces deux poulies ainsi assemblées et la poulie de cargue-point, dont l'estrope embrasse celle de la poulie d'écoute, constituent le bouquet.

L'amure de grand'voile passe dans une poulie estropée à un piton sur le pont sur l'arrière des haubans de misaine, va passer dans la poulie d'amure du bouquet et descend faire dormant à un piton sur le pont, un peu sur l'avant de la première poulie.

Généralement, le dormant de l'amure de grand'voile est à échappement, c'est-à-dire que son bout porte une cosse dans laquelle vient passer une barre de fer ou levier de 0^m,50 de longueur environ dont l'une des extrémités façonnée en œillet est mobile dans un piton fixé dans la serre-gouttière et dont l'autre bout cylindrique est passé dans une boucle de forme allongée adaptée à un piton fixé aussi dans la muraille à une plus grande distance du pont que le premier. Il suffit d'enlever une petite goupille qui sert à maintenir le levier dans sa boucle pour rendre libre le dormant de l'amure.

L'écoute de grand'voile est passée comme l'écoute de misaine, avec cette différence qu'après avoir été introduite dans le chaumard de la muraille, elle va passer dans une poulie aiguilletée à un piton fixé à l'extérieur, un peu sur l'avant et au-dessous des porte-haubans d'artimon ; cette poulie est soutenue par un petit arc-boutant ou main de fer.

118. Comment passe-t-on les écoutes des huniers, perroquets
et cacatois ?

Les écoutes des huniers passent dans des bittons au pied du

mât ou dans des poulies estropées sur des pitons à cosse fixés sur le pont à l'aplomb des poulies de bas-cul, montent dans ces poulies, vont de là dans les chaumards aux extrémités des basses vergues, puis dans les moques aux points des voiles, et viennent faire dormant sur les basses vergues, en dehors des capelages.

Les écoutes de perroquet passent dans des poulies au pied du mât ou dans un des réas des bittes du râtelier, montent le long du bas mât et du ton, passent dans leurs poulies sous la vergue de hune, vont de là dans les chaumards aux bouts de la vergue et viennent se frapper sur les points d'écoute de la voile.

Les écoutes de cacatois passent dans des poulies au pied du mât, montent le long du bas mât et du mât de hune, passent dans leurs poulies sous la vergue de perroquet, vont de là dans les clans aux bouts de la vergue et viennent se frapper sur les points d'écoute de la voile.

119. Quels sont les passages des diverses cargues des basses voiles?

La cargue-point de misaine passe dans une poulie au pied du mât, de là dans sa poulie sous la vergue, descend passer dans la poulie au bouquet de la voile, et remonte faire dormant près de sa poulie autour de la vergue, au moyen d'un nœud de bois.

On établit quelquefois sur les vergues des poulies pour cargue-points d'en dehors, elles sont placées assez loin pour que les points puissent parer les bas haubans.

La cargue-point de grand'voile se passe tout à fait de la même manière.

La cargue-bouline d'en dedans de misaine passe dans une poulie en abord, de là dans une poulie estropée sur un piton à cosse fixé sur la face arrière de la barre traversière arrière, puis dans une autre poulie semblablement installée sur la face arrière de la barre avant, descend ensuite dans la poulie sur la vergue et va se capeler, au moyen d'un œil fait à son extrémité, sur un cabillot fixé à la deuxième patte de bouline à partir du point.

La cargue-bouline d'en dehors de misaine passe comme la précédente dans des poulies fixées sur les barres traversières, en dehors de celles de la cargue-bouline d'en dedans, et se capelle sur un cabillot fixé à la patte supérieure des branches de bouline.

Les passages des cargue-boulines de grand'voile sont tout à fait les mêmes.

Les fausses cargue-boulines d'en dehors et d'en dedans partent du pied du mât, passent chacune dans un des réas d'une poulie double dont l'estrope est aiguilletée au milieu de la vergue, en dedans des poulies de bas-cul, de là dans des poulies placées sur la vergue et sur l'arrière, à la même hauteur que celles de cargue-boulines, et vont se capeler sur les mêmes pattes que les cargue-boulines, en passant sur l'arrière de la voile.

La cargue-fond de misaine se compose de deux parties ; l'itague et le garant. L'itague fait dormant sur l'œillet le plus en dehors de la bordure, passe dans un margouillet fouetté sur l'autre œillet, remonte, sur l'avant de la voile, passer de l'arrière à l'avant dans une poulie fixée à un piton sur la face avant de la barre traversière de l'avant, et vient s'épisser sur l'estrope de la poulie dans laquelle passe le garant. Ce garant part du pont, élonge le beaupré, va passer dans une poulie aiguilletée sur les chaînes des étais de misaine, remonte passer dans la poulie fixée sur le bout de l'itague et vient faire dormant sur les chaînes d'étais, près de la poulie.

On passe aussi cette cargue de la manière suivante ; l'itague est alors double au lieu d'être simple : Le garant suit la même direction que précédemment, mais au lieu de passer dans une poulie simple au bout de l'itague, il a passage dans le clan inférieur d'une poulie à deux rouets perpendiculaires dont le clan supérieur est occupé par l'itague : les deux bouts de celle-ci passent dans une poulie double sous la hune et viennent s'amarrer dans les œillets de la bordure ou s'y capeler sur des cabillots qui y sont fixés.

La cargue-fond de grand'voile se compose aussi d'un garant et d'une itague. Le garant passe dans une poulie fixée sur une grande estrope entourant le mât de misaine, un peu au-dessus du cercle de tournage, et vient faire dormant sur cette estrope après avoir passé dans la poulie à l'extrémité de l'itague.

120. Comment est passée la bouline de misaine, et quelle est l'installation ordinaire de la bouline de grand'voile ou grande bouline?

La bouline de misaine passe dans une poulie estropée à un piton sur le platbord devant, élonge le beaupré, va passer dans une poulie aiguilletée sur les chaînes des étais de misaine et se capelle à un cabillot sur la branche de bouline intermédiaire.

La bouline de grand'voile (*fig.* 24) part d'une poulie de retour crochée sur le fronton du gaillard d'avant ou sur le platbord vers le milieu du bâtiment, va passer dans une poulie dont l'estrope est maintenue par un burin sur une autre estrope fixée dans la branche de bouline intermédiaire de la voile, et vient se tourner sur le gaillard d'avant, près de sa poulie.

Afin que, dans les virements de bord, la poulie puisse être immédiatement séparée des branches de bouline, on épisse sur la tête du burin qui sert à la maintenir, une aiguillette dont le bout est tourné sur l'avant. La voile, en changeant de position sur le mât, oblige cette aiguillette à se raidir ; le burin se dégage alors de l'estrope et laisse la poulie libre. Un suspensoir qui consiste en un bout de filin partant du pont, passant dans une cosse sur le dernier hauban de misaine et s'amarrant sur l'estrope de la poulie, maintient celle-ci à hauteur convenable et l'empêche de tomber sur le pont.

121. Quels sont les passages que suivent les cargues d'un hunier?

La cargue-point part du pied du mât, monte par le trou du chat, passe dans sa poulie sous la vergue de hune, de là dans la poulie aiguilletée sur le point du hunier et fait dormant, sous la vergue, sur le piton de sa poulie ou autour de la vergue au moyen d'un nœud de bois.

La cargue-fond part du pied du mât, monte par le trou du chat, élonge le mât de hune, passe dans le réa intérieur du chaumard cloué sur les élongis des barres de perroquet, descend passer dans sa poulie au-dessus de la vergue, vient dans un margouillet fouetté sur l'œillet intérieur de la bordure et se capelle sur le cabillot fixé à l'œillet extérieur.

La cargue-bouline monte comme la précédente, passe dans le réa extérieur du chaumard cloué sur les élongis des barres, descend passer dans sa poulie sur la vergue et se capelle sur un cabillot fixé à la patte de bouline supérieure.

122. Quelles directions suivent les boulines des huniers?

La bouline du petit hunier passe dans une poulie estropée à un piton sur le plat-bord devant, élonge le beaupré, va dans une poulie estropée sur le piton inférieur du chouque et monte se capeler à un cabillot sur la branche de bouline intermédiaire.

La bouline du grand hunier part du pied du mât de misaine ou d'une poulie du râtelier d'en abord, monte passer dans une poulie bridée sur le bord de la hune et dont l'estrope entoure le capelage du bas mât, puis va se capeler sur le cabillot des branches de bouline. La même estrope sert pour la poulie de tribord et pour celle de bâbord.

7

La bouline du perroquet de fougue suit le même passage que le bras de perroquet de fougue (§ 89) ; elle se capelle sur le cabillot des branches de bouline.

123. Comment sont passés les balancines des vergues de hune, les palanquins et faux palanquins des huniers et les palanquins des basses voiles ?

La balancine d'une vergue de hune passe dans une moque sur le bord du porte-hauban, monte par le trou du chat, va dans le réa inférieur de la baraquette fixée entre les deux premiers haubans de hune ou entre le galhauban de travers et le deuxième galhauban et se croche dans la cosse de son estrope au bout de la vergue.

Le palanquin d'un hunier passe dans une poulie au pied du mât, monte par le trou du chat, va dans une poulie estropée dans un piton à cosse au chouque du mât de hune, de là dans le clan au bout de la vergue, puis dans sa poulie sur la ralingue de chute de dedans en dehors et fait dormant sur la vergue en dehors du clan.

Le faux palanquin passe dans une poulie au pied du mât, monte par le trou du chat, va dans le réa supérieur de la baraquette, de là dans sa poulie au bout de la vergue, puis dans sa poulie sur la ralingue de chute et fait dormant sur la vergue, en dehors de sa poulie.

Le palanquin d'une basse-voile consiste en une itague dont l'un des bouts porte une cosse et dont l'autre bout passe dans le clan à l'extrémité de la basse vergue et s'amarre sur la patte de palanquin placée sur la ralingue de chute au-dessous de la bande de ris. La poulie inférieure de la candelette de hune se croche dans la cosse et en pesant son garant, on soulage convenablement la bande de ris et les cosses d'empointure.

124. Quels sont les passages des cargues des perroquets et cacatois?

Une cargue–point de perroquet part d'une poulie au pied du mât, élonge le bas mât et le mât de hune, passe entre les barres de perroquet, de là dans sa poulie sous la vergue et fait dormant au point d'écoute de la voile.

Une cargue-fond de perroquet n'a pas de poulie de retour; elle part du pont, élonge le bas mât et le mât de hune, passe entre les barres de perroquet, monte le long du mât de perroquet, va dans une poulie aiguilletée sur l'étai et fait dormant en patte d'oie sur les deux œillets de la ralingue de bordure.

Une cargue–point de cacatois part du pied du mât, élonge le bas mât, le mât de hune et le mât de perroquet, passe dans sa poulie sous la vergue et fait dormant au point d'écoute de la voile.

125. Comment sont passés les bras des perroquets et cacatois ?

Le bras du petit perroquet part du pied du mât de misaine, va passer dans une poulie aiguilletée dans la hune de misaine au capelage, élonge les étais du grand mât de hune, passe dans une poulie aiguilletée à la jonction des branches de ces étais, va dans sa poulie au bout de la vergue et revient faire dormant au capelage du grand mât de hune, après avoir été bridé à la jonction des branches des étais.

Ce bras peut aussi avoir son retour au râtelier du grand mât en abord; il se dirige alors le long des haubans, passe par le trou du chat, monte le long du mât de hune, va dans une poulie aiguilletée sur le premier hauban de hune, puis dans une poulie à la jonction des branches des étais du grand mât de hune, se rend de là dans sa poulie au bout de la vergue et vient faire dormant au capelage du grand mât de hune, après avoir été bridé à la jonction des branches de ses étais.

Le bras du grand perroquet passe dans une poulie de retour au râtelier d'en abord du mât d'artimon, monte par le trou du chat, va dans une poulie fixée sur le premier hauban de hune à la hauteur de la jonction des branches de l'étai du mât de perroquet de fougue, de là dans une poulie aiguilletée à cette jonction, puis dans sa poulie capelée au bout de la vergue et vient faire dormant au capelage du mât de perroquet de fougue, après avoir été bridé sur les branches de l'étai.

Le bras de perruche passe dans une poulie de retour au râtelier du grand mât en abord, monte par le trou du chat, va passer dans une poulie aiguilletée sur les galhaubans du grand mât de hune au-dessous des barres et va se capeler au bout de la vergue.

Le bras du petit cacatois part du pied du mât de misaine, élonge le bas mât, passe dans une poulie aiguilletée au capelage, se dirige en élongeant les étais du grand mât de hune dans une poulie fixée à la jonction de leurs branches et va se capeler au bout de la vergue.

Ce bras peut avoir son retour au râtelier d'en abord du grand mât, alors il monte par le trou du chat, se dirige entre les barres, élonge le mât de perroquet, passe dans une poulie aiguilletée sur le galhauban de travers de perroquet au capelage, et va se capeler au bout de la vergue.

Le bras du grand cacatois passe dans une poulie de retour au râtelier du mât d'artimon en abord, monte par le trou du chat, va passer dans une poulie aiguilletée sur le galhauban de travers de perruche au capelage, et se capelle au bout de la vergue de cacatois. Quelquefois on aiguillette sur l'étai une poulie dans laquelle le bras passe, avant de se diriger au bout de la vergue.

Le bras de cacatois de perruche part du râtelier du grand mât en abord, monte sur l'arrière de la hune, va passer dans une poulie estropée à un piton sur l'arrière des élongis des barres et va se capeler au bout de la vergue.

126. Quels sont les passages des boulines de perroquets et ceux des balancines de perroquets et cacatois?

La bouline du petit perroquet passe dans une poulie estropée à un piton sur le plat-bord devant, élonge le beaupré et le bout-dehors du grand foc, passe dans une poulie aiguilletée au capelage du bout-dehors et va se capeler sur le cabillot des branches de bouline.

La bouline du grand perroquet passe dans une poulie de retour au râtelier de misaine en abord, monte sur l'arrière de la hune, va passer dans une poulie estropée à un piton à cosse fixé sur la face arrière des élongis des barres, et de là se capelle au cabillot des branches de bouline.

La bouline peut partir du pied du mât, passer entre les élongis du bas mât, et continuer son passage comme lorsqu'elle vient d'en abord.

La bouline de perruche passe dans une poulie de retour au râtelier du grand mât en abord, monte sur l'arrière de la hune, va passer dans une poulie estropée à un piton à cosse sur la face arrière des élongis des barres, et de là se capelle sur le cabillot des branches de bouline.

Les balancines de perroquet sont passées de la même manière à chaque mât. Elles partent du râtelier en abord, se dirigent par le trou du chat le long du mât de hune et du mât de perroquet, vont passer dans une baraquette fixée entre les deux galhaubans, pour de là se capeler au bout des vergues.

Les balancines de cacatois ont aussi les mêmes passages à chaque mât. Elles partent des râteliers en abord, se dirigent le long des mâts supérieurs en passant par le trou du chat, et vont passer dans une baraquette ou un margouillet fixé entre les galhaubans de flèche, pour de là se capeler au bout de la vergue.

127. Comment sont passées l'écoute et les cargues de brigantine ?

L'écoute de brigantine passe dans le clan pratiqué à l'extrémité du gui, de là dans la moque au point d'écoute de la voile et vient faire dormant au bout du gui, en dehors du clan.

L'étrangloir de brigantine se compose d'une itague et d'un garant. L'itague fait dormant par son milieu sur la ralingue de chute arrière, vient de chaque côté passer dans une poulie estropée à un piton sous la mâchoire et s'épisse sur l'estrope de la poulie dans laquelle passe le garant.

Le garant part du pont, passe dans une poulie aiguilletée sur les chaînes formant les fourches de l'étai d'artimon, à la hauteur du râtelier du grand mât ; de là dans la poulie à l'extrémité de l'itague et fait dormant près de sa poulie de retour.

Les cargues hautes de brigantine sont au nombre de deux, de chaque bord. Chacune d'elles passe dans une poulie de retour en abord, se rend de là dans sa poulie sur la corne et va faire dormant à une patte sur la ralingue de chute arrière.

Les cargues basses de brigantine sont également au nombre de deux, de chaque bord. Chacune d'elles passe dans une poulie de retour au pied du mât, se dirige de là dans une poulie dont l'estrope fait tour mort sur le mât d'artimon et va faire dormant sur une patte à la ralingue de chute arrière.

Souvent une poulie triple est fixée à la mâchoire de la corne, au lieu d'une poulie simple. L'un de ses clans sert au passage de l'itague d'étrangloir de brigantine, les deux autres aux cargues hautes qui, au lieu de partir d'en abord, passent dans des poulies au pied du mât, dans deux des clans de la poulie triple, puis dans leurs poulies sur la corne et vont faire dormant sur la ralingue de chute.

ENVERGUER LES VOILES.

EMBARQUER LES ANCRES.

---

128. Comment sont serrées et garnies les voiles en soute?

Les voiles carrées sont serrées dans les soutes comme elles doivent l'être sur les vergues, c'est-à-dire les ralingues de fond et de chute lovées en erse sur le milieu de celle d'envergure ; elles sont entourées par leurs jarretières cousues sur la ralingue de têtière et portent à chacun de leurs œils de pie des commandes ou des petites garcettes à cabillot qui doivent servir à les fixer sur les filières.

Les œillets extérieurs pour cargue-fonds portent des cabillots, et des margouillets sont fouettés sur ceux intérieurs ; les pattes de cargue-boulines sont aussi indiquées par des cabillots qu'on laisse, ainsi que les premiers, en dehors de la toile.

Les voiles sont toujours garnies de leurs rabans d'empointures et de ris, leurs points d'écoutes sont maintenus ensemble, et une élingue embrasse leur milieu. Cette élingue est genopée sur la ralingue de têtière, de chaque coté de la patte qui marque son milieu, entoure la voile de l'arrière à l'avant et vient se brider sur elle-même sans être baguée.

129. Comment envergue-t-on un hunier ?

Le hunier, après avoir été amené de la soute au grand panneau, est hissé sur le pont au moyen d'un cartahu double, puis porté à bras sur l'avant de son mât. En rade, le grand hunier et le perroquet de fougue se hissent à tribord des étais, le petit hunier à bâbord.

Supposons qu'on veuille enverguer le grand hunier. Les gabiers affalent, à tribord des étais et sur l'avant des vergues, la guinderesse de perroquet qu'ils ont passé en cartahu double et que l'on croche dans la partie supérieure de l'élingue (1). La bouline de tribord est frappée sur le milieu de la voile, pour servir à la faire déborder de la basse vergue et de la hune ; un halebreu amarré sur les deux points d'envergure permet aussi de la diriger convenablement.

Les bouts-dehors sont levés ; les hommes destinés à enverguer montent, et le hunier est hissé jusqu'à ce que son fond soit à deux ou trois pieds au-dessus de la vergue. Les gabiers larguent le halebreu amarré sur les points et crochent les ciseaux des poulies de palanquin sur des pattes de la ralingue de têtière placées à 1^{m}50 de la cosse d'envergure.

Les hommes se répandent sur la vergue ; les palanquins sont pesés pour élever les cosses d'envergure, mais on ne les raidit fortement que lorsque les gabiers ont bien saisi sur le milieu de la filière la patte qui indique le milieu de la ralingue ; les homme soulagent la voile et aident à raidir l'envergure. Les gabiers placés aux bouts de la vergue prennent les empointures, ceux placés au fond crochent le cartahu de chapeau dans

---

(1) Tous les bâtiments ont généralement deux cartahus doubles dits, cartahus d'exercice, toujours en place ; ils passent dans des poulies mobiles aiguilletées au-dessous des capelages à la hauteur des chapes d'itague et dans des poulies à croc que l'on croche sur le chouque de bas mât, lorsqu'ils ne sont pas en usage.

sa cosse et coupent les bridures de l'élingue ; on envergue
ensuite la voile soit avec du bitord, soit avec des petites garcettes à cabillot passées dans les œils de pie de l'envergure et
entourant la filière. Les palanquins sont décrochés des pattes
de la têtière et placés à leur poste sur les ralingues de chute.
Le hunier est garni de ses écoutes, cargues et boulines ; on
pèse le cartahu de chapeau, les hommes relèvent bien la toile,
font la chemise et rectifient les jarretières ; puis ils rentrent
au plus tôt paré.

130. Comment envergue-t-on une basse voile?

Une basse voile est serrée en soute comme elle doit l'être sur
la vergue ; elle est aussi complétement garnie et porte une
élingue en son milieu.

On la dispose en travers sur l'avant du mât et on la hisse au
moyen d'un cartahu double venant d'une poulie frappée sous
la hune entre les deux élongis ; sa ralingue d'envergure est
raidie le long de la vergue par deux cartahus doubles passés
d'abord dans des poulies au chouque, puis dans les clans aux
bouts de la vergue et dans des poulies crochées sur des pattes
de la têtière placées à 1^{m}50 des cosses d'empointure ; leur
dormant est fait aux extrémités de la vergue.

Le reste de l'opération s'effectue comme pour un hunier.

131. Comment envergue-t-on un foc?

Le foc à enverguer ayant été porté sur le gaillard d'avant ;
élonger sa ralingue de bordure vers l'arrière et superposer par
plis sur le point d'amure tous les œillets de la ralingue d'envergure; puis faire une chemise et amarrer la voile, de distance
en distance, avec des commandes ou du bitord.

Entourer la voile d'une élingue près des plis de la ralingue
d'envergure et y crocher sa drisse ; frapper le halebas au même

point et amarrer au point d'écoute un bout de filin pour servir de retenue.

Élever le foc au moyen de sa drisse et peser ensuite le halebas pour l'envoyer sur le bout-dehors. Dès qu'il y est arrivé, les gabiers le rabantent provisoirement et amarrent les bagues passées dans la draille sur les œils de pie de la ralingue ; le halebas est frappé au point de drisse, après avoir été passé dans toutes les bagues, et la pantoire des écoutes est aiguilletée au point d'écoute.

Généralement les derniers œils de pie, c'est-à-dire ceux les plus rapprochés du point d'amure, ne sont pas fixés sur la draille au moyen de bagues, mais par une passeresse.

152. Comment envergue-t-on la brigantine ?

Pour enverguer cette voile, on amène habilement la corne à un mètre environ au-dessus du gui, qui sert alors de marche-pied. On prend d'abord l'empointure à la mâchoire, puis celle au bout de la corne et l'on passe le transfilage qui lace la ralingue d'envergure sous la corne. La ralingue de chute au mât est maintenue par une passeresse ou des cercles ; dans l'un et l'autre cas, des pattes ou des œillets sont destinés à les recevoir.

On bride ensuite les cargues sur les diverses pattes qui leur sont destinées sur la ralingue de chute extérieure ; puis après avoir hissé la corne, ainsi que nous l'avons dit (§ 102), on passe l'écoute de brigantine.

153. Comment s'enverguent les petites voiles ?

Les petites voiles, c'est-à-dire les perroquets et cacatois, s'enverguent sur le pont, parce qu'il est ainsi plus facile de bien raidir leur ralingue d'envergure que si elles étaient en croix sur les chouques. On les dispose donc sur des chantiers

et on les envergue comme nous savons, en fixant la patte placée au milieu de la ralingue d'envergure au centre de la vergue et raidissant les empointures à égale distance des extrémités.

Lorsque ces voiles ont été serrées, on les place dans les haubans. Les vergues de grand perroquet et de perruche sont appliquées sur le premier bas hauban de leur mât à tribord, celle
du petit perroquet est placée sur le premier hauban de misaine
à bâbord ; les cacatois sont placés en regard des perroquets
au bord opposé.

<h3>154. Mettre une ancre de bossoir au bossoir.</h3>

Les grands bâtiments de guerre à voile reçoivent cinq ancres
dites de bossoir, à jas en bois ; les bâtiments mixtes de même
force en ont quatre seulement. Deux sont placées aux bossoirs
et deux en mouillage, comme ancres de veille, le long et en dehors des porte-haubans de misaine ; la cinquième est placée,
sans jas, dans le grand panneau. Ces navires ont en outre une
grosse ancre à jas en fer appelée, ancre de détroit, et trois autres ancres à jet de poids différents.

Les ancres sont ordinairement conduites à bord sur des
pontons ; celles qui doivent aller aux bossoirs ont les pattes
placées verticalement, celles de veille les ont horizontales.

Si le ponton porte un mât, procéder de la manière suivante :
Prendre une forte et longue élingue, la passer dans la cigale
de l'ancre, en égaliser les bouts et les amarrer au moyen d'un
tour mort et de deux demi-clés sur le bec supérieur, faire
ensuite un demi-nœud sur les deux doubles, en un point tel
que l'ancre puisse être élevée horizontalement.

Crocher dans ce demi-nœud la poulie inférieure de la caliorne du ponton, frapper des retenues sur divers points de la
verge et les prendre à retour sur le ponton. Crocher dans la
cigale un palan venant du minot et au coude de l'ancre un

deuxième palan venant des porte-haubans de misaine ; frapper
aussi sur la verge, près du jas et au coude deux autres palans
crochés sur le pont du bâtiment, par le travers de la position
que doit occuper l'ancre.

Virer la caliorne du ponton ; maintenir l'ancre avec ses retenues, palanquer les palans venant du travers lorsqu'elle est
arrivée à bonne hauteur et la présenter en position convenable,
à l'aide des palans de l'avant et de l'arrière, pour pouvoir
mettre en place les chaînes du mouilleur et passer les bosses
de bout et serre-bosse.

Le mouilleur est une tige cylindrique en fer, horizontale
ou verticale, mobile autour de deux chevilles à œillets fixées
dans la muraille et qui porte deux dents ou oreilles destinées
à retenir chacune un des maillons des chaînes qui supportent
l'ancre lorsqu'elle est au bossoir ; un levier du même métal
soudé perpendiculairement à la tige maintient le système, au
moyen d'un aiguilletage fait sur son extrémité et sur un piton
fixé contre le bord en dedans. En coupant cet aiguilletage, le
mouilleur tourne autour des chevilles, les chaînes se dégagent
des dents et l'ancre tombe instantanément.

Les deux dents sont sur une même génératrice de la tige
lorsqu'elle est horizontale, et sur deux génératrices opposées
lorsqu'elle est verticale : dans le premier cas, les chaînes
viennent s'y capeler directement après avoir entouré l'ancre ;
dans le deuxième, elles passent préalablement dans des chevilles à pitons qui traversent la muraille et sont rivées à l'intérieur.

C'est par pure précaution et pour éviter les suites funestes
que pourrait avoir la rupture de l'aiguilletage du mouilleur
que, dans le port, on place aussi sur l'ancre des bosses en filin.

La bosse de bout se passe dans un chaumard cloué sur la
face arrière du bossoir ou dans une engoujure sur la face antérieure, puis dans la cigale de dehors en dedans, de là remonte
sur le bossoir en passant dans un trou percé d'outre en outre

en dedans des réas, et vient s'aiguilleter à un piton sur le bossoir. On la raidit par l'autre bout avec un palan et on l'amarre
en dedans.

La serre-bosse fait dormant à une main de fer en dedans de
la muraille, entoure la verge de l'ancre près du coude, et revient
à bord où elle est palanquée et amarrée solidement.

Si le ponton est sans mât ; le haler de manière que l'ancre
se trouve placée au-dessous de la position qu'elle doit occuper,
crocher le capon dans la cigale, la traversière (§ 172) sur la
patte supérieure, et hisser l'ancre au bossoir en la contre-tenant
par des palans de retenue venant du ponton et frappés sur la
verge, l'un près du jas, l'autre à toucher le coude.

135. Mettre une ancre de veille dans les porte-haubans.

Haler le ponton de manière que l'ancre se trouve placée
vis-à-vis de la position qu'elle doit occuper, et l'amarrer à
demeure.

Frapper le milieu d'une élingue double sur la verge, à toucher le jas sur lequel on la bridera, faire un demi-nœud sur
les deux doubles pour y crocher la caliorne du ponton et
amarrer les bouts de l'élingue sur chacun des bras, pour qu'ils
puissent aussi servir de balancines.

Frapper deux caliornes de braguet sur le hauban de misaine et le galhauban de hune qui correspondent aux supports
de l'ancre, crocher la poulie inférieure de celle qui vient du
hauban dans une erse sur la partie supérieure du jas ; la poulie
inférieure de l'autre au coude de l'ancre. Crocher dans la
cigale la poulie double d'un palan venant du bossoir, et au
coude de l'ancre celle d'un palan croché dans les grands porte-
haubans ; disposer deux palans par les sabords qui correspondent le mieux aux supports de l'ancre, et frapper deux
palans de retenue, l'un près du jas, l'autre près du coude,
crochés sur le ponton.

Élever l'ancre avec la caliorne du ponton. Lorsqu'elle est suffisamment hissée, la rapprocher de ses supports au moyen des caliornes frappées sur les haubans et des palans venant du travers, agir sur les palans de l'avant et de l'arrière et, par leur aide, la diriger convenablement pour qu'elle repose sur les arcs-boutants, le jas vertical et les pattes horizontales.

Les arcs-boutants qui supportent l'ancre sont reliés entre eux par une traverse en fer ; leurs extrémités supérieures sont engoujées suivant la forme de la verge près du jas et du coude.

Les ancres de veille sont, comme celles de bossoirs, maintenues par des chaînes qui peuvent s'échapper par un mouilleur ; elles reçoivent en outre des bosses en filin ou saisines qui entourent la verge près du coude et du jas, en passant dans des mains de fer fixées sur la muraille ; le jas est maintenu vertical au moyen d'un cordage ou caban passé plusieurs fois autour de sa partie supérieure et dans une main de fer placée en correspondance sur la muraille.

S'il fallait mettre l'ancre à poste avec les moyens du bord, on remplacerait la caliorne du ponton par deux caliornes sur la vergue de misaine dont les pantoires seraient passées par-dessus le chouque et amarrées aux élongis ; les autres dispositions à prendre seraient identiquement les mêmes.

156. Comment embarque-t-on l'ancre du grand panneau ?

Cette ancre est déjalée sur le ponton, en raison de la position qu'elle doit occuper à bord.

On l'embarque au moyen de la caliorne du ponton et de deux grands palans d'étai (§ 115) disposés au-dessus du grand panneau ; la caliorne se croche dans une erse au coude de l'ancre et les palans d'étai sur ses bras ; des palans de retenue sont frappés aux extrémités de la verge.

On élève l'ancre au-dessus du bastingage avec la caliorne, puis on pèse les palans d'étai jusqu'à ce qu'elle soit au-dessus

du panneau ; on peut alors décrocher la caliorne et amener
l'ancre en la présentant dans la diagonale du panneau. Si elle
a trop d'envergure pour entrer ainsi, il faut l'incliner en
mollissant un des palans d'étai de manière à lui faire parer les
hiloires ; elle sera ensuite facilement mise dans sa position,
c'est à dire que la verge sera placée verticalement et s'appuiera
sur la carlingue ou sur un massif disposé dans ce but, élongera
l'épontille arrière du panneau, et que les becs reposeront sur
des savates dans le faux-pont, contre les hiloires. On bridera
la verge sur la grande épontille, et les bras à des boucles dans
le panneau.

Si le ponton est sans mât, on remplace la caliorne par des
caliornes de bas mât sur la grand'vergue.

157. Mettre les ancres à jet à poste.

Les ancres à jet se placent dans les grands porte-haubans ou
sur des arcs-boutants disposés à l'extérieur un peu sur l'avant
des porte-haubans d'artimon. Lorsqu'elles occupent la première de ces positions, elles ont les pattes tournées vers
l'avant et verticales, la verge élongée le long du bord entre
les haubans et la muraille sur laquelle elles sont saisies. Pour
les mettre en place, il suffit de frapper une caliorne sur la
grand'vergue, à l'aplomb des porte-haubans, et de la crocher
dans une erse baguée au coude de l'ancre ; on hisse, et lorsque
la cigale arrive à hauteur de la coupée, on y croche un palan
qui a été élongé entre les haubans et la muraille et dont la
poulie inférieure est crochée sur l'arrière dans les porte-haubans. En halant ce palan et mollissant la caliorne, on dirige
l'ancre dans la position qu'elle doit occuper.

Pour placer une ancre à jet sur ses arcs-boutants, on la hisse
au moyen d'une caliorne ou d'un palan frappé sur la vergue
barrée, au-dessus de la position qu'elle doit occuper. Lorsqu'elle est arrivée à hauteur de ses supports, il suffit de la

manœuvrer avec un ou deux petits bouts de filin pour la faire reposer convenablement.

158. Comment étalingue-t-on les chaînes sur les ancres et prend-t-on leurs tours de bitte ?

Haler du puits dans la batterie la quantité de chaîne jugée suffisante pour l'opération ; crocher une poulie coupée sur le côté du beaupré et y passer une vérine dont l'un des bouts viendra sur le pont par un sabord de l'avant ou par-dessus le gaillard, et dont l'autre bout sera entré par l'écubier et frappé sur la chaîne à une distance variable, suivant la distance qui sépare le bossoir de l'écubier ; faire quelques bridures jusqu'au bout de la chaîne ; passer un deuxième cartahu dans une poulie frappée sur le bossoir au-dessus de la cigale, l'un de ses bouts entrera à bord et l'autre sera amarré sur l'extrémité de la chaîne, près de l'émerillon.

Haler sur la vérine et peser le deuxième cartahu pour élever la chaîne en même temps qu'elle sortira de l'écubier, larguer à mesure les bridures du premier cartahu. Lorsque le bout de la chaîne sera amené un peu au-dessus du jas de l'ancre, mettre en place la manille, et lorsqu'elle embrassera la cigale dans son épaisseur, la boulonner et enfoncer sa clavette.

Pour prendre le tour de bitte, amener le mou de la chaîne sur l'arrière de la bitte et à la toucher, l'élever à bras et le capeler par-dessus la bitte, de telle sorte que la partie de chaîne qui se rend au puits soit sur le traversin et en dehors du montant.

Lorsque les bittes n'ont pas de traversin, elles sont revêtues d'un manchon en fonte portant en saillie un épais filet d'hélice dont le sens est celui que doit suivre la chaîne pour se rendre de l'écubier au puits.

SECTION II

DU BATIMENT SUR RADE

AMARRAGE DU BATIMENT SUR UNE RADE.

---

139. Quels sont les divers modes d'amarrage d'un bâtiment sur
une rade?

Un bâtiment sur rade peut être tenu sur ses propres amarres
ou sur un corps-mort. S'il est sur ses amarres, il est mouillé
sur une seule ancre ou affourché.

L'amarrage sur une seule ancre s'emploie sur les rades où
le mouillage est vaste et lorsque le bâtiment ne doit y faire
qu'un court séjour ; mais si l'évitage offre quelques difficultés,
le navire affourche.

140. Faites voir les avantages et les inconvénients attachés à chacun
de ces modes d'amarrage ?

Le mouillage sur une seule ancre offre les avantages suivant : 1° celui d'appareiller plus promptement ; 2° de pouvoir
filer une longue touée de chaîne, condition évidemment très-
favorable à la tenue du bâtiment, s'il vient à surventer ; 3° d'occasionner seulement la perte d'une ancre et d'une partie de sa
chaîne, si celle-ci casse.

Les inconvénients qui existent à côté de ces avantages sont :
1° d'exiger que le bâtiment ait un évitage libre de tout obstacle
et d'autant plus spacieux que le navire est plus long ; 2° de ne

pouvoir le plus souvent empêcher le bâtiment de courir sur son ancre, par suite de la surjaler ou de la surpatter.

Les avantages de l'affourchage sont : 1° de maintenir le bâtiment dans un évitage restreint; 2° de ne plus avoir à craindre de surjaler ou surpatter ses ancres; 3° d'être tenu par une ancre en cas de rupture de l'autre.

L'inconvénient de l'affourchage est de produire aux évitages des tours dans les câbles.

141. Quelles sont les précautions à prendre pour éviter de surjaler?

Il est essentiel de bien élonger la chaîne lorsqu'on mouille, on éloignera ainsi les chances de surjaler, parce qu'elle restera tendue sur le fond dans sa position première à chaque nouvel évitage. Cependant si une brise fraîche s'élève, elle se raidira dans toute sa longueur et l'on pourra craindre de passer sur son ancre, il faudra alors hisser un foc ou masquer une voile pour effectuer une abattée convenable; s'il y a du courant, on manœuvrera la barre.

On doit toujours avoir la certitude que l'ancre est bien dégagée et si l'on en conçoit quelques doutes, il faut la lever pour la visiter en maintenant le bâtiment, pendant cette opération, sur une ancre à jet ou des amarres.

142. Quand un bâtiment est-il affourché et quelles sont les conditions d'un bon affourchage?

Un bâtiment est affourché lorsqu'il est amarré sur deux ancres éloignées l'une de l'autre et dont les touées sont à peu près égales. Ces ancres sont généralement placées sur une ligne perpendiculaire à la direction du vent le plus à craindre dans la localité.

Pour que le bâtiment soit bien affourché, il faut que dans son évitage sur l'une des ancres, son arrière passe en dedans de la bouée de l'autre ancre, sans quoi il la coulerait en passant dessus et il pourrait en résulter, si son orin s'engageait dans le talon du gouvernail, qu'il fût retenu en travers. Cet accident obligerait à maintenir le bâtiment dans cette position, au moyen d'une amarre ou d'une ancre à jet, jusqu'à ce que l'orin fût dégagé et il pourrait en résulter des avaries sérieuses dans le gouvernail ou dans ses ferrures.

Les touées des chaînes ne doivent pas être trop courtes ; on diminuerait ainsi considérablement la solidité de l'amarrage ; il y aurait de plus à craindre, surtout sur des petits fonds, que le navire dans son évitage fût arrêté par une de ses chaînes au-dessus de laquelle il ne pourrait passer ; sa position serait alors assez fâcheuse, surtout s'il était chargé par une brise fraîche du travers et s'il ne pouvait filer cette chaîne assez vite.

Ces accidents ne sont guère à redouter qu'avec des câbles en chanvre, car les chaînes en raison de leur poids prennent toujours une courbure assez prononcée quelle que soit leur tension.

143. Comment doit-on agir pour remédier aux inconvénients que l'affourchage présente ?

Il faut être attentif aux évitages du bâtiment, voir sur quel bord il abat aux changements de vent et de marée, afin d'être toujours au courant de l'état des chaînes. Si, par exemple, elles sont en croix, il faut s'efforcer de faire tourner l'arrière en sens inverse du chemin qu'il a parcouru ; on peut y parvenir à l'aide du foc ou de la brigantine, de la barre s'il y a du courant, et aussi au moyen d'une amarre ; s'il fait calme, une embarcation à laquelle on jette une bouline venant du bout-dehors de foc peut décider l'évitage.

Si le bâtiment continue son abattée sur le même bord et revient au même cap après avoir décrit un cercle entier, il a un tour dans les câbles ; on doit alors s'empresser de le défaire

(§ 177), et pour rendre cette opération plus facile et plus prompte, il faut que les touées aient toujours un maillon d'assemblage entre la bitte et l'écubier.

Un bâtiment qui doit faire un long séjour sur une rade se sert quelquefois d'un émérillon d'affourche pour empêcher les tours des chaînes, mais le mode d'amarrage que son emploi entraîne doit inspirer peu de sécurité.

144. Un bâtiment n'affourche-t-il pas quelquefois sur une ancre de bossoir et une ancre à jet?

Oui, lorsqu'il ne doit faire qu'un séjour de courte durée sur une rade où il peut craindre cependant d'aborder dans son évitage des navires ou des dangers.

145. Comment un bâtiment doit-il s'affourcher dans une rivière ?

Il doit mouiller ses deux ancres dans la direction du courant, l'une le maintiendra de flot, l'autre de jusant ; ses deux touées seront égales et courtes pour qu'il puisse éviter presque su place.

146. Qu'est-ce qu'un corps-mort?

Un corps-mort se compose de deux ancres à une seule patte mouillées dans une direction perpendiculaire à celle du vent le plus à craindre ; elles sont empennelées au moyen de deux ancres plus faibles, aussi à une seule patte. Chacune d'elles porte une forte chaîne bien raidie sur le fond qui vient aboutir à un organeau commun à un émérillon sur lequel se maillonnent une ou deux chaînes plus fortes nommées *itagues*.

Le bâtiment reçoit cette itague, qui est d'une longueur telle que lorsqu'on en a pris le tour de bitte, l'émérillon des trois chaînes se trouve près de la flottaison.

Ce mode d'amarrage offre donc l'avantage de ne pas faire de

tours dans les chaînes quoique affourché, permet d'appareiller plus promptement et présente une grande sécurité parce que chaque corps-mort est visité avec soin chaque année et qu'un bâtiment y est amarré sur des ancres et des chaînes plus fortes que les siennes.

MANOEUVRE DES EMBARCATIONS.

Le bâtiment dès qu'il est mouillé sur rade fait immédiatement usage de ses embarcations, soit pour communiquer avec la terre ou des navires, soit pour effectuer certains mouvements d'ancres. Nous décrirons d'abord la manœuvre des embarcations à la voile.

147. Appareiller avec une embarcation accostée le long d'un bâtiment évité debout au vent.

Supposons le canot mâté et devant faire usage de ses quatre voiles : misaine, taille-vent ou grand'voile, tape-cul et foc. De quelque bord qu'il soit accosté et quelle que soit l'allure qu'il ait à prendre, les voiles doivent être placées de manière à se trouver sous le vent des mâts lorsque le canot sera en route ; cependant lorsqu'une grosse embarcation, telle que la chaloupe, doit avoir à louvoyer pour se rendre à sa destination, il vaut mieux mettre une vergue dessus et l'autre dessous pour se dispenser d'avoir à les gambier dans les virements de bord.

Les drisses sont crochées, le tape-cul est hissé et son bout-dehors relevé, un homme se tient prêt à larguer la bosse qui maintient l'avant du canot sur la ceinture du bâtiment, le brigadier n'attend que l'ordre de pousser et le patron tient en main la tire-veille de l'échelle. Au commandement : *Poussez!* l'amarre de l'avant est larguée, le canot poussé au large, et dès que l'abattée est bien prononcée, le patron tenant toujours la tire-veille fait hisser la misaine et le foc. Dès que ces voiles reçoivent le vent dedans, il commande : *Hissez la grand'voile !* cesse alors de maintenir l'arrière du canot, et borde le tape-cul dès que l'éloignement du bord permet d'amener le bout-dehors.

La manœuvre qui vient d'être décrite est celle qu'exécute le canot qui doit tenir le plus près aussitôt après avoir débordé ; mais lorsque la route à faire est celle du grand largue ou du vent arrière, il est nécessaire d'effectuer une grande abattée et pour la produire, on traverse au vent le foc et la misaine ; le taille-vent ne se hisse que lorsque l'embarcation est à peu près en route.

148. Appareiller avec une embarcation accostée le long d'un bâti-ment évité au courant.

Si le vent vient du bord qu'occupe l'embarcation, on ne peut appareiller à l'aide des voiles qu'avec la certitude de prendre promptement assez d'air pour doubler le tangon ; s'il n'en est pas ainsi, il faut armer les avirons et n'établir la voilure qu'après avoir franchi le lit du vent et s'être placé en bonne position.

Si le canot est placé sous le vent, il est abrité et ne peut faire usage de ses voiles qu'après s'être écarté du navire au moyen des avirons.

149. Appareiller avec une embarcation mouillée sur un grappin.

Dans cette circonstance, il faut se mettre à long pic, hisser la misaine et le foc, les bordant du bord opposé à l'abattée ; puis déraper et mettre la barre du bord convenable, selon que le canot a pris de l'air par suite de la traction exercée sur le câblot ou qu'il cule après avoir dérapé. Si le courant devait offrir quelque résistance à l'abattée, il suffirait de haler sur le câblot par une des dames pour la rendre certaine. On achève ensuite l'appareillage comme dans les cas ordinaires.

150. Virer de bord vent devant avec une embarcation.

Pour réussir dans cette manœuvre, le canot doit être rangé au plus près bon plein et avoir une certaine vitesse. Au commandement : *Pare à virer!* les hommes placés dans la chambre de l'embarcation ou sur les bancs de l'arrière se tiennent prêts à porter la ralingue de fond du taille-vent au vent jusqu'au milieu du canot ; ceux placés sur l'avant se disposent aussi à pousser sous le vent la ralingue de bordure de la misaine, à haler au vent celle de chute avant et à filer l'écoute du foc. Chacun étant ainsi disposé, le patron profitant d'un moment où le canot a de la vitesse et s'élève bien sur la lame, commande : *Envoyez!* en même temps qu'il met la barre dessous en douceur. Ce commandement prescrit aux hommes d'exécuter les mouvements auxquels ils avaient été préparés.

Le canot vient debout au vent ; dès qu'il est rangé dans cette direction, le patron commande : *Changez le taille-vent!* Pour exécuter cette opération, qui est celle de gambier, un homme amène la voile à mi-mât, puis on apique le bout avant de la vergue et on le fait passer sur l'arrière du mât pour l'envoyer de l'autre bord ; le point d'amure est décroché, dépassé sous le vent du mât et recroché, on hisse et étarque. Pour procéder de la sorte, il est nécessaire que le courant de la drisse soit placé sur l'avant du mât ; s'il était sur l'arrière, il faudrait de toute nécessité amener complétement la voile et la dépasser de l'autre bord, sans quoi la drisse étriverait tellement qu'il serait impossible de hisser.

Le patron veille le long du bord pour changer la barre dès que le canot commence à culer et lorsque le taille-vent reçoit le vent dedans, il commande : *Changez la misaine!* en même temps, on borde le foc sur l'autre bord. Le canot fait route aux nouvelles amures ; les écoutes sont tenues à la main, ainsi qu'il doit toujours être fait lorsqu'une embarcation est à la voile.

151. Que faut-il faire lorsqu'on manque à virer ?

Lorsqu'on cherche à virer près de terre ou d'un navire, dans des conditions pouvant donner à craindre de manquer l'évolution, il faut se tenir prêt à armer deux ou trois avirons sous le vent pour assurer sa réussite ; mais si le canot peut continuer le même bord, on borde le foc et rétablit la voilure pour reprendre de l'air et tenter de nouveau le virement de bord, ou bien l'on se décide à virer lof pour lof.

152. Comment vire-t-on lof pour lof ?

Le patron fait le commandement préparatoire : *Pare à virer lof pour lof,* bientôt suivi de celui : *Amenez le taille-vent!* il met en même temps la barre au vent et fait carguer le tape-cul. Le canot obéit à l'action des voiles de l'avant dont on choque les écoutes à mesure qu'il arrive ; lorsqu'il est presque vent arrière, le patron commande : *Amenez et changez la misaine!* puis lorsque l'embarcation a un peu dépassé le lit du vent : *Hissez le taille-vent! Bordez le tape-cul!* On borde le foc et la misaine à mesure que l'auloffée s'opère, et le patron redresse sa barre lorsque le canot est rangé au plus près ou à la nouvelle route.

Cette évolution fait perdre beaucoup au vent, et par conséquent ne doit être exécutée lorsqu'on louvoie, que dans une circonstance obligatoire.

153. Comment reçoit-on un grain lorsque l'embarcation est au plus près ou largue ?

C'est surtout lorsque la brise est à rafales ou le temps à

grains que les écoutes doivent être tenues à la main, prêtes à être filées, si une inclinaison dangereuse rend nécessaire de redresser instantanément l'embarcation. Le patron loffe à la risée jusqu'à faire ralinguer le point du vent des voiles, et si le canot se couche trop sous la rafale, il fait filer l'écoute de misaine et vient au vent, en modérant toutefois l'auloffée pour ne pas se présenter tout à fait debout au vent ; car le canot sans aire alors n'obéirait plus à son gouvernail, ne pourrait par conséquent se soustraire à l'action du vent frappant dans ses voiles ou sur ses voiles et chavirerait probablement.

Si l'apparence du grain dénote qu'il sera violent et de longue durée, il faut amener le taille-vent et se maintenir sous la misaine hissée à bloc ou amenée à mi-mât, ou, si l'on doit craindre des avaries, l'amener complétement et se tenir sur les avirons.

Si l'embarcation court largue, les prescriptions sont différentes. En effet, si l'on venait au vent, l'inclinaison augmenterait d'une manière dangereuse à mesure qu'on se rapprocherait du vent de travers ; il faut donc mettre la barre au vent et, pour favoriser son effet, diminuer de voiles derrière. On amène le taille-vent et on fait route sous la misaine ; puis, si la violence du grain l'exige, on laisse porter presque vent arrière, ne conservant qu'une partie de la misaine pour garder au canot une vitesse qui lui permette de fuir les lames menaçant de le remplir par derrière.

Par mauvais temps, l'embarcation qui a une longue route à faire grand largue ou vent arrière peut avantageusement remplacer la misaine par le tape-cul hissé en son lieu et place. Si elle est surprise au large sans pouvoir trouver un refuge à proximité, elle peut se maintenir debout à la lame et s'abriter en quelque sorte de la grosse mer par une drome faite avec sa mâture et ses avirons sur laquelle elle s'amarre avec son câblot et se maintient ainsi debout à la lame.

154. Comment prend-on des ris dans une embarcation ?

Lorsque la brise est fraîche, l'embarcation prend des ris dans ses voiles avant de quitter le bord ; elle peut aussi avoir à le faire dans le cours du trajet à parcourir. Pour exécuter cette opération : crocher le croc d'amure dans la cosse de la bande de ris et la poulie d'écoute dans la cosse placée contre la ralingue de chute arrière à la hauteur de bande de ris, ramasser la toile qui se trouve au-dessous du ris et l'amarrer avec les hanets. Si le canot est sous voiles, on les amène de la quantité nécessaire et l'on procède de même en observant de ne pas se porter tous à la fois sous le vent pour prendre le ris.

Il vaut mieux ramasser la toile pli par pli que l'enrouler avec soin, afin de ne pas constituer au fond de la voile une sorte de sac apte à retenir l'eau qu'embarque le canot en marchant à l'encontre de la lame, et le charger ainsi dans ses hauts.

Lorsque la mer est creuse et que l'embarcation doit tenir le plus près, on prend souvent un ris de plus dans la misaine que dans le taille-vent pour ne pas trop en fatiguer l'avant et faire qu'elle s'élève mieux à la lame.

155. Dire comment on accoste un bâtiment dans ses divers évitages.

Si le canot est au vent du bâtiment évité debout au vent, le patron gouverne à la même route jusqu'à ce qu'il soit arrivé à petite distance par le travers ou un peu sur l'arrière de l'échelle et loffe ensuite progressivement ; il fait amener la misaine et rentrer le foc lorsqu'il juge la vitesse suffisante pour atteindre le bord et met la barre dessous en faisant border plat le tape-cul et haler la ralingue de bordure du taille-vent au milieu ; il élonge ainsi le bâtiment et vient étaler l'embarcation à l'échelle.

Si le canot est sous le vent, il faut s'élever au vent jusqu'à pouvoir mettre le cap un peu au vent du point à atteindre, s'y diriger et manœuvrer ensuite comme nous venons de le dire.

Lorsque le bâtiment est évité debout au vent et au courant ; le canot, s'il est au vent, doit effectuer plus tôt son auloffée, et s'il est sous le vent, s'élever davantage pour venir accoster au point voulu. Le patron appréciera le moment auquel il doit loffer ou le point sur lequel il est nécessaire qu'il gouverne, en observant des points de repère dont le déplacement par rapport à l'embarcation lui indiquera la force du courant.

Lorsque le navire est évité debout au courant, il peut recevoir le vent par l'arrière ou par le côté. Dans le premier cas, le patron fait amener les voiles, lorsqu'il juge que le canot pourra sur son aire venir étaler à l'échelle.

Si le vent frappe le bâtiment d'un bord ou de l'autre ; il faudra, le plus souvent, accoster sous le vent parce que le canot s'y trouvera abrité et pourra facilement effectuer son déchargement ou débarquer ses passagers ; le patron se débarrassera des voiles, dès qu'elles ne seront plus utiles, et fera armer les avirons pour accoster l'échelle.

Si la brise est fraîche, la mer grosse le long du bord, il faut lancer un faux bras au canot au moment où il accoste, pour qu'il puisse se maintenir dessus. Si la brise est fraîche, le courant violent, l'embarcation, obligée de réduire sa voilure, ne pourra probablement atteindre le bord ; il faudra alors lui filer une bouée sur laquelle on aura amarré des lignes de sonde, ou mieux encore expédier un canot qui, faisant vent arrière, portera à l'embarcation le bout d'un faux bras au moyen duquel on les halera du bord tous les deux.

156. Comment une embarcation aborde-t-elle un bâtiment ?

Lorsqu'un bâtiment attend une embarcation ou s'aperçoit qu'elle veut communiquer avec lui, il manœuvre pour s'en rapprocher, met en panne lorsqu'il en est à petite distance et dispose des hommes prêts à lancer des amarres au canot qui accoste sous le vent. Si le navire ne met pas en panne, l'embarcation doit prendre une route qui lui fasse couper celle du bâtiment.

157. De quelle manière une embarcation doit-elle aborder une côte ?

En général, on ne doit aborder une côte qu'après avoir mouillé le grappin de l'embarcation au large. De beau temps, on prend le câblot par derrière et on le file à mesure, en maintenant le canot perpendiculairement à la côte au moyen d'avirons tenus sur le fond de chaque bord ; dès que l'avant est assez près du rivage des hommes s'élancent à terre où on leur jette le bout de la bosse pour qu'ils puissent maintenir l'embarcation.

Lorsque la mer est grosse ; il faut, après avoir mouillé le grappin, conserver le câblot sur l'avant pour éviter l'arrière à terre : en accostant autrement, les lames viendraient frapper le tableau de l'embarcation qui serait bientôt remplie ; culer en se servant d'avirons et filant le câblot, puis lorsqu'on est suffisamment proche de terre, maintenir le canot sur le fond au moyen d'avirons et faire sauter des hommes à l'eau qui agiront comme nous l'avons dit. Lorsqu'il y a jusant, on doit être attentif à ne pas laisser s'échouer l'embarcation et la haler sur le grappin en conséquence.

158. Comment hale-t-on à sec une embarcation ?

S'il suffit de quelques heures pour opérer les réparations qui exigent que la carène de l'embarcation soit mise à découvert, on vient l'échouer au moment de la pleine mer ou à une certaine heure du jusant, en prenant la précaution de mouiller le grappin au large pour qu'il puisse plus tard servir de point de halage.

Mais si l'on ne juge pas devoir attendre que la mer l'ait abandonné ou s'il n'y a pas de marée, il faut la haler à sec. Dans ce but, on l'entoure, avant son départ du bord, d'une ceinture soutenue à la hauteur des bancs et on y embarque deux palans et quelques bouts de mâts de canots ou poignées d'avirons pouvant servir de rouleaux. Elle accoste la terre l'avant le premier, en agissant comme nous avons dit (§ 157), et on la décharge aussitôt de tout son armement. S'il se trouve sur le rivage, vis-à-vis de la position qu'elle occupe, quelques points fixes, tels que roches, arbres, on s'en sert pour y crocher les poulies inférieures des palans; dans le cas contraire, il faut creuser une fosse, y placer deux ou trois grappins en travers desquels on mettra les avirons et les mâts, et combler la fosse avec du sable et des pierres, ayant le soin de laisser à decouvert les organeaux des grappins. Placer un rouleau sous l'étrave et d'autres rouleaux rapprochés du premier sur le parcours que doit suivre l'embarcation, crocher les poulies doubles des palans dans les œils faits sur les bouts de la ceinture et palanquer, en maintenant l'embarcation droite ou la laissant porter par un de ses flancs sur les rouleaux, si la plage est de sable; déplacer à mesure les rouleaux qu'elle abandonne et les replacer sur son chemin jusqu'à ce qu'elle soit amenée hors de l'atteinte de la mer; la redresser alors et l'accorer.

MANOEUVRE DES ANCRES.

159. Élonger une ancre à jet.

Je suppose l'ancre placée dans les grands porte-haubans, les pattes tournées sur l'avant. Haler la chaloupe ou le grand canot au-dessus de la position qu'elle occupe, frapper un palan de bout de vergue sur la grand'vergue un peu en dehors de la verticale de l'ancre et le crocher dans une erse baguée sur la verge à toucher le coude ; frapper également deux palans sur les haubans ou galhaubans qui correspondent le mieux aux pattes et à la cigale ; crocher celui de l'avant sur le bras supérieur et celui de l'arrière dans la cigale, ou près d'elle sur la verge ; amarrer sur la cigale un bout de filin venant de l'arrière pour servir de retenue et frapper au coude de l'ancre un palan venant des porte-haubans de misaine dans le même but.

Embraquer tous ces palans raides, larguer les saisines et amener l'ancre dans l'embarcation où on la place de manière que ses pattes reposent sur un banc placé en travers sur les fargues ou le plat-bord et que la verge élongée dans le sens de la quille déborde l'arrière par sa cigale. On la saisit ensuite à une boucle dans le fond de l'embarcation et on la jale à bras ou à l'aide du palan de bout de vergue.

Frapper le bout de l'orin sur la cigale, ou entre elle et le jas; l'élonger sous la verge et y faire deux bridures, l'une à peu près au milieu de sa longueur, l'autre au coude; croiser celle-ci de

manière à pouvoir placer l'orin juste au diamant de l'ancre ; le
double de l'orin ayant été passé sous les avirons, lové sur l'a-
vant de l'embarcation et sa bouée suspendue en dehors, on
chavire la glène.

Faire passer le grelin par l'écubier, envoyer le bout dans
l'embarcation et l'étalinguer sur la cigale, en lover quelques plis
dans la chambre par-dessus l'ancre. L'embarcation se dirige,
à l'aviron ou remorquée par d'autres canots, vers le point où elle
doit laisser tomber l'ancre ; on file du bord le grelin à mesure.
Arrivée au point voulu, elle se soutient avec les avirons et
mouille en jetant l'orin à la mer et faisant basculer l'ancre en
soulevant le banc sur lequel reposent les pattes.

La bouée est prise ensuite dans le davier ; on oringue l'ancre
pour s'assurer qu'elle est bien mouillée, et le canot revient à
bord.

Il est toujours très-difficile de mouiller une ancre dans un
relèvement bien déterminé, même en faisant remorquer l'embarcation ; le meilleur moyen qu'on puisse employer pour y
parvenir est d'envoyer préalablement mouiller, dans la direction et à la distance voulues, un grappin ou une petite ancre
sur lequel elle se halera.

160. Qu'est-ce que mouiller une ancre à jet en créance, et comment
s'effectue cette opération ?

Une ancre à jet ayant été placée dans une embarcation ainsi
que nous venons de l'enseigner, on dit qu'on va la mouiller
en créance, lorsque le grelin, au lieu d'être gardé à bord du
bâtiment, est lové tout entier dans la chambre.

Dans cette circonstance, on étalingue sur la cigale de l'ancre
le bout qui arrive le dernier dans l'embarcation ; celle-ci se
dirige à l'aide de ses avirons, ou se hale au point où elle doit
laisser tomber l'ancre ; et dès qu'elle est mouillée, revient à
bord en se halant sur un faux bras tourné sur le bâtiment, de

manière à bien raidir le grelin à mesure qu'elle le file. Si elle
ne peut atteindre le bord avec son grelin, on lui envoie par
un canot le bout d'une autre amarre passée par l'écubier et
elle fait ajust.

161. Lever une ancre à jet et la mettre dans les porte-haubans.

Embarquer dans la chaloupe ou le grand canot de forts
palans, des poulies de retour, des garcettes et des anspects ;
se diriger ensuite vers la bouée, l'embarquer, capeler l'orin
dans le davier et après l'avoir embraqué à la main, y frapper
un des palans dont la poulie inférieure se croche dans une
erse baguée sur la traverse de l'avant ; passer le garant dans
une poulie de retour crochée au même point.

Peser bien raide l'orin, et lorsqu'il commence à forcer,
frapper et crocher le deuxième palan de la même manière ; agir
alors avec les deux palans, les reprenant l'un après l'autre à
mesure qu'ils sont à bloc ; déraper l'ancre et l'ayant élevée au
niveau de l'eau, la faire tourner de manière que l'orin se présente entre la verge et le tableau ; frapper alors sur les bras
deux petits bouts de filin qui serviront à manœuvrer l'ancre,
placer le banc mobile (§ 159), engager des barres d'anspects
sous les bras, faire levier avec elles et peser sur les palans et
les bouts de filin servant de balancines. Larguer la première
bridure de l'orin dès qu'elle est à portée, haler sur les balancines, faire passer la verge d'un bord du davier et en continuant à palanquer doucement, amener les pattes à reposer sur
le banc mobile.

Déjaler l'ancre pendant que l'embarcation est halée du
bord par son grelin, et se rendre au-dessous de la position que
l'ancre doit occuper pour qu'elle puisse être embarquée en
employant les moyens qui avaient servi à la débarquer (§ 159).

162. Comment élonge-t-on une ancre de bossoir sur laquelle est étalingué un câble en chanvre?

Crocher le capon, l'embraquer et le tourner ; passer la serre-bosse en filin et la raidir ; larguer les chaînes du mouilleur. La chaloupe se hale de l'avant, ou est halée au moyen d'un faux bras jusqu'à ce que son arrière soit à l'aplomb du bossoir, on la maintient dans cette position d'une manière invariable. Lorsqu'elle est ainsi amarrée, faire penau en mollissant la serre-bosse, puis amener l'ancre sur le capon jusqu'à ce que le jas soit un peu au-dessus du tableau, et la saisir sur la traverse de l'arrière avec une cravate ; cette cravate consiste en une élingue dont on unit les deux bouts par une aiguillette qu'il suffit de couper pour mouiller l'ancre. Frapper l'orin sur les pattes de l'ancre et le lover sur l'avant, après l'avoir passé sous les avirons ; suspendre la bouée sur l'avant en dehors ; embarquer dans la chaloupe tout le câble possible, en le lovant par plets dans la chambre.

Faire prendre la remorque de la chaloupe par des embarcations, et filer le câble du bord, puis de la chaloupe ; des embarcations placées de distance en distance soutiendront le câble par des suspensoirs.

Tout le câble ayant été filé, jeter la bouée à la mer, laisser aller les avirons, décapeler l'orin par-dessus et le jeter à la mer, puis mouiller en coupant l'aiguillette de la cravate ; les embarcations qui donnaient la remorque ont continué jusqu'à ce moment à nager pour soutenir la chaloupe et celles qui tenaient le câble suspendu l'ont abandonné au signal qui leur en a été fait. Oringuer l'ancre et retourner à bord.

Embraquer le câble à bord avec la tournevire, prendre le tour de bitte et mettre les bosses en place.

C'est surtout lorsqu'on exécute l'opération qui vient d'être décrite qu'il est nécessaire de pouvoir haler la chaloupe sur une petite ancre à jet mouillée un peu au vent du point où l'on doit laisser tomber l'ancre de bossoir.

163. Élonger une ancre de bossoir avec partie de sa chaîne.

L'ancre pourrait se mettre en cravate derrière ; mais il est préférable de la prendre par devant, parce qu'on peut ainsi disposer de la chambre de la chaloupe pour y lover convenablement les maillons de chaîne dont le poids fait équilibre à celui de l'ancre.

Si lors de l'armement du bâtiment, le davier de l'embarcation n'a pas été installé dans la prévision de l'opération à effectuer, enlever son rouleau et le remplacer par une pièce de bois, faisant arc-boutant, chevillée avec les flasques du davier, appuyant par son extrémité intérieure contre l'épaisseur d'un des bancs de l'avant et portant à l'autre extrémité, arrondie pour laisser filer les maillons horizontaux, une engoujure dans laquelle passeront les maillons verticaux de la chaîne ; deux petites guirlandes en bois de chêne boulonnées à la fois sur le plat-bord de la chaloupe et sur les flasques du davier ont pour objet de maintenir l'écartement de ces dernières ; on y a pratiqué deux engoujures dont les angles ont été abattus avec soin.

Aiguilleter sur la verge de l'ancre, vers le milieu, une forte cosse estropée à l'avance.

Quand ces dispositions sont prises, accoster la chaloupe par le travers, y embarquer par un sabord quatre maillons de chaîne que l'on love dans la chambre en gardant le premier par-dessus, deux ou trois caliornes, un marteau, un repoussoir. La haler ensuite sur l'avant, jusqu'à ce que son étrave soit à l'aplomb du bossoir où d'avance on a fait penau de l'ancre. Passer le bout d'une guinderesse dans la cosse sur la verge et l'embraquer jusqu'à son milieu, envoyer les deux bouts dans la chaloupe où chacun d'eux fait d'abord tour mort sur la tra-

verse arrière, puis autour du grand banc, et se love dans le fond
de l'embarcation. Amener l'ancre sur le capon et embraquer à
mesure la guinderesse dont on obligera chacun des doubles à
s'appliquer dans les engoujures des guirlandes ; lorsque le jas
de l'ancre est un peu au-dessous du davier, cesser d'affaler le
capon, mais ne le décrocher qu'après avoir bien raidi la guinderesse et l'avoir genopée. Mailler la chaîne sur la cigale et la
faire reposer sur la pièce circulaire du davier.

Pour filer la chaîne avec sécurité depuis le moment où on
amène l'ancre sur le fond jusqu'à celui où elle sera complète-
ment élongée, se servir de deux griffes en tout point semblables
à celles que l'on place sur les vérines destinées à monter les
chaînes de leurs puits, et les fixer au moyen de garcettes sur les
estropes des poulies supérieures des caliornes pour qu'elles
leur tiennent lieu de crocs; crocher les poulies inférieures des
caliornes dans des erses baguées sur la traverse de l'arrière.

Haler la chaloupe sur l'amarre d'une petite ancre qu'une
embarcation a été mouiller au point où l'on doit laisser tomber
l'ancre, et arrivé à long pic, se disposer à mouiller. Larguer les
genopes faites sur la guinderesse et la maintenir raide; se tenir
prêt à filer les caliornes que l'on doit faire agir successivement
de manière à pouvoir les reprendre l'une après l'autre, et avec la
précaution d'avoir toujours la main sur les griffes, pour éviter
qu'un choc les fasse décapeler. Cela fait, amener l'ancre sur
les doubles de la guinderesse et filer la chaîne à la demande, au
moyen des caliornes. Dès qu'elle est au fond, déraper la petite
ancre et tourner son amarre à l'avant de la chaloupe qui, ainsi
sollicitée, se présente forcément debout au courant ; garnir
cette amarre au cabestan où l'on place un homme par barre
seulement pour virer lentement et obliger ainsi la chaîne à
bien s'élonger sur le fond; la chaloupe est de cette manière
amenée sous l'écubier avec le bout de la chaîne.

Si l'on juge que les quatre maillons de chaîne ne seront pas
suffisants pour atteindre le bord, on en embarque un ou deux

dans le grand canot qui va les porter à la chaloupe, et l'opération se continue de même.

Si la chaloupe dont on dispose paraît faible, on saisit de
chaque côté sur l'avant une pièce d'une, vide, bien bondée.

Si les embarcations du bâtiment sont d'un échantillon trop
faible et de trop petites dimensions pour qu'on puisse les employer isolément à porter l'ancre et une partie de sa chaîne,
toutes deux doivent concourir à l'opération de la manière suivante : Après les avoir placées bord à bord et avoir fait reposer
sur le milieu de leurs plats-bords et perpendiculairement à leur
longueur un bout-dehors de bonnette, on les écarte jusqu'à ce
qu'il y ait entre elles la distance nécessaire pour y suspendre
l'ancre de bossoir et on saisit ensuite le bout-dehors sur chacune des extrémités de leurs grands bancs. Chaque canot
reçoit, selon sa force, un ou deux maillons de chaînes ; l'ancre
est installée comme nous l'avons dit plus haut ; on l'amène
entre les deux embarcations jusqu'à ce qu'elle soit supportée
par la guinderesse dont un des doubles est tourné sur chacune
d'elles ; la chaîne venant de l'un des canots est maillée sur la
cigale et l'on passe aussi une sorte de bosse de bout destinée
à maintenir l'ancre verticale. L'opération s'éxecute ensuite
comme il vient d'être dit ; lorsqu'une des embarcations a filé
presque entièrement sa chaîne, elle en fait passer le bout à l'autre qui s'est rapprochée lorsque l'ancre a été rendue au fond ;
la deuxième partie de la chaîne est maillée à la première et
on continue à l'élonger jusqu'à ce qu'on ait atteint le bord.

164. Déraper une ancre de bossoir avec la chaloupe.

Embarquer dans la chaloupe des caliornes de braguet ou
de chaloupe, des poulies de retour, des erses et garcettes, et
l'armer de son équipage et de quelques hommes en supplément.

Faire nager sur la bouée, s'en emparer, capeler l'orin dans
le davier et l'embraquer raide à la main ; frapper les caliornes

sur l'orin le plus près possible du davier, crocher leurs poulies inférieures dans des erses sur la traverse avant, et passer les garants dans des poulies de retour qui y sont aussi placées.

Palanquer, déraper, élever l'ancre un peu au-dessus du fond et bosser l'orin. La chaloupe fait signe que l'ancre est dérapée, on vire le câble au cabestan au moyen de la tournevire, ou on le rentre avec des vérines et la chaloupe est ainsi amenée sous l'écubier. Bien bosser alors le câble à bord, faire larguer les bosses de l'orin et crocher le capon lorsque l'ancre est sous l'écubier à l'appel du câble ; bien embraquer le capon, larguer les bosses du câble et mettre l'ancre au bossoir.

Si la chaloupe est trop faible, ou si ses formes de l'arrière sont trop fines, on peut la soutenir en saisissant de chaque côté sur l'arrière une barrique vide bien bondée.

165. Empenneler une ancre de bossoir avant de la mouiller ou lorsqu'elle est déjà mouillée.

Premier cas. — Si l'ancre à jet qui doit servir d'ancre d'empennelage est placée dans les grands porte-haubans, l'en dégager et la mettre en mouillage sur des bosses. Frapper l'orin de l'ancre de bossoir sur la cigale de l'ancre à jet et un deuxième orin au coude de l'ancre à jet.

Mouiller les deux ancres en même temps, ou l'ancre à jet un instant plus tôt.

Deuxième cas. — Embarquer une ancre à jet garnie de son orin dans le grand canot ou la chaloupe (§ 159) et se diriger ensuite sur la bouée de l'ancre de bossoir ; s'emparer de la bouée, en larguer l'aiguilletage et frapper le bout de son orin sur la cigale de l'ancre à jet.

Nager, ou mieux se haler dans la direction du câble de l'ancre de bossoir, et mouiller l'ancre à jet lorsque l'orin de l'ancre de bossoir est raide.

166. Comment lève-t-on deux ancres empennelées?

On lève l'ancre à jet comme il a été dit (§ 161), puis on aiguillette une bouée sur l'orin et on dérape l'ancre de bossoir avec la chaloupe (§ 164) ou on la lève avec le bâtiment (§ 172).

167. Mettre au bossoir l'ancre du grand panneau.

Si la chaloupe est embarquée, la mettre à la mer au moyen de ses palans (§ 185) ou la placer sur l'un des passavants, après avoir mis sur l'autre le grand canot et l'embarcation qui y est contenue.

Mettre en place deux grands palans d'étai au grand mât (§ 115) ; frapper au capelage du mât de misaine les pantoires de deux caliornes ; les garants de la première venant sur l'arrière de la basse vergue, ceux de la deuxième sur l'avant ; un palan croché sur le chouque de beaupré lui servant de guide. Disposer aussi sur la vergue de misaine deux caliornes de bas mât l'une en dehors du capelage, l'autre en dehors du blin d'en dedans à peu près à le toucher, et une caliorne de braguet entre leurs deux pantoires pour servir de fausse balancine ; mettre en place un palan de roulis de renfort.

Crocher les deux palans d'étai sur les deux bras de l'ancre et les peser jusqu'à ce qu'on puisse larguer les bridures qui la maintiennent contre la grande épontille ; continuer à hisser l'ancre, et dès que ses bras arrivent près du panneau, crocher sur l'un d'eux la caliorne installée sur l'arrière de la vergue de misaine. Lorsque la verge peut bien parer l'hiloire, embraquer les guides des deux palans d'étai et peser la caliorne du mât de misaine ; des palans frappés sur l'ancre et crochés en des points convenables permettent de la maintenir au roulis. Amener ainsi l'ancre presque à l'appel de la caliorne de misaine, en embraquant le plus possible les guides des palans d'étai ; crocher la caliorne de l'avant sur la verge près de la cigale, l'embraquer raide, mollir les palans d'étai et les décrocher ; puis la peser de nouveau jusqu'à ce que l'ancre puisse être amenée sur le pont, un peu sur l'avant du mât de misaine ; en cette position, la jaler.

Cette opération terminée, brasser la vergue de misaine de manière à ce que ses caliornes répondent un peu sur l'arrière du bossoir, peser ses balancine et fausse balancine, raidir les palans de roulis, drosses et bras ; crocher la caliorne d'en dehors dans la même erse que la caliorne de l'avant du mât de misaine et celle d'en dedans dans la même erse que la caliorne de l'arrière, frapper des palans de retenue sur divers points de la verge.

Élever l'ancre verticalement avec les caliornes du mât de misaine et lorsqu'elle est jugée assez haute pour pouvoir parer le bastingage, peser les caliornes de la vergue en mollissant les premières, amener ainsi l'ancre au-dessus du bossoir ; décrocher les caliornes du mât de misaine et filer à retour celles de la vergue. Lorsqu'elle est à bonne hauteur, crocher le capon et la traversière, et la mettre à poste. Passer ensuite les bosses en chaîne, faire l'aiguilletage du mouilleur, et rentrer tous les palans et caliornes qui avaient servi à l'opération.

168. Comment étalingue-t-on un câble?

Lorsqu'un bâtiment mettra son ancre du grand panneau au bossoir, il sera obligé d'y étalinguer son câble en chanvre, parce qu'il a au plus quatre chaînes et qu'elles sont destinées aux deux ancres de bossoir et aux deux ancres de veille.

L'opération d'étalinguer un câble a une grande analogie avec celle d'étalinguer une chaîne (§ 138). On emploie aussi deux cartahus ; l'un d'eux a pour fonction de haler le câble hors de l'écubier, le deuxième est manœuvré du gaillard d'avant sur lequel il sert à amener la quantité de câble nécessaire pour faire le nœud de bouline qui constitue l'étalingure. Chaque tour de ce nœud est souqué à coups de palans et bridé ; lorsqu'il est terminé, on embraque le câble par l'écubier pour amener l'étalingure à toucher la cigale.

169. Comment prend-on la bitture et le tour de bitte d'un câble?

Pour prendre la bitture d'un câble, on le hale de la cale sur le pont où il se manœuvre, soit à bras, soit à l'aide de vérines, et on love par plets, entre l'écubier et la bitte, la longueur qui doit former la bitture, ayant soin que le premier plet fait soit le plus en dedans ; on prend ensuite le tour de bitte (§ 138), après quoi on bosse le câble en deux ou trois points sur l'arrière.

170. Filer du câble.

Monter sur le pont de la batterie la quantité de câble qu'on veut filer, larguer les bosses sur l'avant des bittes, frapper une caliorne sur le câble à toucher le grand panneau et crocher sa poulie inférieure dans la boucle la plus voisine sur l'arrière, choisissant celle qui donnera à la caliorne une direction rapprochée de celle du câble ; larguer les bosses sur l'arrière des bittes, filer le câble sur la caliorne, bosser de nouveau si la caliorne arrive à l'écubier avant qu'on ait filé la quantité voulue, frapper une deuxième caliorne de la même manière que la première pour achever l'opération, bosser alors sur l'avant et sur l'arrière des bittes.

171. Filer de la chaîne.

Ranger des hommes sur les palans des étrangloirs, avoir quelqu'un au levier du linguet pour maintenir le pied de biche constamment levé, larguer les bosses de la chaîne. Mollir les palans des étrangloirs, ouvrir les lunettes et laisser filer la quantité de chaîne voulue, en l'allégeant si cela est nécessaire.

Ne pas l'arrêter brusquement, si la brise est fraîche et, dans tous les cas, ne pas la maîtriser avec le linguet ; car il pourrait en résulter sa rupture ou celle de la patte de l'ancre.

172. Comment lève-t-on avec le bâtiment une grosse ancre sur laquelle est étalingué un câble, et à l'aide de quels appareils traverse-t-on les ancres ?

Un câble en chanvre se rentre à bord au moyen d'une tournevire ; cette tournevire consiste en un grelin, garni de pommes de distance en distance, que l'on passe de la manière suivante : Supposons que l'ancre à lever ait été mouillée à bâbord ; le bout supérieur de la tournevire s'envoie par tribord sur l'avant du mât de misaine et par-dessous le beaupré, élonge le parcours du câble jusqu'au cabestan sur lequel il s'enroule trois ou quatre fois et revient à tribord pour s'aiguilleter avec l'autre bout. On a eu soin de la bosser avec le câble, entre les bittes et l'écubier, pour bien la raidir sur l'arrière et autour du cabestan avant de faire son mariage. Lorsqu'il est terminé, on largue les bosses sur l'arrière de la bitte et on hale de la cale un peu de câble pour décapeler facilement le tour de bitte ; ceci fait et le mou du câble sur l'arrière ayant été embraqué à la main et envoyé en bas, des hommes munis de garcettes les frappent sur le câble et la tournevire, à toucher les pommes, dans la longueur comprise entre l'écubier et le grand mât.

Un faux bras passé dans une poulie sous le beaupré a été frappé sur la bouée, le capon et la traversière sont affalés jusqu'à la hauteur de la flottaison et on vire. Si le fond est vaseux, on a dû disposer une pompe à incendie pour pouvoir lancer de l'eau sur le câble et le débarrasser ainsi du limon le plus épais ; on le love par plets dans la batterie pour l'y nettoyer complétement plus tard, et le faire sécher avant de le loger dans la cale.

Si la nature du fond peut donner à craindre que le cabestan

ne soit insuffisant pour déraper l'ancre, on, doit avoir élongé à l'avance des caliornes de bas mât dont on se tient prêt à frapper les poulies supérieures sur le câble et à crocher les poulies inférieures dans des boucles près du grand panneau ; on tient aussi sous la main tout ce qui est nécessaire pour faire marguerite : cet appareil, dans sa composition la plus simple, se forme avec deux poulies de guinderesse de mât de hune et une guinderesse. Voici comment l'exécuter : frapper une des poulies sur le câble près de l'écubier, et crocher l'autre dans une boucle un peu sur l'arrière du grand panneau et dans la direction du câble, passer la guinderesse dans la première poulie, puis dans la deuxième, de dedans en dehors, et la fouetter sur le câble un peu sur l'avant de la première poulie ; garnir le double au cabestan. Pareille marguerite est dite en deux ; elle est en quatre ou en six, lorsqu'on emploie quatre ou six poulies de guinderesse pour la composer.

D'autres moyens peuvent encore être employés pour venir en aide aux précédents : le faux bras frappé sur la bouée ayant été embraqué à mesure qu'on virait, celle-ci est amenée sous le beaupré où l'on s'empare de son orin que l'on raidit bien à la main et sur lequel on croche, le plus près possible de l'eau, la poulie de capon ; on agit ensuite à la fois sur le garant du capon et le cabestan. On peut aussi, si la direction du vent est favorable, établir la violure et déterminer ainsi un effort suffisant du bâtiment sur son câble pour obliger l'ancre de déraper. La marée peut aussi être très-utilement employée pour produire ce résultat ; on bossera bien le câble au jusant et le flot viendra certainement opérer ce qu'on n'avait pu obtenir avec les moyens décrits.

L'ancre ayant été dérapée, larguer les appareils qui ont été employés dans ce but et continuer à virer avec le cabestan, jusqu'à ce que la cigale soit élevée un peu au-dessus de l'eau ; crocher alors le capon, l'embraquer bien raide et défrapper les garcettes ; peser le capon et élever l'ancre au bossoir enfilant de l'écubier la quantité de câble nécessaire ; crocher la traversière et traverser l'ancre. Si elle doit être replacée dans le grand panneau, employer les moyens déjà décrits (§ 167) en agissant à l'inverse.

On traverse généralement les ancres au moyen d'un bossoir placé au-dessus de la position que doivent occuper leurs pattes ; il est percé de trois clans garnis de réas et l'on constitue la traversière avec un garant de la force d'une écoute de perroquet passé successivement dans ces réas et dans ceux d'une poulie triple, appelée poulie de traversière, entourée d'une estrope en fer sur laquelle s'assemble, au moyen d'une manille, un petit bout de chaîne composé seulement de deux maillons, dont le dernier porte un large croc à deux branches destiné à être croché des deux côtés de la patte supérieure de l'ancre.

On traverse aussi les ancres à l'aide d'un appareil appelé homme de bois ; c'est un morceau de bois d'un fort équarrissage qu'on élève sur le pont, contre le bord, au-dessus de la position que doivent occuper les pattes ; il est soutenu par trois palans dont deux servent de haubans et le troisième de balancine ; une caliorne frappée à son extrémité permet de traverser l'ancre.

L'opération de traverser étant souvent difficile et même périlleuse, on bague quelquefois sur les bras de l'ancre deux bouts de chaîne que l'on amarre sur le jas et dont il suffit de larguer les bridures pour pouvoir crocher la traversière dans leur dernier anneau.

173. Comment lève-t-on avec le bâtiment une ancre de bossoir ou une ancre de veille sur laquelle est étalinguée une chaîne, et quel est l'objet du plan incliné ?

Envoyer frapper un faux bras sur la bouée pour la haler à bord à mesure qu'on virera, affaler le capon et la traversière jusqu'à la hauteur de la flottaison, larguer les bosses placées sur l'arrière de la bitte, décapeler le tour de bitte, haler sur le pont de la batterie, au moyen de vérines, une quantité suffisante de chaîne pour pouvoir l'engrener au cabestan, garnir le cabestan et mettre en place le raban de barres.

Placer au linguet un homme qui se tiendra prêt à laisser tomber le pied de biche, avoir d'autres hommes pourvus de crocs en fer à longues tiges à l'aide desquels ils obligeront la chaîne à rentrer dans son puits à mesure qu'elle se dégagera du cabestan, et larguer les bosses placées sur l'avant de la bitte.

Virer, en ayant soin de ne pas laisser la chaîne s'accumuler à la sortie de la couronne. Si on ne parvient à la nettoyer suffisamment avec la pompe à incendie (§ 172), fermer les étrangloirs et la garder dans la batterie. Déraper en employant un ou plusieurs des moyens déjà décrits (§ 172), si l'on ne peut y parvenir avec la seule puissance du cabestan, et élever l'ancre jusqu'à ce que sa cigale soit au-dessus de l'eau ; cesser alors de virer et crocher le capon. Le linguet suffira seul dans la plupart des cas à maintenir l'ancre ; cependant si l'usure a arrondi les rebords de la cavité elliptique dans laquelle se logent les maillons horizontaux, il sera prudent de bosser la chaîne, entre la bitte et l'écubier, jusqu'à ce que le capon ait été croché et raidi ; dégarnir le cabestan, désengrener la chaîne et peser le capon au point que sa poulie touche le bossoir. Pour faciliter ce dernier mouvement, peser le pied de biche lorsque l'ordre en sera donné et laisser ainsi filer la longueur de chaîne nécessaire pour amener l'ancre à l'aplomb du bossoir. Crocher la traversière, traverser ; mettre l'ancre sur ses chaînes de mouilleur et, selon la circonstance, passer la bosse de bout et la serre-bosse en filin.

Si l'ancre levée est une ancre de veille, la mettre au bossoir ainsi qu'il vient d'être dit, puis l'envoyer à son poste au moyen de deux caliornes sur la vergue de misaine (§ 135) et la rapprocher de ses arcs-boutants avec des caliornes de braguet

frappées sur les haubans et galhaubans qui sont en correspondance du jas et des pattes.

Le plan incliné placé à l'extérieur, un peu au-dessous du bossoir de traversière, a pour objet de recevoir la patte de l'ancre
lorsqu'elle est en mouillage, et de l'écarter du bord quand on la
mouille.

174. Draguer une chaîne ou un câble.

Pour draguer une chaîne ou un câble, on se sert d'une
chatte, sorte de grappin sans oreilles, sur laquelle on étalingue un bon faux-bras à peu près de la force d'une guinderesse
de perroquet ; une gueuse de 25 ou 50 kilos y est fixée près de
l'étalingure.

La chatte et son câblot sont embarqués dans un canot qui
vient se placer à quelque distance du câble, jette la chatte à la
mer et nage ensuite sur une ligne perpendiculaire à la direction présumée de l'amarre, en draguant le fond à mesure.
Lorsque, après avoir agi ainsi, à plusieurs reprises s'il est nécessaire, la chatte éprouve une résistance, l'embarcation se laisse
culer en se paumoyant sur le faux bras. Dès qu'elle est à pic et
que la chaîne ou le câble est un peu soulagé au-dessus du
fond, elle adjoint à la première chatte un grappin plus fort ou
une autre chatte sur lequel est frappé un grelin, et fait signe
à bord.

La chaloupe est envoyée sur les lieux. On réunit dans son davier les amarres des deux chattes que l'on palanque jusqu'à ce
que la chaîne se montre au niveau de l'eau ; on bague alors sur
la chaîne une forte élingue dont l'autre bout s'aiguillette sur
la traverse de l'arrière, et quand elle est ainsi maintenue, on
frappe aussi sur la chaîne un grelin venant du bord. Les
amarres des chattes sont larguées, le grelin est raidi du bord ;
on coupe alors l'aiguillette de l'élingue, puis l'on vire à bord
jusqu'à ce qu'on ait assez de chaîne pour pouvoir l'engrener
au cabestan.

175. Quand faut-il couler un maillon et comment s'exécute cette
opération ?

On coule un maillon pour déraper une ancre dont l'orin
offre peu de confiance et pour lever une ancre, lorsque sa
chaîne ou son câble ont été brisés près de leur étalingure et
que l'orin est cassé ou coulé.

Embarquer et lover dans une embarcation une guinderesse
de perroquet sur laquelle on a amarré des gueuses ou des pa-
quets de mitraille distants entre eux de deux ou trois mètres et
sur une longueur de trente à quarante mètres de chaque côté
de son milieu ; puis expédier cette embarcation, en compagnie
d'une autre, au lieu présumé où se trouve l'ancre. Lorsqu'elles sont arrivées un peu en deçà de ce point, celle qui
porte la guinderesse en donne le bout supérieur à l'autre qui
en prend la moitié, et toutes les deux nagent en sens contraire
pour élonger sur le fond, perpendiculairement à la chaîne, la
partie du cordage garnie de poids. Cela fait, les deux canots
nagent parallèlement pour s'élever au delà de l'ancre jusqu'à
ce qu'ils soient arrêtés par la résistance offerte par sa patte
supérieure, se croisent alors, font ensuite des routes parallèles
en sens inverse de la première et viennent se joindre pour
réunir les deux doubles de la guinderesse que l'on embraque
raides sur l'un d'eux.

D'autres embarcations sont expédiées rejoindre les premières ; dans l'une d'elles est lové un bon grelin ; elles viennent se grouper autour du canot qui supporte la guinderesse
et l'entourer par un grand nœud de bouline fait sur le bout du
grelin qu'elles abandonnent ensemble au commandement. Prenant ensuite la remorque de celle qui porte le grelin, elles
nagent toutes ensemble pour souquer le nœud sous le bec de
l'ancre ; l'ancre est alors pourvue d'un nouvel orin, à l'aide
duquel on peut la déraper ainsi qu'il a été dit § 164.

176. Comment fait-on parer une ancre surjalée ou surpattée?

Supposons le cas plus difficile : celui où l'ancre surpattée arrive à l'écubier les pattes les premières.

Crocher le capon dans une erse baguée au coude de l'ancre avec le moins de battant possible, le peser en filant la chaîne de la quantité nécessaire, et élever l'ancre jusqu'à ce que son diamant touche le bossoir ; passer la bosse de bout en dessous du coude. Décrocher le capon et le crocher dans la cigale ; donner du mou dans la chaîne et décapeler les tours faits autour de la patte ; peser le capon en mollissant à mesure la bosse de bout, amener ainsi l'ancre sous le bossoir dans sa position naturelle ; la traverser ensuite pour achever de la mettre à poste.

Si la chaîne entoure le jas, on parviendra le plus souvent à la faire parer, en soulageant les tours à l'aide de bouts de filin venant du gaillard d'avant ; comme dernière ressource, on pourra détalinguer la chaîne.

177. Comment dépasse-t-on les tours des chaînes ?

Pour pouvoir défaire facilement les tours des chaînes lorsque le bâtiment est affourché, on doit garder dans la batterie, sur l'arrière du linguet, la manille d'assemblage de deux maillons.

Par l'écubier d'en dehors du bord de la chaîne à dépasser, on fait passer un grelin en chanvre ou un grelin en chaîne destiné à servir d'embossure ; le grelin en chanvre se frappe sur la chaîne au niveau de l'eau, le grelin-chaîne porte à son extrémité une manille d'assemblage que l'on retient par un boulon dans une des mailles de la chaîne à la même hauteur. Une forte caliorne est élongée dans la batterie ; elle est crochée dans une boucle à l'arrière et frappée sur le grelin, un peu en avant des bittes ; on la pèse jusqu'à ce qu'il y ait assez de mou dans la partie de la chaîne comprise entre le dormant du grelin et l'écubier, pour qu'on puisse laisser tomber le pied de biche.

La chaîne étant ainsi maintenue, ses bosses sont larguées et on hale du puits la quantité nécessaire pour pouvoir faire courir du mou à la bitte et enlever la goupille et le boulon du maillon d'assemblage. Sur la dernière maille, on frappe un faux bras dont le double est pris à retour à la bitte.

Deux autres faux bras, un de chaque bord, sont passés dans deux poulies à fouet ou à croc au capelage du beaupré, leur courant vient du pont ; celui qui est placé du bord de la chaîne à dépasser est envoyé directement dans l'écubier, l'autre n'y arrive qu'après avoir entouré la chaîne en sens inverse des tours ; tous les deux se frappent séparément sur la chaîne, celui-ci près du bout ; celui-là à peu près au même point, après quoi on le genope de distance en distance jusqu'à l'écubier.

Un canot est maintenu par un faux bras sous le beaupré, sur l'avant des chaînes ; des hommes qui y sont placés réunissent les deux chaînes entre elles, un peu au-dessous des tours, avec des garcettes, c'est-à-dire font la croisée.

Dès qu'elle est terminée, peser les faux bras venant du beaupré, coupant les genopes à mesure et filant le faux bras dont on a pris retour à la bitte. Lorsque la chaîne est ainsi toute filée hors du bord, défrapper le faux bras d'en dedans et dépasser les tours en conservant le mou de la chaîne dans l'embarcation ; larguer les faux bras du beaupré, frapper celui qui vient d'en dedans et haler la chaîne à bord ; larguer la croisée, maillonner, et larguer l'embossure.

Si l'eau est trouble, il faut, avant de dépasser les tours, savoir quelle est la chaîne qui se trouve par-dessus ; ce renseignement peut s'acquérir à la simple inspection de la rose d'un compas sur laquelle des fils fixés dans les aires de vent occupés par les ancres indiquent, par leurs positions réciproques, l'étades amarres. Mais si l'on n'a pas ce moyen à sa disposition, il faut de toute nécessité soulager les chaînes hors de l'eau et pour cela se servir de la chatte. On fixe une poulie au capelage dans laquelle on passe un faux bras dont on forme un cartahu double avec une poulie à croc ; le dormant du cartahu se fait au beaupré. La poulie à croc est crochée dans l'organeau de la chatte, et on frappe un orin sur une de ses pattes pour pouvoir la manœuvrer.

Cela fait, affaler la chatte et, à l'aide de l'orin, la lancer de manière à rencontrer les chaînes ; peser le faux bras jusqu'à ce que le double des amarres soit assez soulagé pour qu'on puisse apercevoir les tours, procéder ensuite comme il a été dit précédemment.

PRÉCAUTIONS A PRENDRE QUAND IL SURVENTE.

178. Quelles sont les précautions à prendre quand il survente ?

Que le bâtiment soit sur une ancre ou affourché, ces précautions doivent consister à diminuer l'effort qu'il exerce sur ses amarres.

Ainsi l'on commence par diminuer l'élévation de la mâture et présenter obliquement les vergues à l'action du vent, c'est-à-dire que les perroquets sont dégréés, leurs mâts dépassés et les vergues brassées en pointe ; puis on file de la chaîne pour rendre sa direction plus horizontale.

Lorsque le navire est affourché et qu'il est sans tours dans ses amarres, son mode d'amarrage offre assez de garantie pour ne pas exiger qu'on donne une plus grande longueur aux touées avant que le vent ait acquis une grande violence.

On doit observer avec soin si le bâtiment chasse ; cette indication peut être donnée le jour par une grande embardée, par le changement de position relative de deux objets, primitivement l'un par l'autre ou ouverts sous un certain angle ;

et la nuit, par un plomb de sonde tenu mouillé sur le fond.

Nous avons dit (§ 140) que le mouillage sur une seule ancre offre entre autres avantages celui de permettre d'appareiller plus promptement, c'est donc ainsi que devra être amarré le bâtiment qui séjournera momentanément sur une rade foraine dans laquelle l'appareillage sera possible. En pareille position, le navire devra toujours être prêt à prendre le large, ses mâts de perroquet seront dépassés, ses huniers serrés avec deux ou trois ris et ses basses voiles avec un ris ; la chaloupe aura été gardée embarquée ; les embarcations seront hissées chaque soir et les tangons rentrés. On ne devra pas attendre pour appareiller que la brise ait acquis un trop grand degré de violence et que la mer ait beaucoup grossi, car, par une eau profonde, il pourrait devenir impossible de déraper l'ancre et en supposant même qu'on eût réussi à l'amener jusqu'à l'écubier, il resterait à crocher le capon et la traversière, opération dangereuse pour les hommes appelés à l'exécuter. En retardant trop le moment de l'appareillage, on pourrait donc se trouver dans la nécessité de démaillonner la chaîne et de la filer, après l'avoir garnie d'une bouée et d'un orin pour pouvoir la relever lorsque le temps permettrait d'approcher la terre.

179. Que doit faire le bâtiment mouillé sur une ancre qui a pris la résolution de recevoir un coup de vent au mouillage ?

Si le fond est de vase molle, que l'ancre s'y soit enfoncée profondément, une longue touée de sa chaîne peut suffire à tenir le bâtiment ; mais il ne faut cependant pas, même dans les meilleures conditions, avoir une confiance absolue dans ce mode d'amarrage, car si un maillon de la chaîne vient à casser lorsque le vent aura acquis une grande violence, on aura sans aucun doute à regretter de n'avoir pas pris plus de précautions.

Il faut donc, lorsque les indications du baromètre et l'apparence du temps donnent la certitude de l'approche d'un coup de vent, joindre aux précautions indiquées (§ 178) celles de caler les mâts de hune, d'amener leurs vergues dans la hune et les basses vergues sur les porte-lofs. On mouille une deuxième et même une troisième ancre, en choisissant le moment d'une embardée sur le bord opposé à l'ancre déjà mouillée ; l'ancre du grand panneau et autres ancres disponibles sont mises en mouillage.

Les chaînes ne travailleront pas ensemble à cause des longueurs inégales de leurs touées et des directions différentes occupées par les ancres, il pourra par suite arriver que si l'une d'elles casse, la secousse qui en résultera sur la deuxième chaîne occasionne aussi sa rupture ; on devra donc mouiller les dernières ancres avec de très-longues touées et se tenir prêt à couper la mâture pour ôter de la prise au vent, si l'on craint que leurs chaînes ou amarres cassent à leur tour comme les précédentes.

Si, malgré tous les moyens employés, le bâtiment continue à chasser, on se décide à faire côte en agissant ainsi qu'il est dit § 305. (Voir la note 1.)

180. Quelles sont les précautions à prendre pour recevoir un coup de vent à l'ancre, lorsque le bâtiment est affourché sur une rade où l'appareillage est impossible?

Le bâtiment affourché file de longues touées de chacune des chaînes, de façon à les faire travailler ensemble, et opère les réductions de mâture indiquées dans le paragraphe précédent. Il peut, pour assurer encore sa tenue, empenneler chacune de ses ancres avec une ancre à jet, moyen dont dispose aussi le bâtiment mouillé sur une seule ancre. Les ancres de veille sont tenues prêtes à mouiller, et si l'on est obligé d'en laisser tomber une par suite de rupture d'une des chaînes ou de chasse d'une des ancres, ce doit être au moment de l'embardée qu'effectue le navire en pareille circonstance.

Lorsque le vent acquiert une grande violence, on mouille souvent par précaution une troisième ancre dont la chaîne est laissée libre pour filer d'elle-même, si l'une des premières ancres ou chaînes chasse ou se rompt.

Si la tempête augmente de force, on agit ainsi que nous l'avons dit § 179.

DÉSAFFOURCHAGE

ET PRÉPARATIFS D'APPAREILLAGE.

-----

181. Comment désaffourche-t-on ?

Le bâtiment qui veut désaffourcher vire sur l'une de ses chaînes, en filant l'autre jusqu'à ce qu'il soit arrivé à pic de la première ancre, qu'il dérape et met à poste. Si le vent régnant souffle d'une direction très-différente de la ligne des ancres, le bâtiment, après avoir dérapé, vient à l'appel de l'ancre dont il a filé la touée en parcourant un grand espace, si la brise est assez fraîche pour raidir de suite la chaîne ; il est donc toujours préférable de lever d'abord l'ancre de sous le vent parce qu'en agissant ainsi, le bâtiment parcourt moins d'espace, ne donne qu'une secousse modérée à sa chaîne lorsqu'elle raidit, et ne s'expose pas à surjaler son ancre.

S'il existe des obstacles dans le champ d'évitage, on doit tenir le bâtiment sur des amarres ou sur une ancre à jet pendant qu'on embraque sa chaîne pour lui faire parer ces dangers.

Un bâtiment peut aussi désaffourcher avec sa chaloupe. Après que cette embarcation a soulagé l'ancre, on l'amène sous l'écubier en virant la chaîne.

182. Quelles sont les dispositions à faire pour l'appareillage ?

Le bâtiment a désaffourché, il est resté sur une seule ancre.

La chaloupe et les canots qu'elle doit recevoir sont embarqués entre les dromes ; les perroquets et cacatois, suivant le temps, sont gréés ; les bonnettes placées à leurs postes dans les haubans ; les tangons rentrés ; on a embarqué l'échelle de commandement, affalé le capon et la traversière, un faux bras a été frappé sur la bouée. La chaîne est garnie au cabestan, la bordée de quart est sur le pont et la bordée non de quart dans la batterie pour lever l'ancre.

183. Passer le gréement des bonnettes de perroquet et des bonnettes de hune ?

Les manœuvres courantes affectées à une bonnette haute sont : drisse, amure et écoute.

Les drisses de bonnettes de perroquet partent du pied du bas mât qu'elles élongent ainsi que le mât de hune, vont passer dans une poulie mobile aiguilletée au capelage de perroquet, de là dans la poulie de drisse à l'extrémité de la vergue de perroquet, et se frappent sur le milieu de la vergue de bonnette.

Les amures de bonnettes de perroquet partent des hunes, vont passer dans des poulies estropées sur les pitons à cosses fixés aux extrémités des bouts-dehors et se frappent sur le point d'amure de la voile ; elles sont tournées dans les hunes.

Les écoutes de bonnettes de perroquet sont à deux branches, formées par le même bout de filin dont un amarrage maintient le milieu sur le point d'écoute de la voile ; elles sont aussi tournées dans les hunes.

Les drisses de bonnettes de hune passent dans des poulies coupées sur le pont ou dans un des clans des bittes des râteliers, élongent le bas mât et le mât de hune, se dirigent entre les traversins des barres, vont passer dans des poulies disposées en civière sur le chouque du mât de hune, de là dans leurs poulies aux bouts des vergues de hune et se frappent sur le milieu de la vergue de bonnette.

Les amures de bonnettes de hune passent ; celles du petit hunier : dans des chaumards pratiqués de chaque côté dans la muraille un peu sur l'avant de la coupée, de là dans les poulies estropées sur les pitons à cosses aux extrémités des bouts-dehors et se frappent sur le point d'amure de la voile. Celles du grand hunier passent dans des poulies estropées à des pitons sur la partie intérieure des bossoirs des canots de poupe.

Les écoutes de bonnettes de hune sont comme celles de bonnettes de perroquet ; elles se raidissent sur le pont où elles sont passées dans des poulies de retour.

184. Passer le gréement de bonnette basse.

Ce gréement se compose d'une drisse d'en dedans, d'une drisse d'en dehors, d'un lève-nez et d'une écoute.

Lorsque la bonnette s'établit sur le tangon, elle reçoit de plus une amure ; et lorsqu'elle porte une vergue sur sa ralingue de bordure, un bras en patte-d'oie qui sert à maintenir cette vergue.

Le bout-dehors de misaine est soutenu par un bras et une balancine.

La drisse d'en dedans de bonnette basse passe dans une poulie coupée au pied du mât, va de là dans une poulie à fouet frappée sur le bord de la hune et s'amarre sur la cosse d'empointure intérieure.

La drisse d'en dehors de bonnette basse part du pied du mât, élonge le bas mât, va passer dans une poulie estropée à l'extrémité d'une pantoire fixée au capelage du petit mât de hune, de là dans une poulie capelée à l'extrémité du bout-dehors de basse vergue et se frappe sur le milieu de la vergue.

Le lève-nez passe dans une poulie de retour sur le pont, va de là dans une poulie à fouet frappée sur le milieu de la vergue

supérieure et vient s'amarrer au milieu de la vergue inférieure.

L'écoute est à deux branches. Pour la raidir, on la passe
dans une poulie coupée crochée dans une boucle ou piton près
du mât de misaine et par son travers.

L'amure passe dans un des clans du chaumard placé dans
la muraille un peu sur l'avant de la coupée, va de là dans une
poulie capelée à l'extrémité du tangon et se frappe sur le point
d'amure de la bonnette.

Le bras en patte-d'oie passe dans un des clans du chaumard
dans lequel est déjà passée l'amure de bonnette de hune et va
s'épisser sur une cosse qui a été introduite dans un bout de
filin capelé par ses deux extrémités à égale distance du milieu
de la vergue inférieure de bonnette basse ; on constitue ainsi
une patte-d'oie.

Le bras du bout-dehors est à patte-d'oie, c'est-à-dire qu'on
y a greffé, à peu de distance du bout qui doit être frappé sur le
bout-dehors, un cordage de deux ou trois brasses ; on le capelle
par le moyen d'œils formés sur chaque branche de la patte-
d'oie, ou on l'amarre simplement. Il vient passer dans un des
clans du chaumard où sont déjà l'amure de bonnette de hune
et le bras en patte-d'oie.

La balancine du bout-dehors consiste en une pantoire qui
se capelle après la poulie de drisse ; elle porte à son extrémité
une cosse dans laquelle on croche la poulie inférieure de la
candelette de hune qui sert à donner la tension voulue.

185. Embarquer la chaloupe.

On embarque la chaloupe lorsque le bâtiment est encore dans
le port, pour vérifier si elle porte bien sur ses chantiers et tracer
sur sa quille des points de repère à l'aide desquels on saura
comment la diriger chaque fois qu'on exécutera cette opération. Dans le port ou en rade, on la hisse par bâbord.

Les gabiers reçoivent l'ordre de monter, en même temps qu'on fait le commandement indicatif de la manœuvre. Dès qu'ils sont arrivés dans les hunes, ils disposent des cartahus pour recevoir les pantoires des palans aux points où elles doivent être crochées ; ceux pour les palans d'étais sont envoyés en bas par le trou du chat à bâbord, après avoir été passés dans une poulie fouettée ou crochée à un piton du chouque ; les guides se passent comme nous l'avons dit (§ 115) et sont affalés sur le pont. Pour chaque palan de bout de vergue, deux cartahus sont nécessaires ; le premier est passé dans une poulie au chouque à bâbord et vient en dehors de la huné, le deuxième passe aussi dans une poulie au chouque du même bord, puis dans une deuxième poulie fouettée sur la balancine à un mètre environ du capelage ; les cartahus du palan de bout de vergue de l'avant s'affalent sur l'arrière de la vergue de misaine, ceux du palan de l'arrière sur l'avant de la grand'-vergue. On place aussi sur chaque vergue une caliorne de braguet en fausse balancine, sa poulie supérieure se croche au chouque et celle inférieure dans une erse au capelage de la vergue.

Pendant que les gabiers prennent ces dispositions, les palans de bout de vergue sont élongés sur les passavants et ceux d'étais au milieu du bâtiment ; les hommes du pont frappent les cartahus des palans d'étais sur les pantoires, à deux ou trois mètres des crocs et y font une ou deux bridures ; ils frappent aussi ceux des palans de bout de vergue ; le premier, près du croc ou de la cosse qui termine la pantoire, et l'autre sur la cosse de l'estrope de la poulie supérieure.

Dès que les cartahus sont passés et affalés, brasser bâbord devant et tribord derrière (la quantité dont il faut brasser derrière dépend de la position du grand mât relativement à l'emplacement que doit occuper la chaloupe) ; amarrer lorsque les palans de bout de vergue sont rapprochés de manière à laisser entre eux à peu près la longueur de la chaloupe et peser les balancines et fausses balancines jusqu'à ce qu'elles soient également raides, ainsi que le palan de roulis de tribord ; des gabiers se sont rendus sur les vergues lorsque les bras ont été tournés, ils manient ensemble les balancines pour s'assurer qu'elles travaillent également.

Hisser les palans jusqu'à la hauteur nécessaire pour pouvoir crocher les pantoires ou élingues dans leurs cosses, affaler leurs cartahus et crocher les palans dans les erses baguées sur les traverses placées à l'avant et à l'arrière de la chaloupe.

Peser les bouts de vergue en embraquant à mesure le mou des palans d'étais, jusqu'à ce que la quille de l'embarcation soit élevée au-dessus du bastingage ; peser alors les palans d'étais en filant à retour ceux de bouts de vergue. Lorsque la chaloupe est au-dessus de ses chantiers, tourner les étais, décrocher les bouts de vergue et s'apprêter à la diriger convenablement dans la position qu'elle doit occuper en rangeant des hommes sur sa bosse et sur un cartahu double frappé sur la traverse de l'arrière. Au commandement : *Amenez !* on mollit à retour les palans d'étais et on oblige l'embarcation à reposer sur ses chantiers.

Cela fait, on brasse carré les basses vergues ; les gabiers s'y répandent, décrochent les pantoires ou élingues dont on a préalablement pesé les cartahus, et les quatre palans sont amenés ensemble.

186. Gréer les perroquets.

En rade, les perroquets se hissent sur l'avant des vergues ; ils sont ordinairement placés dans les haubans, ainsi que nous l'avons dit (§ 112).

La drisse est passée dans son clan, affalée sur l'avant de tout, frappée sur l'estrope du milieu de la vergue, élongée vers le bout qui doit monter le premier et maintenue à cette extrémité par un erseau. Les gabiers, en montant, larguent les bridures de la vergue avec les haubans et, arrivés en haut, affalent les capelages des bras et balancines ; ceux de bâbord derrière et tribord devant, sur les barres ; ceux de tribord derrière et bâbord devant, sur les vergues de hune.

Les perroquets sont hissés au pas accéléré jusqu'à ce que leur bout supérieur déborde un peu les barres et que l'autre extrémité soit à la hauteur de la vergue de hune ; les gabiers placés sur les barres dégagent l'erseau, dévirent la vergue la filière en-dessus et capellent les bras et balancines en même temps que ceux qui sont sur la vergue de hune, en ayant soin de ne pas faire de tours ; ils boutonnent les ganses.

Cela fait, on continue à hisser en embraquant à mesure la balancine du bout inférieur et mollissant celle du bout supérieur jusqu'à ce que le milieu de la vergue soit élevé un peu au-dessus du chouque, un gabier entoure alors le mât avec le racage. Au commandement : *Croisez !* on pèse la balancine inférieure en mollissant celle supérieure, jusqu'à ce que la vergue soit perpendiculaire au mât et l'on amène sa drisse pour la faire reposer sur le chouque, puis on la dresse en bras et balancines.

Dès que la vergue est en croix, on garnit la voile de ses écoutes et cargues et on frappe la drisse anglaise. C'est un palan à deux poulies simples dont la poulie supérieure s'applique sur la drisse, à la hauteur des barres, de la manière représentée (*fig.* 28). La poulie inférieure est estropée sur les élongis de la hune ou au pied du mât, et un garant passé de l'une à l'autre poulie permet de hisser ou amener la voile plus facilement qu'on ne pourrait le faire avec la drisse ordinaire.

Un cacatois se grée de la même manière.

SECTION III

DU BATIMENT A LA MER

DES APPAREILLAGES.

187. Comment appareille-t-on lorsque le bâtiment est évité debout au vent et qu'il n'est gêné par aucun obstacle ?

Le bâtiment étant dégagé de tout obstacle pourra abattre d'un bord ou de l'autre ; on choisira donc de préférence le bord opposé à l'ancre mouillée parce que l'abattée sera plus certaine, que la chaîne raguera moins le doublage et que l'ancre sera plus facile à caponner et à traverser.

Supposons donc que l'ancre mouillée soit celle de bâbord et que le navire doive abattre sur tribord.

Lorsque chacun est à son poste pour l'appareillage, on fait virer à long pic, c'est-à-dire qu'on laisse dehors une quantité de chaîne suffisante pour maintenir le bâtiment pendant le temps qu'on mettra à établir la voilure. Ayant cessé de virer, on fait monter larguer les voiles et l'on borde et hisse les huniers, perroquets et cacatois, suivant le temps.

Brasser bâbord devant, tribord derrière ; n'amarrer les bras que lorsque les voiles de l'avant sont complétement contre-brassées et que celles de l'arrière sont orientées au plus près. Déraper lorsqu'un petit mouvement d'abattée se prononce ; mettre alors la barre à tribord parce que le bâtiment cule par l'effet du vent sur ses voiles. Hisser le grand foc ou border la brigantine, selon que le bâtiment n'abat pas assez ou qu'il abat trop.

Si le grand foc a été d'abord hissé pour déterminer l'abattée, on borde ensuite la brigantine et on redresse la barre pour s'opposer à ce mouvement s'il devient trop considérable.

Mettre l'ancre à poste, changer devant et orienter la voilure pour la route à suivre ; établir ensuite les basses voiles.

Si le bâtiment est évité debout au vent et au courant, l'appareillage s'exécute de la même manière ; on doit seulement mettre la barre à bâbord tant que l'ancre n'est pas dérapée, parce que l'eau agit alors sur le gouvernail comme si le bâtiment allait de l'avant ; mais dès que l'ancre a quitté le fond, il faut changer la barre, lorsqu'un coup d'œil jeté le long du bord indique que l'eau cesse de se diriger de l'avant à l'arrière.

188. Un bâtiment est mouillé par un grand fond, des obstacles ou des dangers sont dans son voisinage ; comment doit-il appareiller pour éviter de tomber sur eux pendant qu'il lèvera son ancre et la mettra à poste ?

En pareille circonstance, il doit manœuvrer de manière à dériver le moins possible et pouvoir faire un peu de chemin en avant, dès qu'il ne sera plus tenu par son ancre ; par conséquent, virer à long pic, établir en fait de voiles carrées les huniers seulement et les brasser convenablement pour abattre sur le bord voulu ; puis dès qu'il a dérapé et que l'abattée se prononce, hisser le foc et border les voiles goëlettes. Ces voiles soutiendront la dérive et procureront une vitesse suffisante pour faire parer les dangers, mais trop peu considérable pour retarder l'opération de monter l'ancre et de la mettre à poste.

189. Comment doit-on appareiller lorsque le bâtiment est évité debout au courant et qu'il reçoit le vent d'un bord ou de l'autre ?

Je suppose que, le vent venant de tribord, on veuille abattre sur bâbord.

Si la direction du vent indiquée par les girouettes ou les pennons ne fait pas avec la quille un angle de cinq quarts au moins, on doit brasser comme si l'appareillage s'effectuait évité debout au vent, c'est-à-dire tribord devant, bâbord derrière. Lorsque l'ancre est dérapée, il est inutile de hisser le foc pour produire l'abattée si le vent dépend seulement de quatre quarts de l'avant ; dans le cas contraire on le hisse, puis on borde la brigantine pour maintenir le navire. Dès que l'ancre est à poste, on manœuvre comme dans l'appareillage ordinaire pour faire route.

Si l'angle que le vent fait avec la quille est de cinq quarts ou plus, on brasse bâbord partout ; l'ancre est dérapée et mise à poste sous petite voilure. Il est inutile de hisser le foc ou de border la brigantine pour produire l'abattée ou la modérer ; ces voiles ne feraient que donner de la vitesse au bâtiment et entraveraient par cela même l'opération de caponner et traverser l'ancre.

Je suppose maintenant que, le vent venant de tribord, on veuille abattre sur tribord.

Cette manœuvre n'offrira pas de difficultés si l'on peut faire franchir le lit du vent à l'avant du navire, au moyen d'amarres venant de tribord devant ou de bâbord derrière ; mais elle ne deviendra possible autrement que si le vent fait avec la quille un angle qui ne dépasse pas vingt-cinq degrés, lorsque le bâtiment ne pourra disposer d'aucun point fixe pour se haler.

Il y a deux manières de pouvoir l'exécuter :

1° Virer à long pic, établir les voiles de l'arrière et les brasser tribord complétement, pousser le gui au vent et border la brigantine, hisser les voiles de l'avant sur les fils de caret et les brasser bâbord le plus possible, mettre la barre à bâbord.

Par l'effet des voiles de l'arrière et du gouvernail, le bâtiment vient debout au vent ; dès qu'il y est arrivé, on dérape promptement et aussitôt que l'ancre a quitté le fond, on cargue la brigantine. L'avant du bâtiment ayant franchi le lit du vent, on hisse le grand foc qui a été bordé à bâbord ou à l'extrémité de l'arc-boutant de foc et on borde ensemble les voiles du mât de misaine. Si cette manœuvre réussit, on se trouve ensuite dans le cas d'un appareillage ordinaire.

2° Établir toutes les voiles, brasser complétement tribord derrière et bâbord devant de manière à conserver les voiles du mât de misaine masquées. Border la brigantine, le gui porté au vent, et mettre la barre à bâbord. Déraper, brasser bâbord devant à mesure que le navire vient sur tribord, carguer la brigantine dès qu'il est rangé debout au vent et hisser le foc pour aider l'abattée. Changer la barre lorsque le bâtiment commence à culer.

On doit peu compter sur le succès de cette manœuvre et en supposant sa réussite, il faudra que le navire soit dégagé de tout obstacle parce qu'il culera beaucoup plus que dans un appareillage ordinaire.

190. Comment doit-on appareiller lorsque le bâtiment est évité debout au vent et qu'il a un danger près de lui?

L'appareillage n'offre aucune difficulté si le danger est de l'avant du travers et s'il n'y a pas obligation d'en passer au vent. S'il est de l'arrière du travers, il faut abattre de son côté pour ne pas s'exposer à culer sur lui en agissant autrement.

Supposons donc que le danger est par tribord et qu'on veut en passer sous le vent.

Virer à long pic, établir les voiles, brasser complétement bâbord devant et laisser les voiles de derrière brassées carrées, border le foc à bâbord et mettre la barre à tribord. Déraper, hisser le foc. Maintenir les voiles de l'arrière en ralingue

lorsqu'on aura dépassé le vent de travers, et lorsque l'abattée
sera jugée suffisante, changer devant et changer la barre.
Après avoir dépassé le danger, mettre en panne pour caponner et traverser l'ancre, puis orienter pour la route à
suivre.

Supposons maintenant qu'il y ait nécessité à passer au vent
du danger.

Sa position par rapport au bâtiment indiquera s'il suffira
pour le doubler d'effectuer un appareillage ordinaire, ou s'il
sera nécessaire d'appareiller en se servant d'un croupiat pour
moins culer.

Ainsi si le danger est un peu éloigné et ne se trouve pas
placé sur l'avant du travers, on est dans les conditions d'un
appareillage ordinaire. Il faut alors virer à long pic, établir les
voiles, border le foc à tribord, brasser complétement bâbord
devant, tribord derrière; déraper, hisser le foc, border la brigantine et dès que l'abattée est suffisante, changer devant,
amurer les basses voiles et orienter au plus près pour doubler
le danger. Après l'avoir doublé, prendre la panne pour mettre
l'ancre à poste et orienter ensuite pour la route à suivre.

Mais si le danger est très-rapproché, il peut y avoir impru-
dence à tenter l'appareillage que nous venons de décrire et l'on
doit avoir recours à une embossure.

191. Comment appareille-t-on avec une embossure ou croupiat ?

Si le temps est beau, la brise maniable, virer à long pic,
élonger une ancre à jet à deux ou trois quarts du cap du bâtiment du bord opposé à l'abattée et au delà de la bouée de
l'ancre de bossoir; prendre son grelin par l'écubier d'embossage ou un sabord de l'arrière; établir les voiles complétement
brassées bâbord devant, tribord derrière; continuer à virer en
raidissant l'embossure à mesure et déraper. Dès que l'abattée
est bien prononcée, border la brigantine, changer devant,

hisser le grand foc et couper ou larguer la bosse du croupiat. Amurer les basses voiles et lorsque le danger est doublé, prendre la panne, mettre son ancre à poste et envoyer la chaloupe lever l'ancre à jet.

Dans une rade, on peut trouver des points fixes pour le croupiat sur des navires voisins, des coffres ou des bateaux corps-morts et éviter ainsi le travail de mouiller et lever une ancre à jet.

Si la brise est très-fraîche et la mer grosse, on doit craindre de chasser en levant son ancre. Il faut alors, après avoir viré de manière que la touée gardée en dehors soit très-suffisante pour assurer la tenue du bâtiment, frapper sur la chaîne en dehors, près de l'écubier, le bout d'un grelin qui a été passé par l'écubier d'embossage de bâbord et le bosser bien solidement, après l'avoir raidi au cabestan. Établir la voilure que comporte le temps, border le foc à tribord, brasser complétement bâbord devant, tribord derrière.

Couper le câble ou démaillonner la chaîne, border l'artimon, hisser le foc, changer devant, larguer ou couper l'embossure et établir les basses voiles si elles sont nécessaires pour doubler le danger.

192. N'appareille-t-on pas quelquefois sous le grand foc et quelles sont les conditions nécessaires pour pouvoir effectuer cet appareillage?

Lorsqu'un bâtiment occupe un mouillage libre de tout obstacle, il peut immédiatement déraper et hisser son grand foc ; la voilure n'est établie que lorsque l'ancre est au bossoir. Cet appareillage ne convient que lorsque le vaisseau n'est pas dans l'obligation de faire route au plus près du vent après avoir dérapé et qu'il est indifférent d'abattre sur un bord ou sur l'autre.

193. Quelles sont les dispositions que prend un bâtiment amarré sur un corps-mort pour appareiller ?

L'appareillage sur un corps-mort affranchit de tous les inconvénients auxquels est soumis le bâtiment mouillé sur ses ancres. Dès que le corps-mort est filé, le navire ne fait aucune difficulté d'obéir à l'action de son gouvernail et sa vitesse n'est pas ralentie par son ancre et sa chaîne qu'il entraîne.

Le bâtiment qui quitte un corps-mort pour ne plus le reprendre doit prendre les dispositions suivantes : filer la chaîne jusqu'à ce que le bout soit près des bittes et sur l'arrière, frapper sur ce bout une barbarasse, et une bosse entre les bittes et l'écubier. Sur la partie de la chaîne comprise entre l'écubier et la flottaison, frapper un orin dont le double est lové sur le gaillard d'avant ; la bouée qui termine cet orin est suspendue sous le beaupré au moyen d'un faux bras.

Ces dispositions prises, le bâtiment effectue son appareillage comme s'il était tenu sur ses propres amarres.

Lorsque le bâtiment appareille avec l'intention de reprendre bientôt son corps-mort, on aiguillette sur le dernier maillon de la chaîne d'itague une aussière au bout de laquelle on fait ajust d'un faux bras garni de sa bouée et l'on frappe sur la chaîne, entre l'écubier et la flottaison, un orin de sûreté qui servira à la lever si l'aussière casse lorsqu'on reprendra le corps-mort. Cette aussière ayant été prise à retour au cabestan, on file l'itague jusqu'à ce que le dernier maillon soit sur l'avant de la bitte, puis on la bosse. Le double de l'aussière est ramené le long de la chaîne un peu sur l'avant de la bitte, on l'y bride, puis on renvoie le bout faire le tour du manchon de la bitte et on le passe ensuite dans l'écubier. Il est de là envoyé sur le gaillard d'avant où on love l'aussière jusqu'à ce qu'elle n'ait plus de mou. L'orin de sûreté reçoit aussi une bouée.

Lorsqu'on veut filer le corps-mort, il ne s'agit plus que de couper la bridure de l'aussière et de jeter les bouées à la mer lorsque leurs orins sont raides.

Si l'appareillage nécessite une embossure, le bateau corps-mort ou la chaîne elle-même offre un point fixe pour la frapper.

194. Quelle est la manœuvre à faire lorsque l'ancre chasse avant que le bâtiment soit à pic ?

Si l'espace est libre dans la direction où le bâtiment dérive, l'appareillage s'effectue comme dans les circonstances ordinaires et l'on vire vivement l'ancre pour culer le moins possible.

Dans le cas contraire, il faut, tout en continuant à virer, changer promptement devant et s'éloigner en entraînant l'ancre ou bien en laisser tomber une deuxième, carguer les voiles, lever la première et effectuer un nouvel appareillage.

195. Que doit-on faire lorsque le bâtiment abat à contre ?

Le plus souvent on abat à contre parce qu'on n'a pas attendu pour déraper le moment où l'avant du navire fait un commencement d'abattée sur le bord voulu. Dans cette circonstance on laisse abattre, si l'espace le permet, jusqu'à ce que le vent soit dans le petit hunier et l'on garde le grand hunier masqué pour mettre l'ancre à poste.

Lorsque cette opération est terminée, le bâtiment exécute un virement de bord pour venir prendre la route qu'il devait d'abord suivre.

Si l'on doit craindre d'aborder un navire ou un danger en abattant à contre, le mieux est de laisser tomber à pic la deuxième ancre pour ramener le bâtiment debout au vent et de recommencer l'appareillage.

DES PANNES.

---

196. Combien y a-t-il de pannes principales et dans quelles circonstances les emploie-t-on ?

Les pannes dont on fait généralement usage sont : celle sous le grand hunier et celle sous le petit hunier.

Le bâtiment est en panne sous le grand hunier lorsque les voiles du grand mât reçoivent le vent dessus ; en panne sous le petit hunier lorsque ce sont les voiles du mât de misaine. Dans l'un et l'autre cas, le but du manœuvrier est de détruire complétement la vitesse du navire et de le rendre stationnaire dans le sens de sa longueur.

Un bâtiment met aussi quelquefois en panne courante, en gardant les voiles du grand mât éventées et brassant seulement carré le perroquet de fougue ; sa vitesse n'est alors que ralentie.

On prend la panne dans diverses circonstances : pour mettre les ancres à poste, embarquer ou débarquer un canot, attendre un bâtiment ou une embarcation, sauver un homme tombé à la mer, sonder à l'atterrissage.

A moins d'une brise très-modérée, on ne doit masquer un phare qu'après s'être débarrassé des voiles hautes, parce que les étais en supportent à peu près seuls l'effort ; et si le bâtiment en panne est menacé d'être frappé par un grain, il faut immédiatement remettre le vent dans les voiles.

Chacune des deux pannes a ses avantages particuliers. On prend de préférence celle sous le grand hunier lorsqu'on a à embarquer ou débarquer un canot placé entre les dromes, à sauver un homme tombé à la mer ou lorsqu'on est placé au vent d'un danger ou d'un bâtiment dont on craint de se rapprocher; c'est sous cette panne que le navire dérive le moins. Si l'on se rapproche trop du danger, il suffit d'orienter derrière et d'amurer les basses voiles pour s'en éloigner promptement.

La panne sous le petit hunier est avantageuse lorsque le bâtiment est sous le vent d'un autre dont il craint l'abordage; il lui suffit alors pour arriver subitement de mettre la barre au vent, carguer la brigantine et brasser en ralingue derrière. On emploie aussi cette panne avec succès lorsqu'on veut sauver un homme tombé à la mer. Comme il s'agit, dans une circonstance pareille, d'annuler le plus promptement possible la vitesse du bâtiment, l'officier de quart trouve instantanément à ranger sur les bras de l'avant un grand nombre d'hommes amenés sur le gaillard d'arrière pour prêter leur concours à amener l'embarcation qui doit aller sauver leur infortuné camarade (1).

197. Comment manœuvre-t-on pour prendre la panne sous le grand hunier lorsque le bâtiment est au plus près?

On cargue d'abord les basses voiles, puis on brasse au vent derrière jusqu'à ce que les voiles du grand mât reçoivent le vent dessus; on ne masque pas habituellement le phare d'artimon. La barre est mise dessous en douceur, parce qu'en le

---

(1) Nous ne prétendons pas poser en principe absolu qu'il faille prendre cette panne pour sauver un homme tombé à la mer, mais nous pensons que dans beaucoup de circonstances, la nuit surtout, il sera plus facile et plus prompt de prendre la panne sous le petit hunier que celle sous le grand hunier, en raison de la position des faux grands bras.

faisant trop brusquement le bâtiment pourrait prendre vent
devant. Par la même raison, on ne file l'écoute du foc que
lorsque la vitesse est ralentie.

Le bâtiment sollicité par son gouvernail vient dans le vent,
perd progressivement son air et finit par culer après avoir lofé
d'une certaine quantité; à ce moment le gouvernail tend à le
faire arriver, mais après avoir fait une abattée il reprend de
l'air et est bientôt ramené par la barre à sa première direction.
Si les arrivées deviennent trop fréquentes, on hale bas le foc
et l'on se tient prêt à mettre les voiles de l'avant en ralingue.

On déduit par analogie la manœuvre à faire pour prendre
la panne sous le petit hunier.

198. Quelle est la manœuvre à faire pour sauver un homme tombé
à la mer, lorsque le bâtiment est au plus près?

Dès que le cri : *Un homme à la mer!* se fait entendre, le premier devoir de l'officier de quart est d'arrêter instantanément
le navire et de prendre la panne sous le grand hunier pour
amener le canot de porte-manteaux sous le vent; un homme
placé en faction à la bouée, de jour comme de nuit, en coupe
l'aiguilletage. Lorsque la bouée tombe, le couvercle de son
tube est retenu par un bout de ligne au point où elle était suspendue ; un ressort se détend et pousse au dehors du tube, si
c'est le jour, un pavillon rouge, et si c'est la nuit, une fusée dont
la combustion doit durer environ trente minutes. Un timonier relève au compas, soit du pont, soit de la hune d'artimon,
la direction dans laquelle elle est tombée et ne la perd pas
de vue.

Les canots de porte-manteaux sont disposés de manière à
être promptement mis à la mer; leurs palans ordinaires sont
remplacés par des bosses qui n'ont pour longueur qu'un peu
plus de deux fois la distance des bossoirs de canots à la mer ;
les sangles sont à échappement ; un faux bras est amarré sur

l'étrave de chaque embarcation et élongé sur l'avant en dehors de toutes les manœuvres (1).

L'embarcation est amenée lorsque le bâtiment a encore un peu d'air, afin que ce reste de vitesse lui permette de pousser au large à l'aide de sa barre, elle se dirige sur la bouée et le bâtiment rectifie ensuite sa panne.

Si le vent est fort et la mer grosse, on laisse un peu arriver pour aller se placer sous le vent du canot et lui donner ainsi le moyen de rejoindre le bâtiment plus facilement ; de même qu'on manœuvre pour se rapprocher de la bouée, si la panne n'a pas été prise promptement. Dans les deux cas, on doit pouvoir hisser le canot sous le vent à son retour.

199. Comment prend-on la panne sous le grand hunier lorsque le bâtiment est grand largue ?

On cargue d'abord les basses voiles et selon la force de la brise, on serre les cacatois et les perroquets pour pouvoir venir au vent sans danger pour leurs mâts, puis on fait brasser sous le vent devant et au vent derrière, en même temps qu'on met la barre dessous ; le phare d'artimon se brasse comme le phare du mât de misaine.

Le bâtiment vient au vent par l'effet de sa barre et se trouve en panne lorsqu'il est rangé sur la ligne du plus près.

Si la brise est fraîche, le navire viendra rapidement au vent, il faudra alors rencontrer l'auloffée et ne remettre la barre des-

(1) La chute d'un homme à la mer est un événement si douloureux, et les efforts faits pour le sauver sont si souvent suivis d'insuccès, principalement à cause de la difficulté éprouvée à amener une embarcation instantanément et sans arrêter la marche du navire, que plusieurs esprits ingénieux ont cherché avec ardeur la solution de cette question si pleine d'humanité. (Voir à la note II, à la fin du volume, un système français de croc à échappement qui permet de dégager instantanément l'embarcation de ses palans et deux inventions anglaises de MM. Kynaston et Clifford conçues dans le même but.)

sous que lorsque la vitesse sera presque amortie ; c'est aussi seulement alors qu'on filera l'écoute du foc.

200. Comment doit-on manœuvrer pour sauver un homme qui tombe à la mer, le bâtiment étant grand largue ?

En pareille circonstance, si l'on porte les bonnettes, on largue en bande leurs drisses et amures, gardant la bonnette basse suspendue sur la drisse d'en dedans, et l'on vient au vent comme nous l'avons dit dans le paragraphe précédent. Telle est la manœuvre à faire s'il ne doit résulter d'une prompte auloffée que la rupture de quelques bouts-dehors ou des déchirures de voiles légères ; mais si la brise est fraîche au point de faire craindre des avaries sérieuses, on doit pendant l'auloffée maintenir un instant les voiles en ralingue pour pouvoir amener promptement les bonnettes et voiles hautes. Dès que l'air du navire a été amorti et que le canot a été expédié, on prend une panne régulière et l'on rectifie la voilure.

201. Qu'est-ce que faire servir.

C'est quitter la panne pour continuer à faire route. On profite d'une embardée sur le bord duquel on veut abattre pour border le grand foc et éventer le hunier masqué. Dès que le bâtiment a pris un peu d'air, il obéit à l'action de sa barre ; on la dresse alors ou on la met au vent s'il est nécessaire d'arriver un peu.

Si le bâtiment est en panne sous le petit hunier et doit faire une grande abattée pour revenir à sa première route, il faut border le foc, carguer la brigantine, mettre le grand hunier et le perroquet de fougue en ralingue et manœuvrer la barre suivant qu'on cule ou qu'on va de l'avant ; on cesse de brasser derrière lorsque les voiles sont orientées pour la route à suivre ;

le phare de l'avant est ensuite orienté comme celui de l'arrière.

Si le bâtiment est en panne sous le grand hunier, on manœuvrera d'une manière analogue ; cependant si l'abattée doit
être considérable, on l'exécutera plus promptement en masquant le petit hunier.

ALLURES DU BATIMENT.

202. Quelles sont les diverses allures que peut prendre le navire en route ?

Il y en a quatre principales : le plus près, le largue, le grand largue et le vent arrière.

203. Qu'est-ce que l'allure du plus près et comment oriente-t-on les voiles pour cette allure ?

Un bâtiment est au plus près lorsque les voiles sont orientées de telle sorte que le cap ne peut se rapprocher davantage du lit du vent sans qu'elles ralinguent.

On oriente au plus près en halant les bras et boulines, après avoir affalé les drosses, palans de roulis, balancines sous le vent, et l'on brasse jusqu'à ce que les vergues appuient par leur milieu contre les étais et sous le vent contre les haubans. Si les basses voiles sont carguées, il faut, pour faciliter le brasseyage, mollir un peu leurs cargue-boulines et cargue-points, ainsi que les cartahus de bouts-dehors de basses vergues.

Un bâtiment carré fait route entre cinq quarts et cinq quarts et demi du vent lorsqu'il est bien orienté, et il a été constaté après nombreuses expériences que les vergues ne peuvent pas faire avec la quille un angle moindre de 30 degrés ; le vent frappe donc les voiles sous un angle d'incidence qui varie entre 25 et 30 degrés.

Il est possible d'orienter les vergues sous un angle plus aigu lorsque le bâtiment louvoie dans de très-belles conditions de vent et de mer, mais c'est aux dépens d'une diminution de vitesse et d'une augmentation de dérive.

Lorsqu'on fait route au plus près avec une belle mer et une brise faible, il faut laisser du mou dans les bras du vent ; si on les conservait trop raides, ils auraient pour effet d'apiquer les vergues et la voilure établirait mal. Mais si la brise est fraîche et la mer grosse, on les appuie et on porte bon plein pour garder une bonne vitesse malgré l'effet produit par la lame sur l'avant du bâtiment ; les bras de dessous le vent sont mollis, mais toujours tournés à leurs taquets pour se prémunir contre tout accident qui pourrait résulter d'une saute de vent.

204. Quand dit-on que le bâtiment est largue, et comment la voilure est-elle orientée pour cette allure?

Le bâtiment est largue lorsque le vent souffle depuis le travers jusqu'à deux quarts sur l'arrière du travers.

Dès que le vent adonne un peu, on choque les boulines et appuie les bras du vent ; s'il devient largue, on largue les boulines et brasse au vent le plus possible pour annuler la dérive, mais de manière cependant à ne pas faire ralinguer les voiles ; on mollit aussi les écoutes des basses voiles, du foc et du gui.

Avec un quart de largue, on établit quelquefois les bonnettes de perroquet, mais le plus généralement on ne les hisse, ainsi que les bonnettes de hune, que lorsque le vent vient au moins du travers. En les établissant avant ce moment, elles seraient plutôt nuisibles qu'utiles parce qu'elles obligeraient à brasser les vergues plus qu'il ne le faudrait pour la meilleure vitesse du bâtiment et feraient ralinguer les voiles qu'elles déventeraient.

205. Qu'est-ce que le grand largue et quelles modifications subit voilure pour cette allure?

Un bâtiment est grand largue lorsque le vent vient de la hanche, c'est-à-dire souffle depuis deux quarts sur l'arrière du travers jusqu'à un quart de l'arrière.

Sous cette allure le point d'amure de la misaine est à la hauteur du bossoir et le point d'écoute à peu près à l'aplomb de la vergue; le point du vent de la grand'voile est cargué et on établit la bonnette basse. Si la brise est un peu fraîche, il faut carguer la brigantine pour rendre le bâtiment moins ardent; sans quoi on serait obligé d'avoir la barre au vent pour maintenir le navire en route, et sa vitesse serait ralentie par cette position oblique du gouvernail. Par la même raison, on doit ouvrir devant un peu plus que derrière.

206. Comment hisse-t-on les bonnettes de hune et de perroquet?

Lorsqu'on prend la mer, le gréement des bonnettes est passé, les amures de bonnettes de hune et de perroquet sont élongées et bridées sur les vergues; le bras du bout-dehors de bonnette basse est également élongé et bridé sur la vergue de misaine et les drisses sont embraquées jusqu'à ce qu'un nœud fait sur leurs bouts les arrête à leurs poulies, aux chouques et aux capelages de perroquet.

Les bouts-dehors sont poussés en même temps qu'on hisse les bonnettes ou avant, selon le degré d'instruction de l'équipage et sa force numérique; ceux des vergues de hune sont poussés à la main par les gabiers placés sur les marchepieds, et ceux des basses vergues le sont au moyen d'une guinderesse qui n'est autre que le cartahu du bout-dehors dont on transporte la poulie sur la ferrure du blin intérieur, après l'avoir dégagé du burin qui la maintenait à la hune. En pesant le cartahu, on oblige la caisse du bout-dehors à se rapprocher du blin et on le pousse ainsi au dehors de la quantité voulue (1).

Dès que le commandement : « *A hisser les bonnettes !* » s'est fait entendre, les gabiers se répandent sur les vergues, larguent les bridures du gréement et affalent sur le pont, sur l'arrière des vergues, les amures de bonnettes de hune, les bras du bout-dehors de misaine et les drisses qu'ils ont préalablement passées dans leurs poulies au bout des vergues ; les amures et drisses de bonnettes de perroquet sont affalées jusque dans les hunes.

La candelette de hune a été crochée dans la cosse de la pantoire servant de balancine, avant de pousser le bout-dehors de misaine.

Les bonnettes sont serrées en rouleau et amarrées avec des fils de caret ; les drisses sont frappées au milieu des vergues, élongées sur le bout qui doit monter le premier et genopées à l'extrémité ; on frappe les amures sur leurs points. Les bras du vent et balancines de basses vergues ayant été bien raidis, on hisse les bonnettes en ayant soin d'embraquer leurs amures à mesure ; les genopes sont coupées dès qu'elles arrivent à la portée des gabiers placés sur les vergues, et les fils de caret sont aussi successivement coupés. On continue à hisser et à embraquer les amures ; et dès que les points sont à bloc à leurs poulies, on étarque bien les drisses.

Cette manière d'opérer offre quelques dangers pour les gabiers ; aussi préfère-t-on souvent hisser les bonnettes ferlées. Elles sont alors serrées en rouleau et amarrées avec des jarre-

---

(1) Lorsqu'on se borne à cette disposition, la direction du cartahu oblige à un grand effort pour faire sortir le bout-dehors ; il est donc bon d'aiguilleter sur le premier bas-hauban, à la hauteur de la vergue, une petite moque à rouet dans laquelle le garant du cartahu est toujours passé. Lorsque ce garant agit pour hisser ou amener le bout-dehors, elle lui sert de rouleau conducteur, et lorsqu'il devient horizontal par le transport de sa poulie sur la vergue, elle rend ses cordons horizontaux et à peu près parallèles et permet d'agir toujours verticalement.

tières terminées par un œil à chaque bout et cousues sur la ralingue d'envergure. Après que ces jarretières ont entouré la voile, on passe de l'une à l'autre dans les œils laissés libres une ligne assez longue pour que son bout soit encore sur le pont lorsque la bonnette a été hissée jusqu'à sa poulie de drisse. En halant sur la ligne et pesant à la fois l'amure et l'écoute, la voile se déferle; on l'établit ainsi convenablement.

Cette méthode est préférable à celle qui consiste à amarrer la voile avec des fils de caret entamés par le couteau ; il arrive en effet le plus souvent qu'ils cassent avant le moment voulu ou qu'ils offrent au contraire trop de résistance.

207. Comment hisse-t-on une bonnette basse?

La bonnette est disposée en travers sur l'avant du mât, les bouts extérieurs des vergues supérieure et inférieure reposent sur les bastingages; on frappe la drisse d'en dedans au milieu de la vergue supérieure, la drisse d'en dehors au point intérieur d'envergure et le lève-nez sur le milieu de la vergue basse. (Si la bonnette doit être établie sur le tangon, le lève-nez est frappé sur le point d'amure après avoir été passé dans un margouillet fixé sur la vergue supérieure, près de son bout d'en dedans.)

On hisse la bonnette sur la drisse d'en dehors et le lève-nez, la drisse d'en dedans est seulement embraquée ; lorsque la voile a complétement paré le bastingage, on pèse meilleur la drisse d'en dehors, puis on mollit le lève-nez et raidit bien la drisse d'en dedans. Un peu avant que la vergue soit rendue à toucher la poulie de drisse, on fait peser la candelette de hune qui sert de balancine au bout-dehors.

DES CHANGEMENTS D'AMURES.

Les changements d'amures s'exécutent de deux manières :
1° par un virement de bord vent devant; 2° par un virement
de bord vent arrière ou lof pour lof. Dans les deux circonstances, le bâtiment tourne autour de son axe vertical au
moyen des voiles et de la barre.

Le virement de bord vent devant est celui que l'on opère
toutes les fois que l'on veut gagner au vent ou s'élever pour
gagner une terre ou un danger ; le virement de bord lof pour
lof ne s'emploie guère que dans les circonstances où l'on ne
peut parvenir à virer vent devant.

208. Virer vent devant, le bâtiment étant sous toutes voiles du
plus près.

En pareille circonstance, la mer est belle et la brise modérée puisque le bâtiment porte toutes ses voiles ; on
gouverne près et plein, c'est-à-dire qu'aucune voile n'est en
ralingue.

Au commandement préparatoire : « *Pare à virer !* » des
hommes se portent aux écoutes du gui, aux écoutes de
focs, aux lofs des basses voiles et aux amures et écoutes de
revers.

Lorsque chacun est à son poste, l'officier de quart commande : « *Envoyez !* » A ce commandement, le gui est bordé

au milieu, la barre mise dessous en douceur et les écoutes de focs filées. (Ces divers mouvements ne s'exécuteraient que successivement si l'état de la mer donnait à douter de la réussite de l'évolution.)

En bordant le gui au milieu, la puissance de la brigantine est tout entière employée à faire lofer ; si on le bordait plus au vent, elle tendrait à faire culer et nuirait à l'effet du gouvernail. La barre est mise dessous en douceur pour que le bâtiment en ressente graduellement l'effet et conserve sa vitesse qui serait rapidement détruite et ne suffirait pas à lui faire franchir le lit du vent si on la mettait brusquement dessous. En filant les écoutes des focs, on détruit en partie l'action de ces voiles qui, par leurs positions extrêmes, nuisent à l'auloffée du bâtiment ; on peut cependant retarder cette partie de la manœuvre pour conserver la plus grande vitesse possible, si le navire vient assez vite au vent par l'action de la brigantine et de la barre.

Lorsque les voiles fasient et commencent à être légèrement masquées, on commande : « *Les lofs !* » Les cargue-points des basses voiles sont pesées pour élever les points de façon qu'ils ne s'engagent pas quand on contre-brassera.

Dès que les voiles sont bien masquées, l'évolution est assurée. Théoriquement, il conviendrait alors de contre-brasser les voiles de l'arrière dont la position est nuisible à l'évolution ; mais en exécutant ce mouvement, il arriverait un moment où présentées normalement au vent elles auraient pour effet d'amortir la vitesse du bâtiment et d'annuler la puissance du gouvernail.

Les voiles recevant le vent très-obliquement ne s'opposent que très-peu à l'évolution ; on attend donc pour les contre-brasser que le bâtiment soit debout au vent parce qu'alors elles sont abritées par le phare de l'avant et facilement changées. Cette manœuvre s'exécute au commandement : « *Derrière changez !* » On hale sur les bras et les boulines de sous le vent pour changer les phares du grand mât et du mât d'artimon ; la grand'voile est amurée et bordée si on a le temps de le faire.

L'officier commandant la manœuvre regarde le long du bord si le bâtiment va de l'avant, s'il est stationnaire ou s'il cule. Dans le premier cas, il fait conserver la barre du bord où elle est placée; dans le second, il commande: « *Dressez la barre !* » et dans le dernier : « *Changez la barre !* » Le foc est changé, mais on ne le borde pas.

Lorsque les voiles de l'arrière sont orientées, l'officier de quart fait les commandements : « *Amarrez ! Aux bras de devant !* » puis peu après : « *Devant changez !* »

La rapidité avec laquelle le bâtiment abat décide le moment de ce dernier commandement. En général, on doit changer devant lorsque les voiles de l'arrière commencent à recevoir le vent dedans; en brusquant ce mouvement, le navire pourrait être rappelé debout au vent; au contraire, en le retardant, il ferait une abattée considérable.

Si l'abattée est lente, le foc est bordé et l'écoute du gui filée; dans le cas contraire, on attend pour border les focs que le navire soit ramené sur la ligne du plus près par l'effet des voiles de l'arrière et de la barre.

L'officier commande ensuite : « *Boulines partout !* » si l'arrivée du bâtiment n'a pas été trop considérable, si par conséquent il n'y a pas à le ramener promptement au vent; « *Boulines derrière !* » si l'abattée a été trop grande ou si l'on manque de bras ; « *Boulines devant !* » si la lenteur de l'abattée lui donne à craindre de masquer.

Au commandement : « *Halez !* » les boulines et les bras sont pesés, et lorsque les vergues sont suffisamment orientées, on commande : « *Amarrez !* »

Puis si les basses voiles n'ont pas été convenablement bordées pendant le changement des phares : « *A border les basses voiles ! Amarrez !* » L'évolution se termine par les commandements successifs : «*Appuyez les bras du vent! Parez les cordes!* »

Les petits bras sont appuyés un peu plus que ceux des voiles majeures.

209. Comment vire-t-on de bord lorsqu'il vente belle brise?

La brise étant fraîche, il faut carguer les perroquets ou même les serrer avant le virement de bord pour ne pas s'exposer à des avaries dans la mâture. Quant à l'exécution de cette manœuvre, elle ne diffère de la précédente qu'en ce que ses divers mouvements sont plus précipités.

Au commandement : « *Envoyez !* » border le gui et mettre la barre dessous ; le bâtiment a une grande vitesse, la puissance du gouvernail est considérable ; il n'est donc pas nécessaire de filer l'écoute du foc. Les lofs sont levés dès que les basses voiles fasient ; si l'équipage est faible, on cargue alors la grand'voile pour faciliter le changement de phare.

Il n'y a pas à craindre de manquer l'évolution si les voiles sont bien masquées ; on change donc derrière un peu avant d'être debout au vent.

L'abattée est très-prompte ; on change devant avant que le vent prenne dans les voiles de l'arrière pour ne pas faire une abattée considérable. On doit du reste la modérer au moyen de la barre et du gui gardé bordé au milieu et en ne brassant devant, s'il le faut, qu'à mesure que le bâtiment vient dans le vent.

Les bras de devant sont d'abord largués en quelque sorte en bande pour faciliter le brasseyage, puis pris à retour pour être filés avec précaution dès que le vent frappe dans les voiles. Lorsque l'orientement est terminé, on mollit les bras de dessous partout, d'autant que la brise est plus fraîche et la mer plus dure.

Si le temps est à grains, on doit profiter d'une embellie pour virer, parce que si la brise fraîchissait de manière à compromettre une partie de la mâture, il deviendrait très-difficile de se débarrasser des voiles masquées; il faudrait alors les brasser en pointe et s'efforcer de les amener.

210. Quelle est la manœuvre à faire pour virer vent devant, lorsque le bâtiment tient difficilement le vent?

Trois causes principales peuvent contribuer à écarter le bâtiment de la ligne du plus près : la faiblesse de la brise, une mer trop grosse relativement à la vitesse du navire, un arrimage vicieux qui place le centre de gravité trop près de l'arrière.

Dans de pareilles conditions, le virement de bord ne laisse pas que d'être difficile, et pour avoir quelques chances de réussite, il faut choisir pour envoyer vent devant le moment où le bâtiment a un peu de vitesse; par conséquent si la brise est faible, on doit établir toute la voilure possible pour rendre l'évolution probable.

Lorsqu'on a jugé le moment favorable, haler bas le foc et, à peu près en même temps, border le gui et mettre la barre dessous en douceur. Le navire vient au vent, mais comme il n'a qu'une faible vitesse, la puissance de son gouvernail n'est pas assez grande pour le faire prendre vent devant, cependant les voiles sont en ralingue; profitant alors d'un moment favorable, on fait choquer la boulinette et le bras de misaine sous le vent. Le bâtiment doit culer, on veille attentivement ce moment pour changer la barre.

Cette manœuvre faite à propos peut faire masquer les voiles de l'avant et décider l'évolution.

Si le bâtiment est mou en raison de son arrimage, il faut faire transporter sur l'avant quelques tonneaux de lest volant.

Lorsque la mer est belle et qu'il y a nécessité à virer vent devant, on peut rendre l'évolution certaine au moyen d'une embarcation à laquelle on envoie une touline venant du beaupré.

211. Que doit faire le bâtiment qui manque à virer?

Il doit rétablir sa voilure, orienter de nouveau et continuer à courir jusqu'à ce qu'il ait repris une certaine vitesse; tenter alors de nouveau à virer vent devant, mais s'il doit craindre de manquer encore l'évolution, se décider à virer lof pour lof.

212. Un bâtiment est porté sur une côte, il est dans l'obligation absolue de virer vent devant n'ayant pas l'espace nécessaire pour virer lof pour lof; comment doit-il manœuvrer?

Pour assurer son évolution, il sacrifie une ancre de bossoir lorsqu'il est assuré qu'il trouvera fond.

L'ancre de bossoir sous le vent est mise en mouillage, on fait passer par l'écubier d'embossure de ce bord un grelin ou une aussière dont on frappe le bout sur la cigale de l'ancre, ou bien on attend, pour le faire, que l'ancre soit mouillée et l'amarre est alors frappée sur la chaîne.

On envoie vent devant, manœuvrant suivant la circonstance. Si l'évolution se fait sans difficulté, on ne touche pas à l'ancre; mais si le bâtiment ne peut franchir le lit du vent, on la laisse tomber, puis lorsqu'il a fait tête, on change derrière. Embraquant alors l'embossure et coupant le câble ou démanillant la chaîne, on achève le virement de bord comme si c'était un appareillage sur croupiat.

213. Dans quelles circonstances emploie-t-on le virement de bord lof pour lof?

Lorsque le bâtiment est sous une voilure réduite motivée par la force du vent et l'état de la mer; lorsque la brise est faible et la mer houleuse ou lorsqu'il a manqué à virer. Comme cette évolution fait perdre beaucoup au vent, on ne la pratique que lrosqu'il y a nécessité.

214. Comment vire-t-on de bord lof pour lof dans les circonstances
ordinaires?

On change d'amure en gardant le vent dans les voiles de
l'avant. L'officier commande : « *Pare à virer lof pour lof!
A carguer la brigantine et la grand'voile! Carguez!* »

« *Aux bras de tribord (ou de bâbord) derrière! Larguez les
boulines! Brassez !* »

Les voiles de l'arrière sont brassées en ralingue et maintenues ainsi au moyen des bras pendant que le bâtiment arrive,
jusqu'à ce qu'elles soient orientées au plus près sur l'autre
bord. On supprime ainsi leur action ; celles de l'avant restent
seules à agir pour produire l'abattée.

« *La barre au vent!* » Ce commandement n'est fait que lorsque les voiles de l'arrière commencent à ralinguer, parce
qu'elles n'ont plus alors pour effet de donner de la vitesse en
avant au bâtiment et qu'il peut ainsi faire son arrivée en parcourant le moins de chemin possible.

« *Aux lofs de misaine et au bras de devant !* » dès que les
bras de derrière sont amarrés.

« *Lève les lofs! Brasse carré devant!* » un peu avant d'être
vent arrière. On profite de cet instant pour changer le foc dont
on laisse l'écoute filée.

« *A border la brigantine, amurer la grand'voile!* »

« *Boulines derrière! Halez ! Amarrez !* »

Dès que l'arrière a dépassé le lit du vent, on borde la brigantine et amure la grand'voile. Cependant si l'équipage est
faible, on peut se dispenser d'établir cette dernière, car elle
ne peut faire lofer qu'à la condition d'être bordée.

« *Aux bras de devant, à l'amure de misaine! Brassez!
Amarrez!* »

On brasse devant à mesure que le bâtiment vient au vent, de
manière que les voiles de l'avant ne s'opposent pas au mouve-

ment d'auloffée. Si, au contraire, l'action des voiles de l'arrière se fait sentir puissamment, on brasse promptement devant et l'auloffée se modère avec la barre.

Lorsque le bâtiment est sur la ligne du plus près, l'officier commande : « *Boulines devant! Halez! Amarrez! Bordez le foc!* » puis peu après : « *A border les basses voiles! Bordez! Amarrez!* » et le virement de bord terminé, on appuie les bras du vent et pare les cordes.

215. Quelle est la manœuvre à exécuter lorsque le bâtiment manque à virer près de terre ou qu'il se trouve inopinément en présence d'un danger?

Il faut virer lof pour lof en masquant partout. Les lofs des basses voiles sont levés, la barre est mise dessous et l'on contre-brasse complétement devant et brasse carré derrière. Le bâtiment lofe parce qu'il a conservé une certaine vitesse, mais bientôt les voiles masquées lui font perdre son air, il arrive et cule ; le gouvernail concourt à produire cet effet et sa puissance est encore augmentée par l'effet des voiles de l'arrière qui tendent à faire culer davantage.

Lorsque le navire a suffisamment culé et abattu, on fait brasser carré devant et changer la barre ; le vent frappe alors dans toutes les voiles, le bâtiment acquiert de la vitesse et l'on continue le virement de bord décrit dans la question précédente.

On doit aussi dans cette manœuvre faire carguer la brigantine et la grand'voile. Le degré de promptitude selon lequel il faut faire culer le navire indique si ce mouvement doit être exécuté avant ou après avoir contre-brassé.

216. Quelle est la simplification qu'on peut apporter à la manœuvre qui vient d'être décrite, lorsqu'il n'y a pas urgence à faire culer le bâtiment très-promptement?

Il suffit alors de contre-brasser devant et de brasser derrière

en ralingué seulement. La vitesse du bâtiment est bientôt détruite et les voiles de l'arrière tendent ainsi que celles de l'avant
à le faire arriver ; le gouvernail accélère ce mouvement, la barre
est placée au vent, droite, ou sous le vent, selon que le navire
va de l'avant, qu'il est stationnaire ou cule.

Dès que les vergues de l'arrière sont carrées, c'est-à-dire que
le vent vient du travers, on cesse de brasser en ralingue ; les
voiles de l'avant continuent à faire arriver, celles de l'arrière
reçoivent bientôt le vent dedans et donnent de la vitesse ; le gouvernail exerce alors sa puissance pour faire arriver et on l'augmente encore en brassant carré devant lorsqu'on est vent
arrière, car les voiles du mât de misaine ne peuvent plus produire qu'un mouvement d'arrivée très lente à cause de la
grande obliquité sous laquelle elles reçoivent le vent.

Dès qu'on a dépassé le vent arrière ; on borde la brigantine
et amure la grand'voile. Le reste de l'évolution s'exécute comme
dans un virement de bord ordinaire.

217. Ne vire-t-on pas quelquefois lof pour lof en conservant le vent
dans toutes les voiles ?

On vire ainsi lorsque le bâtiment a très-peu de vitesse et que
l'action du gouvernail est lente et peu sensible.

Après avoir cargué la brigantine et la grand'voile, on met la
barre au vent. Des hommes sont rangés sur les bras du vent
derrière et on fait brasser doucement à mesure que le bâtiment
arrive, de manière que les voiles soient toujours pleines. Vent
arrière, on brasse carré devant, puis on borde la brigantine et
oriente à mesure que le bâtiment vient au vent en ayant soin
de brasser doucement devant pour que l'auloffée soit la plus
prompte possible.

218. Comment évite-t-on de faire chapelle ?

Un bâtiment est sur le point de faire chapelle, lorsque par

suite d'une inattention du timonier, d'une mauvaise disposition dans la voilure ou d'une brusque variation du vent, les voiles deviennent masquées de pleines qu'elles étaient.

Il faut alors carguer la brigantine, mettre la barre au vent et si un mouvement d'arrivée tarde à se manifester, carguer la grand'voile. Si les voiles de l'avant sont masquées, cette manœuvre peut être insuffisante; on doit alors dans cette circonstance les contre-brasser et changer la barre, car le navire cule probablement.

Si ces moyens ne peuvent parvenir à faire arriver le bâtiment, il a fait chapelle.

219. Comment manœuvre-t-on ayant fait chapelle ?

Si le bâtiment a été masqué par une saute de vent, il y aura le plus souvent avantage à prendre les amures opposées ; si au contraire l'on doit à l'inattention du timonier d'avoir fait chapelle, il faut reprendre les mêmes amures, c'est ce qu'on nomme *faire le tour*.

Si l'on doit changer d'amures, on se trouve pour l'exécution de cette manœuvre dans le cas d'un virement de bord vent devant au moment où les voiles sont masquées. Il faut donc lever les lofs des basses voiles, mettre la barre au vent parce que le bâtiment cule, changer derrière étant debout au vent et achever le virement de bord ordinaire.

Si l'on avait d'abord contre-brassé devant pour éviter de faire chapelle, les voiles du mât de misaine se trouveraient établies pour les nouvelles amures.

Pour faire le tour, brasser carré derrière et mettre la barre du bord où l'on veut abattre parce que le bâtiment cule; dès qu'il a dépassé le vent de travers, le vent frappe dans les voiles de l'arrière, le navire prend alors de l'air et la barre est changée. Dès qu'on a dépassé le vent arrière, on borde la brigantine et amure la grand'voile ; les voiles de l'arrière sont orientées au plus près.

Cette évolution s'est faite sans toucher aux bras de devant ; elle eût été beaucoup plus prompte si on avait brassé carré étant vent arrière.

220. Qu'entend-on par empanner ?

Le bâtiment qui court grand largue ou vent arrière peut aussi faire chapelle si, par suite d'une saute de vent ou d'une grande embardée, il reçoit le vent du bord opposé à ses amures ; on dit alors qu'il est empanné.

Si l'on s'aperçoit à temps de la position du bâtiment, la barre peut suffire à le ramener en route parce qu'il a encore de la vitesse ; mais si on s'est laissé surprendre ou si la saute de vent a été considérable, son action sera impuissante. On devra alors carguer promptement la brigantine et la grand'voile, mettre la barre dessous, brasser en ralingue derrière et contre-brasser devant ; ou bien, orienter toutes les voiles pour qu'elles reçoivent le vent dedans, laisser acquérir ensuite de la vitesse au bâtiment, puis revenir en route.

PRENDRE DES RIS.

Les basses voiles des vaisseaux et frégates portent deux bandes de ris ; celles des bâtiments de rang inférieur n'en reçoivent qu'une. Les huniers des vaisseaux, frégates et corvettes ont quatre bandes de ris ; ceux des petits bâtiments et les perroquets de fougue des navires de tout rang en ont trois.

Les ris se prenaient autrefois au moyen de garcettes, mais ce système offrait plusieurs inconvénients et l'on y a complétement renoncé depuis l'invention de M. Béléguic. Cet officier a proposé l'emploi d'une filière de ris sur chaque vergue, la suppression des garcettes sur les voiles et leur remplacement par deux filières placées à la hauteur de chaque bande de ris, l'une sur l'avant de la voile, l'autre sur l'arrière ; des garcettes confectionnées de manière à former un grand œil à une de leurs extrémités s'amarrent sur la filière de la vergue près de cette extrémité à laquelle un cabillot est bien bridé. L'adoption de ce système a permis d'alléger le gréement d'un poids considérable et a fait disparaître le danger réel auquel le fouettement des garcettes exposait les hommes qui devaient se répandre sur les vergues pendant un mauvais temps ; l'on a cessé aussi de voir les garcettes voisines des ralingues de chute et de fond de la voile s'engager dans les poulies de palanquins et de cargue-points, quoique ces acci-

dents fussent devenus beaucoup moins fréquents depuis l'a-
doption des poulies à canal couvert.

Les basses voiles et huniers que l'on confectionne aujour-
d'hui au port de Brest portent une seule filière à chaque bande
de ris; cette simplification heureuse au système de M. Béléguic
a été imaginée par le maître voilier entretenu Consolin. Cette
filière dite à *tour mort* est en deux moitiés; chacune d'elles
fait dormant par un de ses bouts dans un œillet sur la ralingue de chute, l'autre bout fait tour mort autour de chaque
couture de la voile, passant ainsi deux fois dans chaque
œillet; les deux moitiés de la filière se réunissent au milieu
de la voile et sont maintenues ensemble par des amarrages.
On maintient les tours morts de la filière entre les deux œils
de ris qu'ils embrassent, pour qu'ils n'étranglent pas la toile,
par une bonne genope en lusin. (*Fig.* 27 et 27 *bis.*)

En présentant son invention, M. Béléguic a proposé l'emploi d'un palanquin central que l'on a longtemps négligé
d'employer, mais qui est devenu aujourd'hui réglementaire.
Il consiste en un quarantenier en double qui fait dormant
sur une cosse baguée dans un œillet placé à $0^m,30$ au-dessous
du milieu du dernier ris. Un cabillot retenu par deux amarrages est placé à la hauteur de la bande du second ris, le
quarantenier y est capelé et remonte ensuite vers l'envergure
où il passe dans un margouillet ou cosse fouetté sur la vergue.
On croche en dessus dans le double un petit cartahu qui sert
à élever le milieu de la voile.

221. Comment prend-on un ou plusieurs ris aux huniers, lorsque le
bâtiment est au plus près ?

Avant de commencer cette manœuvre, on cargue et serre
les perroquets ou on en file seulement les écoutes, selon le
temps.

Au commandement d'exécution, les hommes désignés pour

prendre le ris montent rapidement du côté du vent, et lorsque ceux placés les premiers arrivent à la hauteur des trelingages, on fait larguer les boulines des huniers et brasser leurs vergues au vent. Dès qu'ils sont un peu déventés, on les amène en continuant à les brasser et pesant les cargue-points, s'il est nécessaire, pour aider à faire reposer les vergues sur les chouques. Lorsqu'elles sont à peu près carrées, on raidit bien les bras des deux bords ainsi que les palans de roulis et les hommes se répandent sur les vergues ; pendant ce temps on pèse les palanquins, en mettant plus de monde sur celui du vent ; les gabiers qui sont aux bouts des vergues passent les rabans d'empointure dans les pitons ou autour des adents fixés ou pratiqués en dehors des clans d'écoutes de perroquet, puis dans la cosse d'empointure de la bande de ris de manière à pouvoir l'amener à eux ; les hommes sur la vergue s'emparent de la bande de ris et portent la toile au vent pour que les gabiers placés à cette extrémité puissent prendre facilement l'empointure et le renfort d'empointure ; ils portent ensuite la toile sous le vent et lorsque la bande de ris est bien raide, les gabiers qui sont à cette extrémité de la vergue achèvent de prendre l'empointure et le renfort d'empointure ; les hommes passent alors leurs garcettes entre la filière et la toile, les ramènent à eux et les capellent sur les cabillots bridés aux filières de ris ; ils rentrent ensuite aussitôt, ainsi que les gabiers. Les palanquins sont affalés aux baraquettes.

Lorsqu'il n'y a plus personne sur les vergues, on fait hisser les huniers et on établit les perroquets, si le temps le permet ; puis on oriente au plus près.

Cette manœuvre est celle qui s'exécute de beau temps ; mais si la brise est fraîche et la mer grosse, il ne faut faire monter les hommes que lorsque la vergue est amenée sur le chouque, bien maintenue par ses bras et palans de roulis et que les palanquins ont suffisamment élevé les cosses d'empointures.

Pour prendre le bas ris sans difficulté, il faudra carguer
le hunier ou sinon en filer les écoutes de manière à pouvoir mettre les poulies de palanquins à bloc de la vergue.
(Voir la note III.)

222. Lorsque le bâtiment est largue ou vent arrière, comment brasse-
t-on un hunier pour y prendre des ris?

Sous toutes les allures un hunier doit être brassé en ralingue, c'est-à-dire qu'il ne doit être ni plein ni masqué.

Largue, on le brasse un peu plus que carré ; grand largue
ou vent arrière, on le brasse autant que possible, sans cependant raidir les ralingues de chute, et si la brise est fraîche
et qu'on doive éprouver de la difficulté à élever la bande de ris
à l'aide des palanquins et faux palanquins, on facilite l'opération en venant un peu au vent pour qu'il frappe le hunier
obliquement.

225. Comment prend-on un ris dans une basse voile?

Lorsque cette manœuvre s'exécute, la brise est généralement fraîche et les palanquins de la voile (§ 121) seraient
impuissants à élever la bande de ris à la hauteur de la vergue;
il faut donc d'abord la carguer, puis peser les palanquins
en mollissant les cargue-points, s'il le faut, pour les mettre
à bloc.

L'opération manuelle de prendre les ris s'effectue comme
sur un hunier.

DES GRAINS.

224. Comment manœuvre-t-on à l'approche d'un grain ?

Si quelques indices portent à supposer que le grain amènera
une saute de vent, il faut craindre de masquer en continuant
à gouverner à la même route, et l'on doit par conséquent courir
momentanément à un autre rhumb de vent, de manière à pouvoir amener facilement les voiles, si l'obligation s'en présente.

L'officier de quart doit éviter de se laisser surprendre ; il se
débarrasse des voiles légères et de la brigantine, pour que le
bâtiment puisse toujours obéir facilement à l'action de son
gouvernail, malgré l'accroissement de vitesse et l'augmentation
de bande qu'il acquiert par la force du grain.

225. Le bâtiment étant au plus près sous toutes voiles, comment
se dispose-t-on à recevoir un grain ?

Il faut d'abord serrer les cacatois, rentrer le clin-foc et carguer la brigantine. Si des grains précédents donnent à présumer la force de celui qui menace, on juge si les perroquets
peuvent être conservés ou s'il faut les carguer et les serrer ;
dans ce dernier cas, on hale bas le grand foc que l'on remplace par le petit ; l'écoute de grand'voile est choquée pour
rendre le bâtiment moins ardent, et si l'inclinaison est grande,
on la cargue.

, Si le grain acquiert plus de force qu'on ne le supposait d'a-
bord, on veille les drisses des huniers, et on les amène au
besoin. Pour que cette opération puisse s'exécuter promptement, il faut à l'avance avoir rangé beaucoup de monde sur
les bras du vent et les cargue-points; lorsque les huniers sont
amenés sur le ton, on tourne leurs cargue-points, puis on les
oriente et on hale leurs boulines. Si la violence du grain oblige
à réduire encore la voilure, on cargue les huniers en commençant par le perroquet de fougue; le bâtiment ne conserve donc
que la misaine et le petit foc. Enfin, s'il faut encore céder à
l'impétuosité du vent, on cargue la misaine et met la barre au
vent pour fuir sous le petit foc seulement.

226. Certains bâtiments ne doivent-ils pas lofer pendant les grains ?

Les petits bâtiments, tels que goëlettes, côtres, lougres,
lofent dans les grains, parce que c'est dans le lit du vent qu'ils
se débarrassent de leurs voiles auriques avec le plus de facilité;
toutefois ils n'agissent ainsi que lorsque le vent n'est pas sur
l'arrière du travers, parce qu'en lofant étant grand largue,
l'impulsion du vent sur les voiles augmenterait jusqu'à ce que
le navire eût dépassé le vent du travers.

Quelques marins veulent qu'on lofe pendant les grains,
même avec des bâtiments carrés. Ils viennent au vent jusqu'à
faire fasier un peu les voiles et ne cèdent que pied à pied à
la violence du grain. Pareille manière de faire dénote beaucoup
de hardiesse de la part de celui qui la pratique; mais elle ne
peut être mise à exécution qu'avec un bâtiment gouvernant
très-bien, manœuvré par un équipage exercé, et lorsque la
connaissance des parages dans lesquels on se trouve donne la
certitude que les grains n'amèneront pas des sautes de vent.

227. Comment manœuvre-t-on pour parer un grain, lorsque le bâtiment est sous toutes voiles du largue?

On commence, dans cette circonstance, par carguer la brigantine pour que le bâtiment puisse toujours obéir facilement aux mouvements de son gouvernail; puis on rentre le clin-foc et les bonnettes de perroquet, serre les cacatois, et pour peu que le grain ait mauvaise apparence, on rentre toutes les bonnettes. La voilure étant réduite, on attend le grain en veillant les perroquets, que l'on amène ensuite s'il le faut. Si le bâtiment devient trop ardent, on cargue la grand'voile, puis on veille les huniers, que l'on amène si la force du vent l'exige; enfin la violence du grain s'accroissant encore, on cargue les huniers en commençant par le perroquet de fougue, puis la misaine; et à la dernière extrémité, on fuit devant le temps sous le petit foc.

228. Que doit-on faire lorsqu'on se laisse surprendre par un grain ou qu'on l'a mal apprécié?

Il faut alors mettre la barre au vent, filer en bande l'écoute de grand'voile, les écoutes sous le vent des huniers et perroquets, et larguer les drisses de ces voiles.

229. Comment doit manœuvrer un bâtiment à l'approche d'un tourbillon ou d'une trombe?

Un bâtiment surpris par un tourbillon ou une trombe pourrait avoir des voiles emportées, des mâts cassés; il faut donc, à .son approche, prendre la route qui en éloigne davantage, et, si on croit ne pouvoir l'éviter, carguer et serrer les voiles. Si la vitesse du tourbillon est grande, il faut manœuvrer de manière à ne pas le recevoir par le travers; mais si elle est peu considérable, on doit éviter qu'il prenne le bâtiment en enfilade; on fera donc descendre les hommes qui se trouveraient dans la mâture, et on ne gardera sur le pont que ceux absolument nécessaires à la manœuvre. Le tourbillon, aussi bien que la trombe, pouvant jeter à bord une quantité d'eau considérable, on cherche quelquefois à le rompre à coups de canon pour interrompre sa communication avec la mer.

MANOEUVRE DES VOILES,

DES MAUVAIS TEMPS.

---

250. Comment établît-on un perroquet lorsque la brise est fraîche ?

Lorsqu'on largue un perroquet par une brise fraîche, il faut toujours commencer par larguer sous le vent, au bout d'abord, afin que l'homme sur la vergue soit toujours au vent de la toile qui bat ; border partout à la fois ; mais si l'on ne dispose pas d'une force suffisante, border au vent d'abord, puis sous le vent ; hisser ensuite, en filant bien doucement le bras du vent pour que la vergue n'éprouve pas trop de frottement contre le galhauban de travers sous le vent ; étarquer modérément, bien appuyer le bras du vent et mollir celui de dessous.

251. Serrez un perroquet.

Je range des hommes sur les bras du vent, la cargue-fond et les deux cargue-points, en mettant plus de monde sur celle du vent ; un homme est prêt à larguer la bouline, un autre la drisse, un troisième est à l'écoute du vent. Au commandement d'exécution, la drisse est larguée et la vergue brassée au vent ; on pèse les cargue-points pour aider la voile à amener, et l'on mollit en douceur l'écoute du vent ; lorsque le perroquet repose sur ses balancines, on le cargue sous le vent et on brasse la vergue dans le lit du vent. Les cargue-points sont établies en palans de roulis, et on serre la voile.

232. Comment cargue-t-on un hunier lorsqu'il vente grand frais?

L'avis unanime des marins est qu'il faut carguer un hunier au vent lorsqu'on veut sauver la voile, et sous le vent lorsque le bâtiment est chargé par un grain qui occasionne une bande dangereuse pour la stabilité.

Il faut donc amener d'abord le hunier, en le brassant au vent et pesant les cargue-points; puis ranger du monde sur toutes les cargues, excepté sur la cargue-point et la cargue-bouline sous le vent. Au commandement d'exécution, on pèse vivement les cargues en filant à retour l'écoute du vent et la bouline; puis on cargue sous le vent.

S'il y a obligation immédiate à soulager le bâtiment, il faut déborder sous le vent, pour qu'il puisse se relever et arriver; la voile n'étant plus alors retenue que par ses empointures, son point d'amure se range naturellement dans le vent, et cesse d'agir pour coucher le navire. Cette manœuvre compromet non-seulement la voile qui est presque toujours perdue, mais aussi la vergue de hune qui casse indubitablement, si elle vient à être capelée par la toile de sous le vent du hunier; elle est cependant la seule à exécuter en pareille circonstance.

Quand on cargue un hunier vent arrière; il faut, dès qu'il est amené, le brasser en pointe, bien raidir les palans de roulis et les bras, puis venir du bord où l'on a brassé, si l'état de la mer ne s'y oppose pas, jusqu'à faire fasier la voile. L'on cargue ensuite, en commençant par le côté du vent.

233. Comment doit-on établir un hunier dans les mêmes circonstances?

Dès que la voile a été larguée, on la borde sous le vent; les cargue-fonds et cargue-boulines sont larguées en bande, la cargue-point se mollit à retour; on borde ensuite au vent en faisant, s'il est nécessaire, une petite auloffée pour faciliter cette partie de l'opération. Lorsque l'écoute du vent est à bloc, on hisse le hunier en filant le bras du vent avec précaution et de la quantité strictement nécessaire pour ne pas trop raidir les ralingues de chute; la voile ne s'étarque que médiocrement, dans le but de ne fatiguer sa vergue que le moins possible.

234. Comment doit-on carguer une basse voile lorsqu'il vente grand frais?

Beaucoup d'officiers veulent qu'une basse voile soit carguée sous le vent d'abord, puis au vent; ils motivent leur opinion sur la différence qui existe entre un hunier et une basse voile; la basse-vergue restant fixe, tandis que le hunier s'amène.

Nous pensons cependant, avec un grand nombre d'autres, que la petite différence qui existe entre un hunier réduit par des ris et une basse voile amurée ne peut pas justifier la différence d'exécution. En effet, en commençant par carguer une basse voile sous le vent, elle bat violemment, se déchire souvent, et on court grand risque de la voir emportée; la seule chance qu'on puisse avoir de la sauver est de laisser porter pour la maintenir pleine pendant qu'on la cargue sous le vent. On peut objecter que pareil effet ne doit pas se produire, parce que l'écoute est toujours filée à retour; mais nous répondons que l'homme chargé de cette opération se laisse gagner le plus souvent et que l'écoute est alors larguée en bande.

S'il y a nécessité absolue de soulager le bâtiment, il faut d'abord carguer sous le vent : en pareille circonstance, les opinions sont unanimes. Nous avons dit (§ 232) les dangers de cette manœuvre; mais, quels qu'ils puissent être, elle est la seule à prescrire.

L'opération de carguer une basse voile au vent, lorsque la

violence croissante de la brise empêche de la garder plus longtemps, ne compromet jamais la voile et ne donne pas de crainte
pour la vergue, mais elle demande à être faite avec précaution
et intelligence.

Il faut d'abord bien raidir le bras du vent et la balancine
sous le vent; et la raison de cette précaution est qu'au moment
où l'on déborde au vent, la vergue est halée de haut en bas par
l'écoute et qu'il faut par conséquent la soutenir de bas en haut
avec sa balancine. On appuie bien raide le bras du vent, parce
que l'effort de l'écoute, qui passe dans un chaumard sur l'arrière de la projection verticale de la basse vergue, tend à l'o-
rienter dans le sens de la quille.

On range du monde sur toutes les cargues, excepté sur la
cargue-point et les cargue-boulines sous le vent, et on se tient
prêt à filer l'amure à retour, ainsi que la bouline. Au commandement d'exécution, l'amure et la boulines sont filées à retour, et le vent lui-même aidant, les deux tiers de la voile sont
promptement cargués; on passe ensuite aux cargues sous le
vent, mettant beaucoup de monde sur les cargue-boulines et la
cargue-point.

235. Comment faut-il établir une basse voile lorsqu'il vente?

Il faut d'abord la border, puis l'amurer. En larguant en
bande les cargue-fonds et cargue-boulines sous le vent et
filant la cargue-point à retour, on amène sans aucun effort le
point d'écoute à la position qu'il doit occuper relativement au
chaumard; puis on amure facilement en faisant une auloffée
pour faire fasier la voile.

236. Comment doit-on haler bas un foc, par brise fraîche?

Nous pensons que pour haler bas un foc promptement, le
mieux est de filer son écoute, au lieu de la conserver raide. Il

arrive en effet que lorsqu'on se borne à la choquer, les bagues ne cessent de s'appliquer avec force contre la draille dont la courbure prononcée s'oppose à ce que la voile soit amenée promptement sur son bout-dehors, et qu'au contraire, en filant l'écoute, cette draille redevient droite et les bagues courent sur elle sans éprouver d'arrêt.

Lorsqu'il faut établir un foc dans les mêmes circonstances de temps, on doit le border avant de le hisser, pour l'empêcher de battre.

237. De quelle manière cargue-t-on une voile sur corne?

Il faut ranger beaucoup de monde sur les cargues sous le vent et quelques hommes seulement sur celles du vent, de manière que les premières soient à bloc avant celles-ci et empêcher ainsi le vent de s'engouffrer dans la toile.

238. Quelles sont les précautions de gréement et d'intérieur que doit prendre le bâtiment à l'approche du mauvais temps?

Il faut frapper des faux bras sur les basses vergues et les vergues de hune, passer les fausses amures et fausses écoutes des basses voiles, mettre en place les pataras et l'étai de tangage. Si le gréement est vieux, on consolide les bas mâts avec des caliornes et on passe des aussières en galhaubans supplémentaires; s'il est neuf et que les haubans aient pris du mou, on les raidit s'ils ont des ridages métalliques, et on les bride entre eux et d'un bord à l'autre, s'ils sont à caps de mouton. Les braguets des mâts de hune sont mis en place et l'on fait des veltures qui lient ces mâts aux tons des bas mâts. Si la vétusté des cargues donne lieu à douter d'elles, on établit des fausses cargues sur les huniers et basses voiles.

Les canots hissés sur les bossoirs de porte-manteaux sont

relevés à toucher les haubans, et l'on double les saisines des embarcations placées entre les dromes.

Des filières sont disposées sur le pont pour permettre aux hommes de se diriger.

Dans les batteries, les pièces sont amarrées à la serre; l'on dispose tout ce qui est nécessaire pour aveugler une voie d'eau, et l'on sonde fréquemment aux pompes. On tient sous la main dans la sainte barbe, la drosse et la barre de rechange, des palans pour la barre et des coins pour le gouvernail.

Toutes les précautions que nous venons d'indiquer sont progressives; elles ne s'emploient collectivement que dans un grand mauvais temps.

N'omettons pas de dire qu'on doit alors, sur un petit bâtiment, condamner les panneaux, n'en gardant qu'un seul ouvert pour la communication avec l'intérieur; si l'on est à la cape, ce sera un panneau de l'arrière, au contraire un panneau de l'avant, si l'on fuit devant le temps.

DU BATIMENT A LA CAPE

ET FUYANT DEVANT LE TEMPS.

259. Quelles sont les diverses capes que peut prendre un bâtiment ?

Les circonstances de temps et de vent et les qualités du bâtiment déterminent le choix de la voilure sous laquelle il fatigue le moins et se comporte le mieux ; l'état de la mer doit surtout guider le navigateur dans le choix de la cape ; plus les lames sont grosses et creuses, plus la voilure doit être élevée pour appuyer le bâtiment dans ses mouvements de roulis.

Les voiles qui peuvent être établies pendant le mauvais temps sont : petit foc, trinquette, misaine carrée ou misaine goëlette, grand hunier, foc d'artimon et artimon. C'est de leurs combinaisons que résultent les diverses voilures de cape.

Il est des capes qui conviennent généralement à tous les bâtiments : celle sous le grand hunier, la misaine, le petit foc et l'artimon est de ce nombre. La voilure est alors balancée de manière à permettre d'arriver à volonté, maintient bien le navire, le rappelle au vent lorsqu'il est dans le creux de la lame, et le fait ensuite arriver lorsqu'il se relève ; par cette raison, les coups de mer sont moins fréquents. L'inconvénient de cette cape est d'avoir à l'avant une voile qui le fatigue beaucoup, quoique diminuée de ses ris ; on peut la modifier en remplaçant la misaine carrée par la misaine goëlette, et ajoutant le foc d'artimon; le bâtiment est ainsi bien appuyé contre les roulis et dérive peu.

D'autres capes sont : celle sous le grand hunier, le foc d'artimon ou l'artimon et le petit foc, et celle sous le grand hunier et le petit foc.

Une cape fort avantageuse est celle sous les trois voiles goëlettes et le petit foc; avec une pareille voilure, on peut tenir le bâtiment à cinq quarts du vent, et cette possibilité fait éviter le danger de recevoir des coups de mer, les roulis sont peu considérables, le navire a une petite vitesse, et sa dérive n'est guère que de quatre quarts. Si une saute de vent a lieu, il n'en résulte aucun danger pour les voiles ou le bâtiment.

Il peut se présenter telles circonstances qui obligent un bâtiment à capéer sous une voile seule, et, suivant ses qualités ou l'état de la mer, il a le choix entre le grand hunier, une des basses voiles, le foc d'artimon ou l'artimon; telle de ces voiles qui convient parfaitement à un navire est dangereuse pour un autre.

On s'accorde généralement à reconnaître que la cape sous la grand'voile maintient bien le navire au vent et à la lame, mais on n'ose la conseiller en raison de la difficulté qu'elle présente aux arrivées ou aux changements d'amures. Cependant le procédé indiqué par Bourdé de Villehuet, dans son *Manœuvrier*, donne le moyen certain d'effectuer une arrivée, quelque grande qu'elle puisse être : un grelin est passé dans une poulie coupée au pied du mât, monte par l'avant de la voile pour aller s'amarrer sur les élongis du bas mât, et peut être raidi en temps opportun avec une caliorne élongée sur le pont, prête à être frappée sur son double. On peut ainsi décomposer en quelque sorte la grand'voile en deux autres voiles agissant l'une sur l'avant du centre de gravité du bâtiment, l'autre sur l'arrière, et, en filant l'écoute, supprimer l'action de la dernière; laissant ainsi à la première tout son effet pour produire le mouvement d'arrivée.

La cape sous l'artimon est fort employée par les petits bâtiments; elle maintient bien au vent et soustrait aux dangers d'une grosse mer.

Le bâtiment en cape ne doit pas présenter le travers à la lame, la barre est plus ou moins dessous, et le gouvernail ramène le navire au vent après qu'il a pris de l'air par l'effet d'une arrivée (1).

240. Comment le bâtiment en cape courante change-t-il d'amures?

Lorsqu'un bâtiment est à la cape et que les variations du vent ou la proximité des dangers l'obligent à changer d'amures, il effectue un virement de bord lof pour lof.

Supposons-le en cape courante sous le petit foc, la misaine, le grand hunier, le foc d'artimon et l'artimon.

Ranger du monde sur les cargues de l'artimon, sur le halebas et les cargues du foc d'artimon, aux bras et faux bras du vent des vergues de l'arrière, sur les cargue-points de misaine, les amures et écoutes de revers, et sur les drosses et palans de roulis. — D'autres hommes sont prêts à filer l'écoute de l'artimon, la drisse et l'écoute du foc d'artimon, les bras et faux bras de sous le vent des vergues de l'arrière, ainsi que les amures et écoutes de misaine.

Carguer l'artimon, haler bas et carguer le foc d'artimon. Profitant ensuite d'un moment où le bâtiment tangue moins,

(1) Faut-il en cette circonstance rencontrer l'auloffée? Beaucoup de marins sont de cette opinion, d'autres n'en voient pas la nécessité; car ils n'admettent pas que le bâtiment puisse revenir au vent avec assez de vitesse pour donner à craindre de masquer.

Une prescription à peu près générale est celle de mollir la barre, lorsque le navire après s'être élevé sur la lame retombe dans le creux qu'elle laisse derrière elle; y a-t-il cependant avantage à le faire et le gouvernail n'est-il pas autant exposé à des avaries lorsqu'on agit ainsi. Il arrive en effet que la barre parcourt rapidement sa tamisaille, fait tête violemment contre le bord, ébranle fortement les ferrures du gouvernail et l'étambot, et que sa rupture ou celle de la drosse est imminente.

et à une certaine vitesse, mettre la barre au vent et brasser le grand hunier de manière qu'il reçoive le vent le plus obliquement possible, sans battre. Le vent venant de l'arrière du travers; choquer l'écoute de misaine pour donner de la vitesse au navire, et continuer à brasser derrière à mesure que l'arrivée se fait, en maintenant raides les drosses et palans de roulis. — Lorsque le vent est de la hanche, lever les lofs de misaine, puis brasser carré devant un peu avant d'être vent arrière, changer le foc et le border. Ayant dépassé le vent arrière, border d'abord l'artimon puis le foc d'artimon, et brasser les vergues de l'avant à mesure que le navire vient au vent; les hommes placés aux retours des bras doivent être attentifs à ne pas se laisser gagner. — On profite d'une embellie pour venir promptement au vent et se soustraire ainsi aux dangers d'une lame de travers dans une auloffée trop lente.

241. Changer d'amures étant à la cape sous la grand'voile.

Pour changer d'amures étant à cette cape, raidir d'abord bien fortement le grelin passé sur l'avant de la voile (§ 239); puis, profitant d'un mouvement d'arrivée, mettre la barre au vent et filer l'écoute en bande; brasser au vent, à mesure que le navire arrive; larguer la bouline, lorsque le vent vient de l'arrière de travers, et embraquer l'amure et l'écoute de revers. Dresser la barre, lorsque le bâtiment est vent arrière, et se maintenir un instant à cette allure pour pouvoir, à la première lame moins grosse que les autres, mettre la barre dessous et venir au vent en brassant et amurant à mesure; rencontrer l'auloffée une fois vent de travers, et achever d'établir la grand'-voile pour tenir le vent aux autres amures.

Le navire ne doit pas être rangé lentement au vent; il prêterait ainsi plus longtemps le côté à la lame et serait exposé à recevoir un coup de mer dangereux.

242. A quelle extrémité se voit réduit un bâtiment qui ne peut plus
tenir la cape?

Lorsque la violence du vent couche le bâtiment au point de
craindre d'engager, et que la mer est tellement grosse qu'il
s'élève difficilement sur la lame et menace de sombrer, on se
décide à fuir devant le temps sous une allure très-rapprochée
du vent arrière et à courir ainsi jusqu'à ce que le temps se soit
un peu embelli, à moins que la proximité de la terre ou de
dangers ne force à remettre à la cape.

Pour exécuter cette manœuvre, serrer les voiles de l'arrière,
puis profiter d'une embellie pour mettre la barre au vent et
arriver sous le petit foc ou la trinquette en brassant les vergues
de l'arrière comme si leurs voiles étaient établies. Si le mouvement d'arrivée s'effectue trop lentement, faire monter des
hommes dans les haubans de misaine au vent pour faire l'of-
fice de voilure. — Amarrer les bras de derrière lorsque le
vergues sont carrées; et dès que le navire est en route, établir
la voilure suffisante pour faire filer au navire 7 à 8 nœuds au
plus.

C'est une erreur de croire qu'un bâtiment doit fuir devant le
temps avec une grande vitesse; quelque grande qu'elle soit,
elle est dépassée par celle de la lame, et en croyant éviter un
danger sérieux, on tombe dans un péril plus grave encore; car
les hommes de barre ne pourront, malgré toute leur habileté
et leur vigilance, empêcher des embardées d'autant plus dangereuses que le navire s'élancera violemment à l'encontre d'une
mer très-grosse.

Les voiles qui peuvent être établies sont le petit foc et la trinquette, la misaine avec ses ris, et l'un des deux huniers au bas
ris.

L'un des focs est indispensable pour aider à modérer les
auloffées; la misaine, garnie de ses fausses amures et fausses

écoutes, et soutenue au besoin par des sangles partant du centre de la vergue et allant se roidir sur chaque bossoir en forme de croix de Saint-André, peut donner au navire une vitesse suffisante si elle n'est pas souvent abritée par la hauteur des lames; autrement on établit un hunier au bas ris.

Le petit hunier fait plonger l'avant et le fatigue; il exige de plus, en raison de sa position à l'extrémité du navire, le jeu continuel du gouvernail; le grand hunier, au contraire, ne charge pas l'avant, est placé en quelque sorte au centre, et permet de maintenir le bâtiment en route avec un effort très-modéré de la barre. — On peut diminuer cet effort en supprimant une partie des causes qui tendent à faire venir le navire au vent; ainsi on doit amener la corne, caler le mât de perroquet de fougue, et amener sa vergue sur le pont ou dans la hune.

Le bâtiment qui fuit vent arrière a de très-grands mouvements de roulis qui fatiguent beaucoup la mâture et les vergues; on doit donc prendre dans le gréement, ainsi qu'à l'extérieur et à l'intérieur, toutes les précautions recommandées pendant le mauvais temps (§ 238).

Des navires fuyant devant le temps ont cherché à amortir la force de la lame sur leur arrière, en mettant à la traîne un hunier retenu à bord par des bouts de filin frappés sur une de ses ralingues; l'effet de cette voile développée et étendue sur l'eau a produit le résultat qu'on en espérait (1).

243. Quel est le but de l'ancre flottante et de quoi se compose-t-elle?

Tous les navires ne peuvent pas fuir devant le temps; ceux de faible tonnage, et dont les tableaux sont inclinés, se voient dans la nécessité de mettre à la cape dans un coup de vent, même lorsque sa direction est favorable à leur route. — L'ancre

______

(1) Nous tenons d'un capitaine baleinier que cet expédient lui a réussi parfaitement.

flottante leur permet de se maintenir debout au vent et à la lame, et les soustrait aux dangers d'une inclinaison dangereuse et des coups de mer du travers ; elle est aussi d'un excellent emploi lorsqu'il y a nécessité pour le bâtiment de ne pas dériver.

Cette ancre se compose de deux verges de fer longues d'un demi-bau, réunies ensemble dans leur milieu par un boulon autour duquel elles peuvent tourner de manière à se mettre en croix pour former l'ancre, ou se plier l'une sur l'autre pour être facilement logées à bord. — Les extrémités des barres sont percées pour y passer une bonne filière qui sert à les maintenir en croix, et sur le losange ainsi formé, on transfile une forte toile en double. — Une patte d'oie à quatre branches se frappe sur les quatre barres ; les deux pattes horizontales sont égales, et l'inférieure est un peu plus courte que la supérieure, pour donner une petite inclinaison à l'ancre. — Une forte cosse servant d'organeau se fixe au point de jonction des quatre branches ; c'est sur elle que l'on étalingue le grelin qui doit maintenir le navire. — Pour empêcher cette ancre de trop plonger, on la contient par un orin et une bouée frappés sur l'extrémité supérieure de la barre verticale ; et pour pouvoir la rentrer à bord sans qu'elle offre trop de résistance, on amarre sur la bouée une petite aussière, au moyen de laquelle on peut la haler à plat.

On n'a pas toujours à sa disposition les matières nécessaires pour confectionner une pareille ancre à la mer, mais on peut la remplacer par une voile submergée, par des bouts de mâts ou de planches que l'on établit en croix, et sur lesquels on cloue des morceaux de toile cousus ensemble pour présenter une résistance suffisante, ou par une pièce ou deux de mâtures prises dans la drôme, et sur laquelle on suspend une ancre ou des barriques.

On sait du reste que des bateaux pêcheurs, surpris par le mauvais temps à de grandes distances de terre, sont parvenus à se soustraire à une perte certaine en s'abritant par une drôme de leur mâture, à laquelle ils avaient suspendu leur grappin.

244. L'ancre flottante n'est-elle pas employée avec avantage dans d'autres circonstances?

L'ancre flottante n'est pas seulement employée pour capéer : on s'en sert aussi avantageusement lorsqu'il y a obligation absolue de virer vent devant; elle dispense alors d'avoir à sacrifier une ancre de bossoir.

En pareille circonstance, on la laisse tomber des grands porte-haubans du vent, au moment où l'on met la barre dessous. En halant sur son aussière, qui a été passée dans l'écubier du vent, le virement de bord s'effectue avec certitude.

Elle est aussi quelquefois d'un grand secours pour faire arriver un bâtiment engagé.

245. Comment doit-on manœuvrer pour redresser un navire engagé?

Un bâtiment est engagé lorsque, surpris par un grain très-violent, ou lorsque recevant une rafale très-fraîche, il s'incline au point que l'eau arrive à la hauteur du plat-bord, et atteint même le pont. — Une saute de vent masquant les voiles, ou une embardée subite lorsqu'il fuit devant le temps, peut aussi le faire engager.

Pour le redresser le plus promptement possible, il faut filer en bande toutes les drisses et écoutes, hors l'écoute de foc que l'on mollit un peu, et mettre la barre au vent; mais il ne faut pas compter sur la puissance du gouvernail pour faire arriver le bâtiment, car il est presque entièrement hors de l'eau, et le navire est sans vitesse. Il peut se faire qu'il ne suffise pas de filer les drisses et écoutes des voiles pour en détruire complétement l'effet; on doit alors couper les ralingues.

Si le bâtiment porte sa misaine, on en file aussi l'écoute;

l'effort de cette voile, portée ainsi plus en avant, tend non-seulement à pousser la proue sous le vent, mais agit, ainsi que le petit foc, pour relever le bâtiment. Cette manœuvre est délicate : on perdra presque toujours la misaine, attendu qu'il est fort difficile, pour ne pas dire impossible, de ne filer de l'écoute que la quantité nécessaire. — On pourra aussi produire l'arrivée désirée, en faisant monter dans les haubans de misaine des hommes qui, serrés les uns contre les autres, produiront l'effet d'une voile; en jetant à la mer les canons placés aux sabords de devant sous le vent, en faisant porter l'équipage au vent derrière, ou en filant à la mer, par cette partie du navire, une certaine quantité de chaîne.

246. Si les moyens que nous venons d'indiquer ne suffisent pas pour redresser un bâtiment engagé, quels sont ceux auxquels on doit avoir recours ?

On ne doit pas hésiter alors à couper le mât d'artimon, puis le grand mât, s'il le faut. Cette opération s'exécute avec prudence et célérité à la fois; on commence par couper les rides des haubans et galhaubans sous le vent, et l'on range des hommes armés de haches au pied du mât, à chaque ride dans les porte-haubans du vent et aux étais; on coupe ensuite les étais des mâts supérieurs, ainsi que les manœuvres courantes. Cela fait, on entaille le mât à coups de hache, du bord sous le vent, d'un bon tiers de son diamètre; puis on coupe les rides du vent en terminant par le dernier hauban ou par l'étai, selon que l'on désire faire tomber le mât sur l'arrière ou sur l'avant. On doit avoir frappé une aussière sur chaque mât, pour pouvoir plus tard en utiliser les débris; la drisse du hunier sous le vent, conservée intacte et crochée dans les porte-haubans, peut au besoin servir de remorque.

Le bâtiment, débarrassé de son mât d'artimon et de son grand mât, se redressera et arrivera probablement; il pourra cependant se faire qu'en raison de la quantité dont l'arrière se trouvera déjaugé, le mouvement d'arrivée s'effectue avec trop de lenteur. Dans cette circonstance, on prendra par l'arrière la remorque de la drôme de mâture qui produira alors l'effet d'une ancre flottante, parce qu'elle dérivera moins que le navire, qui arrivera et se redressera par suite de l'effort exercé par la remorque.

247. Lorsque le bâtiment engagé navigue sur des fonds, ne peut-il pas pour se redresser s'épargner la dure nécessité de couper sa mâture ?

Il peut alors se redresser en mouillant une ancre de bossoir, celle du vent de préférence; sinon celle de sous le vent, si l'inclinaison ne permet pas de mouiller au vent; mais pour que cette ancre puisse produire l'effet qu'on en attend, il faut y avoir préalablement étalingué un grelin venant du bord du vent, en passant par-dessous le beaupré.

Au large, on peut aussi se servir de l'ancre flottante qu'on jette à la mer, du bord sous le vent, après avoir fait passer son grelin par devant au vent. Le navire dérive plus que son ancre; lors donc qu'il s'en trouve sous le vent, l'effort exercé par l'ancre sur le grelin réussit à amener le bâtiment debout au vent, et par suite à le redresser.

DES AVARIES.

————

Avaries dans les manœuvres courantes.

248. Comment répare-t-on les avaries dans les bras sous le vent?

Des bras de sous le vent cassés se réparent sans qu'il soit nécessaire de déranger la voilure; une simple épissure longue suffit pour les remettre en état.

249. Comment répare-t-on les avaries dans les bras du vent ?

Nous savons (§ 238) que les faux bras sont mis en place à l'approche du mauvais temps; ils rendront par conséquent faciles à réparer les avaries survenues dans les bras de basses vergues ou de vergues de hune. — On pourra cependant craindre, si la brise est très-fraîche, qu'ils ne suffisent pas à tenir la vergue; et il faudra alors, pour réparer un bras de basse vergue, loffer de manière à déventer la basse voile, la carguer en pesant les cargues du vent meilleur, amener ou même carguer le hunier et changer ou épisser le bras cassé.

Si un bras de vergue de hune casse par brise fraîche, et que le faux bras n'offre pas la garantie de tenir la vergue, si l'on maintient le hunier haut; loffer jusqu'à ralinguer, et amener le hunier en pesant fortement sur les cargue-points, et le brassant au moyen du faux bras et de la bouline sous le vent. Si l'on est au plus près, on facilite beaucoup le brasseyage de la vergue en choquant quelques pieds de l'écoute sous le vent. — Lorsque le hunier repose sur ses balancines, on envoie réparer l'avarie.

Pour réparer ou changer un bras du vent de perroquet, carguer, amener la voile et l'assujettir, une fois carrée, contre le galhauban de travers de perroquet.

250. Réparer les boulines et branches de boulines, ainsi que les amures et écoutes?

Pour une bouline de basse voile, laisser porter bon plein, et envoyer un gabier réparer l'avarie. — Si l'on ne peut laisser arriver, ou si la brise est fraîche, carguer la basse voile.

Pour une bouline de hunier; procéder comme pour une bouline de basse voile, lorsque le temps est beau; mais s'il vente, amener le hunier, carguer le point du vent, et le garder un peu masqué pour qu'il ne batte pas. Avec cette précaution, l'avarie se répare facilement sur la vergue.

Pour une bouline de perroquet; on amène et cargue la voile.

Pour réparer une bouline de sous le vent; il suffit d'affaler un homme dans une chaise, le long de la ralingue de chute.

Lorsqu'une amure ou écoute de basse voile casse; carguer promptement la voile pour qu'elle ne batte pas, puis bosser le point dans les haubans, et changer la manœuvre cassée, ou l'épisser.

Pour une écoute de hune; brasser au vent, amener et carguer le hunier, en loffant, pour faciliter l'opération de brasser, si l'écoute cassée est celle du vent, et maintenir la voile masquée sur le chouque.

On agit de même lorsqu'il s'agit de réparer une écoute de perroquet.

Lorsqu'un gabier prévient qu'une écoute se mange dans son clan, on fait bosser le point de la voile sur la vergue (une patte

est placée, dans ce but, sur chaque ralingûe de la voile, près
du merlinage du point), puis on largue le dormant de l'écoute,
et on la rafraîchit.

251. Comment doit-on agir lors des ruptures des itagues et des palanquins des huniers?

Une avarie dans une itague est sans importance, lorsque la
vergue en porte deux; celle qui a résisté suffit généralement
pour maintenir le hunier pendant qu'on change l'autre; mais
on peut cependant, par mesure de précaution, bosser la vergue
sur les barres pendant le temps de la réparation.

S'il n'y a qu'une itague, le hunier s'amène seul; il faut
alors la changer et la remplacer par une itague que l'on doit
toujours avoir confectionnée, prête à être mise en place. Pour
éviter autant que possible cette avarie, on doit changer de
temps à autre le portage des itagues; soit en les faisant courir
lorsqu'il y a deux chapes en tête de mât et une seule poulie
sur la vergue; soit en rafraîchissant leurs dormants lorsqu'ils
sont faits aux capelages des mâts de hune.

Dans le cours de la navigation, un palanquin ne casse que
lorsqu'on le pèse pour prendre un ris. Si la brise n'est pas encore
fraîche, le faux palanquin peut suffire à donner le mou nécessaire dans les ralingues de chute, et lorsque la voilure est
rétablie, on affale un gabier qui répare l'avarie; mais si le
palanquin devient indispensable, il faut faire rentrer les
hommes de la vergue, carguer la voile, et faire la réparation.

252. Un hale-bas de foc casse, le remplacer?

Si le hale-bas du grand foc casse à quelque moment que ce
soit de l'opération d'amener cette voile; on doit la rehisser jusqu'à ce que sa ralingue de draille soit roïde; prendre les boulines du petit perroquet, les frapper sur la draille, au moyen

d'un nœud coulant, et opérer par leur aide comme on l'eût fait avec le hale-bas.

Pour remplacer le hale-bas du petit foc, on emploie la bouline du petit hunier de sous le vent.

Avaries dans les manœuvres dormantes.

255. Comment répare-t-on les avaries dans les haubans, étais, sousbarbes et estropes de moques de sous-barbes?

La rupture d'un hauban est sans conséquence, on répare l'avarie en joignant les bouts brisés par un nœud de hauban. Mais si plusieurs haubans du même mât cassent à la fois, il faut le débarrasser de sa voilure, consolider sa tenue par des pataras et caliornes et changer d'amures pour réparer l'avarie.

Lorsqu'un étai de mât majeur vient à casser, il faut laisser porter vent arrière pour que l'effort du vent sur les voiles maintienne le mât, prendre dans la hune ou sur les barres les deux bouts de l'étai à épisser ; et l'avarie réparée, effectuer le ridage. S'il est nécessaire de remplacer l'étai avarié, on capelle celui de rechange par-dessus tout et l'on ride ensuite convenablement. Un étai de bas mât peut se remplacer par la tournevire ou un grelin ; un étai de mât de hune par un orin d'ancre de bossoir, lorsque ceux de rechange ont été consommés.

Lorsqu'une avarie se produit dans les sous-barbes ou dans leurs estropes, il faut aussi faire vent arrière ou du moins prendre l'allure sous laquelle les mouvements de tangage sont le plus modérés. Une sous-barbe avariée se consolide par une caliorne dont on croche la poulie inférieure dans l'étrier de la guibre ; ou si la mer est trop grosse pour qu'on puisse effectuer cette opération, dans une erse passée d'un écubier à l'autre du même bord.

254. Comment doit-on agir lors d'avaries dans les drosses d'une basse vergue ou dans le racage d'une vergue de hune ?

Les avaries dans les drosses d'une basse vergue n'offrent quelque gravité que lorsque les deux cassent à la fois; elles ne se produisent que lorsque les mouvements de tangage sont très-durs et sous l'allure du grand largue. Pour réparer l'avarie, il faut bien maintenir la vergue par ses bras et palans de roulis.

Lorsqu'un racage de hunier casse; il faut, quelle que soit l'allure du bâtiment, amener la voile, la carguer et la brasser carré, puis maintenir la vergue par ses bras et palans de roulis dont les poulies supérieures ont dû être crochées au chouque.

255. Une vergue de hune étant amenée sur le chouque, sa voile serrée; le bras du vent et le racage cassent à la fois ; comment peut-on parvenir à s'en rendre maître ?

En pareille circonstance, il est urgent de parvenir à maîtriser la vergue le plus promptement possible, car à chaque mouvement de tangage, elle s'écarte du mât, puis revient sur lui avec violence. Le moyen le plus simple d'y parvenir est de hisser la vergue sur ses drisses jusqu'à ce que les poulies d'itagues soient à bloc; étant ainsi maintenue sous les étais de hune, on met en place un faux racage et on la bride solidement, tant contre les haubans que sur les étais, pour pouvoir envoyer passer le bras du vent.

Avaries dans la voilure.

256. Comment répare-t-on les avaries dans les voiles?

Lorsqu'il fait beau et que les avaries sont légères, on répare ces sortes d'avaries sans déranger la voilure; il suffit d'affaler des voiliers dans des nœuds de chaise, sur l'avant et sur l'arrière de la voile. S'il fait mauvais, on cargue la voile, et les gabiers paumoient la toile pour amener la partie déchirée sur la vergue où elle est facilement réparée.

Si l'avarie est considérable, on ne doit pas songer à la réparer sur place; le mieux est de déverguer la voile et de la remplacer.

257. De quelle manière change-t-on un hunier à la mer ?

Il faut bien serrer le hunier pour éviter qu'il ne se déferle lorsqu'on l'amènera; défrapper les cargues; larguer le dormant des écoutes et les dépasser de leurs moques; décrocher les palanquins; crocher le cartahu double du vent (§ 129), dans l'élingue qui entoure le milieu de la voile (on sait que cette élingue [est toujours en place, passée entre la filière d'envergure et la têtière sur laquelle elle est bridée) ; décrocher le chapeau; mettre les points d'écoutes dans le fond de la voile; couper ou larguer les envergures; dédoubler les empointures; affaler la balancine du vent de la basse vergue.

Pendant le temps qu'on met à exécuter ces diverses opérations, on dispose une sorte de mât de corde pour servir de guide ou conducteur au hunier et le maintenir au roulis quand on l'amènera. Ce mât de corde est tout simplement un faux bras frappé par un de ses bouts au capelage du mât de hune, dans lequel on passe, de la hune, deux poulies ou margouillets garnis chacun d'un fouet, et qui vient sur l'arrière de la basse vergue se roidir en abord; l'un des fouets est destiné à embrasser le fond de la voile et à s'amarrer ensuite sur lui-même; l'autre doit être frappé sur les deux cosses d'envergure.

Lorsque tout est ainsi disposé ; peser le cartahu double ; larguer les empointures ensemble au commandement; entourer le fond de la voile par le fouet du margouillet supérieur; frapper sur les deux cosses d'envergure le fouet inférieur; roidir ensuite le faux bras en abord et amener le hunier.

Dès que la voile est sur le pont; décrocher le cartahu double et le passer sur l'élingue du hunier de rechange; soulager assez haut la voile pour qu'on puisse en embrasser le fond avec le fouet du margouillet supérieur, et frapper le fouet inférieur sur les cosses d'envergure. Cela fait, hisser le hunier jusqu'à ce que son milieu soit un peu au-dessus de la vergue; crocher les palanquins sur les pattes de la ralingue de têtière; défrapper les fouets, peser les palanquins et envoyer les hommes sur la vergue pour enverguer. Le reste de l'opération se continue comme nous l'avons dit (§ 129).

Si le hunier doit être établi avec des ris, on les prend sur le pont avant de le hisser; et lorsqu'il est envergué, on prend les empointures des ris avant de l'établir.

258. Comment change-t-on une basse voile à la mer ?

Le moyen que l'on doit employer est celui qui a été décrit § 130. Nous ajouterons seulement qu'on doit frapper les boulines sur le fond de la voile pour éviter qu'elle ne vienne s'appliquer contre le mât dans les mouvements du bâtiment.

Avaries dans les vergues.

259. Comment change-t-on une vergue de perroquet à la mer ?

Lorsqu'une vergue de perroquet est craquée, il faut immédiatement amener et carguer la voile; la serrer et la dégréer au vent sur l'arrière des vergues; un halebreu frappé sur l'extrémité qui doit descendre la première sert à la diriger dans la direction qu'elle doit suivre et à la maintenir au roulis.

Si les mouvements du bâtiment sont violents, ce halebreu pourra paraître insuffisant; il faudra alors, aussitôt que la vergue sera apiquée, passer son racage autour d'un galhauban de hune dont elle suivra nécessairement la direction.

Lorsque la vergue est complétement cassée; il faut, aussitôt après avoir amené et cargué la voile, en saisir les tronçons sur les haubans de perroquet, étouffer la toile sur les barres; et se débarrasser ensuite des débris, en employant les moyens que les circonstances de l'accident indiqueront comme les plus favorables.

260. Comment doit-on agir lorsqu'une vergue de hune est craquée?

En pareille circonstance, il faut immédiatement carguer les voiles supérieures et amener le hunier ; puis jumeler la vergue en place ou la changer, ce qui est préférable lorsqu'on a une vergue de rechange à sa disposition.

<h3 style="text-align:center">261. Comment change-t-on une vergue de hune ?</h3>

On doit d'abord serrer le perroquet et le hunier ; et pendant ce temps, dégager la vergue de rechange de la drôme et la placer de façon que son bout qui doit monter le premier se trouve en avant et par le travers du mât ; puis déverguer le hunier avec le cartahu double du vent, en agissant comme il a été dit (§ 257).

Démailler les poulies d'itague. Le cartahu qui a servi à amener le hunier est décroché et embraqué jusqu'à la hauteur de la vergue pour être croché dans la cosse d'une estrope fixée à demeure au milieu de la vergue ; mais, pour plus de promptitude dans la manœuvre, il vaut mieux pendant le temps qu'on met à déverguer le hunier, passer la guinde-resse de perroquet en cartahu double et l'employer pour le milieu de la vergue, dès qu'elle est dégagée de ses itagues. Dégarnir la vergue de ses poulies mobiles et dépasser les manœuvres de celles qui sont fixes ; crocher le cartahu double de sous le vent, qui doit servir de cartahu d'apiquage, dans une estrope placée au quart de la longueur de la vergue ; dépasser les bouts dehors de leurs blins, en peser les cartahus jusqu'à ce qu'ils soient mâtés le long des haubans de hune sur lesquels on les bride (les amures de bonnettes de perroquet sont embraquées de la hune, jusqu'à ce qu'un nœud fait sur leur bout les arrête à leurs poulies ; elles empêchent ensuite les bouts dehors de rentrer en dedans avec trop de violence), frapper un halebreu sur le bout de la vergue au vent, décrocher le palan de roulis du vent, bien affaler sur la basse vergue la balancine du vent, et dédoubler le racage.

Ces dispositions étant prises ; peser le cartahu d'apiquage et la balancine sous le vent ; larguer en même temps celle du vent et brasser un peu au vent pour que l'extrémité de la vergue pare en toute certitude la basse vergue ; larguer le racage. Une fois l'apiquage produit, amener la vergue sur les deux cartahus en affalant bras et balancines et pesant le halebreu. Si les roulis sont grands, disposer une erse rocambeau maintenue à la hauteur du chouque et embrassant le mât de hune et le cartahu double, ou bien se servir d'un mât de corde (§ 257). Lorsque le bout de la vergue est à peu de hauteur au-dessus du pont, décrocher les bras et balancine du vent et en même temps, de la hune, ceux de sous le vent ; puis porter l'extrémité de la vergue sur l'arrière du bâtiment et le plus possible au milieu pour ne pas gêner l'opération de mettre en place la vergue de rechange, et mollir convenablement les cartahus pour faire reposer sur le pont la vergue que l'on dégrée.

Passer ensuite sur celle de rechange les cartahus doubles, les garnitures qui leur sont communes et les blins ; peser le cartahu d'apiquage jusqu'à ce que la vergue soit verticale ; crocher les bras et balancines et frapper un halebreu sur le bout inférieur ; hisser sur les deux cartahus à la fois jusqu'à ce que le bout supérieur de la vergue soit à mi-hauteur du mât de hune ; peser alors le cartahu du centre seul pour élever le milieu de la vergue un peu au-dessus du chouque ; embraquer les bras et balancines à mesure, et crocher les palans de roulis dès que les estropes arrivent à hauteur de la hune. Croiser la vergue ; faire le racage ; bien roidir les bras, balancines et palans de roulis ; mettre en place les bouts-dehors ; garnir la vergue, et enverguer le hunier. On rétablit ensuite la voilure.

262. Que doit-on faire lorsqu'une vergue de hune vient à casser ?

Il n'est guère possible de poser des règles absolues sur la manière d'opérer ; les circonstances dans lesquelles l'avarie se produit doivent inspirer le meilleur parti à prendre. La rupture de la vergue aura sans doute pour conséquence la déchirure de la voile ; il faudra donc la carguer d'abord, puis l'étouffer le mieux possible, et s'efforcer de saisir les tronçons de la vergue sur les manœuvres dormantes à portée ; on tentera ensuite de déverguer le hunier d'une des parties de vergue et de l'envoyer sur le pont avec l'autre tronçon.

263. Comment répare-t-on une avarie dans une basse vergue ?

Une avarie dans une basse vergue est toujours très-grave ; il est rare qu'elle puisse être réparée en place ; d'où il résulte la nécessité de l'amener sur le pont. Cette obligation offre des périls réels, si le bâtiment est près d'une terre au vent de laquelle il doit s'élever.

Une basse vergue craquée doit être consolidée par des jumelles et des roustures : c'est le seul moyen pratique qu'on puisse employer ; cependant si elle est cassée près de l'un de ses bouts, il est possible de lui conserver sa longueur en y appliquant un morceau d'espars entaillé avec elles et maintenu par des veltures. Si l'avarie est très-sérieuse, il vaut mieux confectionner une vergue de fortune avec une vergue de hune et quelques bouts-dehors de bonnette (1).

(1) On ne peut citer comme un moyen possible de réparer une basse vergue cassée à l'une de ses extrémités, celui qui consiste à la scier en deux dans le sens de sa longueur pour pouvoir renverser l'une des moitiés bout pour bout et donner ainsi une force égale à chaque extrémité. Où trouver en effet l'emplacement nécessaire pour effectuer cette opération et en supposant qu'on puisse placer la vergue en travers sur les bastingages, comment espérer des conditions de temps assez belles pour opérer un semblable travail ?

Avaries dans les mâts.

264. Un mât de perroquet est craqué, le dépasser et le changer?

Si la voile est établie, la serrer et dégréer la vergue (§ 259), passer la guinderesse. Fouetter un palan sur chaque galhauban à une hauteur telle que les deux poulies ne soient pas à bloc avant le moment où le capelage du mât de perroquet sera rendu au chouque, la poulie inférieure de chaque palan se croche dans les porte-haubans; fouetter aussi un palan sur l'étai, et les embraquer bien raides. Si le hunier n'a pas au moins deux ris pris, l'amener à peu près à mi-mât, et dans cette position, le maintenir solidement sur ses bras et palans de roulis.

Larguer les genopes des rides des galhaubans et étais de flèche et de perroquet, et les mollir un peu; peser la guinderesse, enlever les clés, et amener le mât en embraquant les palans pour maintenir le gréement raide. Lorsque le trou de la clé paraît au-dessous des barres, y frapper un halebreu, dont on envoie la glène sur le pont, après lui avoir fait prendre la direction que doit suivre le mât, c'est-à-dire après l'avoir passé sur l'arrière de la vergue de hune et par le trou du chat.

Dès que le mât est suffisamment amené, s'emparer de sa caisse, la porter sur l'arrière, et mollir la guinderesse jusqu'à ce qu'il soit élongé sur le pont; larguer et dépasser la guinderesse, et la passer au mât de rechange.

Frapper dans le trou de la clé un halebreu qui servira de retenue au mât, et le guinder en agissant comme il a été dit (§ 110). Lorsque le capelage de perroquet repose sur les épaulettes, fouetter des palans sur les galhaubans et l'étai, mettre le mât en clé et le tenir.

265. Comment change-t-on un mât de hune à la mer ?

Pour changer un mât de hune sans trop de difficultés, il faut d'abord dépasser le mât de perroquet; mais cette opération n'est possible que lorsqu'on peut envoyer des hommes sur les barres; il y a donc ici deux cas à considérer : 1° celui où l'avarie n'est pas assez grave pour empêcher d'y envoyer les gabiers; 2° celui où il y a danger à le faire.

Traitons d'abord le premier cas.

Carguer et serrer le hunier; dégréer le perroquet (§ 259) et dépasser son mât (§ 264); frapper les boulines du hunier sur la vergue; dédoubler le racage; donner du mou dans les cartahus de bouts-dehors de hune, les cargues et le chapeau, les palanquins et les écoutes de perroquet; peser un peu les balancines en mollissant les bras ; écarter la vergue du chouque en halant sur les boulines, et l'amener dans la hune sur ses drisses et balancines; l'y brider sur la latte du premier cap de mouton de chaque bord.

Pendant que ce travail s'exécute, larguer les aiguilletages des estropes à margouillets placées au-dessous de la noix du mât de hune, dans lesquelles sont passés les galhaubans de flèche et de perroquet. Si c'est le grand mât de hune que l'on change, larguer aussi les dormants des bras du petit hunier et les faire au chouque du bas mât; dépasser les boulines de perruche et bras de cacatois de perruche de leurs poulies aux barres; si c'est le petit mât de hune, dépasser les boulines du grand perroquet. Passer la guinderesse et le braguet, frapper des palans sur les étais et galhaubans, décrocher les candelettes de hune, crocher leurs poulies-doubles au capelage et leurs poulies simples à chaque extrémité de la basse vergue; garnir la guinderesse au cabestan.

Embraquer les palans et candelettes, larguer les rides et dévisser les ridoirs, virer sur la guinderesse en mollissant les

palans à retour et halant sur la caliorne du braguet jusqu'à
ce que la clé soit enlevée. Dévirer alors, en filant à retour la
caliorne de braguet et pesant bien raides les palans des galhaubans et étais, ainsi que les candelettes. Si la basse vergue est
orientée au plus près, larguer les drosses pour que le mât puisse
passer facilement entre elle et le bas mât ; et si elle est brassée
sous un autre angle, l'écarter, si c'est la grand-vergue, au
moyen de ses faux bras ; et si c'est la vergue de misaine, à l'aide
d'une caliorne dont on frappe la poulie supérieure sur la vergue et la poulie inférieure sur l'étai. Décapeler le braguet
lorsque la caisse a paré la basse vergue, et crocher dans une
erse, au trou de la clé, les poulies inférieures de deux caliornes dont les poulies supérieures ont été frappées sur le
premier hauban de chaque bord ; ces caliornes ont pour but de
maintenir le mât au roulis. Lorsque la noix arrive au chouque,
décrocher les candelettes ; crocher, sur la caisse et à l'a-
plomb du mât, une caliorne pour aider à dégommer le capelage ; décapeler le chouque, l'envoyer dans la hune et l'y
saisir ; brider solidement sur le chouque du bas mât les barres
de perroquet, ainsi que le gréement de hune et de perroquet.

Lorsque le tenon du mât est au-dessous du chouque, tenir
le mât supporté par les deux caliornes frappées sur les haubans ; ou, suivant sa longueur, le faire reposer sur le pont, et
dépasser la guindéresse de manière qu'elle reste en simple
(§ 52). Cela fait, opérer pour élonger le mât sur le pont.

Dépasser ensuite la guinderesse, et la passer sur le mât
de rechange que l'on présente et capelle ainsi qu'il a été
dit (§ 56 et 59).

Guinder le mât, en employant les moyens de précaution que
nous venons d'indiquer, et le tenir ; passer le mât de perroquet
et le tenir ; hisser la vergue de hune à son poste ; gréer la vergue
de perroquet et rétablir la voilure.

Deuxième cas. — Après avoir pris les dispositions indiquées dans le premier cas, on cale le mât de hune jusqu'à ce que la partie craquée soit au-dessous du chouque; il est alors suffisamment maintenu pour qu'on puisse envoyer des hommes sur les barres.

Amener la vergue de hune sur la hune, dégréer le perroquet et dépasser son mât. Si le mât de hune n'est pas beaucoup calé, cette opération peut s'effectuer par l'avant de la hune; dans le cas contraire, il faut donner beaucoup de mou au gréement de hune et de perroquet; et, au moyen de trévires, agir pour dévirer le mât, de manière que les barres se présentent dans le sens de la quille et la caisse du mât de perroquet du côté du vent. — Maintenir le mât de hune dans cette position, en le bridant solidement contre le bas mât, et amener le mât de perroquet. L'opération se continue ensuite, comme dans le premier cas, en redoublant de précautions.

266. Quels moyens doit-on employer pour pouvoir se servir utilement d'un mât de hune craqué qui ne peut être remplacé ?

Si l'avarie existe dans la noix ou près de la noix, il faut dépasser le mât de perroquet, et clouer un peu au-dessous de l'endroit craqué de forts taquets qui serviront de coussins à des aussières passées en galhaubans supplémentaires. On prend des ris dans le hunier, de manière à ne le hisser qu'au-dessous de l'avarie.

Si l'avarie existe un peu au-dessus du chouque, on cale le mât jusqu'à ce que la partie craquée soit amenée au-dessous et on le bride solidement au ton du bas mât. Si le mât est tellement calé que sa caisse gêne la basse vergue, il faut, après l'avoir bien bridée avec le bas mât sur le ton et au-dessous de la hune, scier sa caisse et passer un braguet dans une engoujure faite sur la section. Dans les deux cas, on reprend le gréement et on rétablit le hunier avec des ris.

267. Comment peut-on consolider un bas mât craqué ?

Le meilleur moyen consiste à lui appliquer des jumelles, ainsi qu'un espars, que l'on maintient par des veltures bien souquées ; et si l'avarie existe près du capelage, on réduit la voilure des mâts supérieurs pour ne pas trop fatiguer le ton.

Cette opération, la seule qui puisse être effectuée à la mer, peut permettre au navire, sinon de continuer sa route jusqu'à sa destination, du moins de se diriger vers un port voisin où il trouvera les moyens de changer son mât ou de réparer l'avarie.

Dans ce dernier cas, on devra dépasser toute la mâture supérieure et décapeler le chouque. Le bas mât sera tenu par des caliornes servant d'étais et de haubans aiguilletées à plusieurs pieds de l'endroit avarié, puis on le décapellera complétement ; la hune sera enlevée, les élongis et jottereaux déchevillés. Le mât ainsi dégarni, on se disposera à enlever la partie craquée. Pour pouvoir exécuter cette opération : saisir solidement un mât de hune contre le bas mât, frapper un appareil à sa tête, et l'aiguilleter un peu au-dessus de l'endroit craqué. Séparer avec la scie la partie avariée, l'enlever à l'aide de l'appareil, et l'amener sur le pont. Les charpentiers équarriront la tête du tronçon pour pouvoir plus tard y capeler le chouque ; les jottereaux et élongis seront présentés et chevillés à une distance convenable du tenon. La hune et le chouque seront mis en place ; on capellera le mât, dont on aura repris les haubans ; puis on donnera le ridage au gréement.

268. Quelles sont les conséquences qu'entraîne la rupture d'un bas mât et comment doit-on remédier à sa perte ?

La rupture d'un bas mât, qu'elle se produise dans un mauvais temps, un abordage, un échouage ou un combat, occasionne une suite d'avaries très-sérieuses.

Si le beaupré casse, il est probable que sa rupture aura pour conséquence celle du mât de misaine et des mâts supérieurs de l'arrière. Là chute du mât de misaine entraînera celle du grand mât de hune et du grand mât de perroquet; enfin, si le grand mât tombe, les mâts de perroquet de fougue et de perruche le suivront dans sa chute; et si nous ajoutons que les mâts, en tombant, entraîneront leurs vergues, l'on pourra juger de la gravité d'un pareil accident.

On devra couper tout ce qui retient le mât tombé aux autres mâts; et, s'il fait beau temps, saisir les débris de mâture le long du bord et en opérer le sauvetage; mais si la mer est grosse, on se verra peut-être dans la nécessité de renoncer à sauver la majeure partie du gréement, parce que les débris frapperont le bord violemment et donneront des chocs de nature à faire craindre des avaries. Il faudra alors s'en débarrasser en coupant les manœuvres qui les maintiennent contre le bâtiment; toutefois, on devra tenter de se ménager les moyens de reprendre à bord tous ces objets quand l'état du temps le permettra; à cet effet, on fera en sorte de frapper sur le bas mât, ou sur tout autre point résistant, une bonne aussière sur laquelle on laissera filer cette drôme à quelque distance derrière; cette précaution, si elle a pu être prise, donnera la possibilité d'installer une mâture de fortune au retour du beau temps.

Si le beaupré est cassé, laisser porter vent arrière, pour que le mât de misaine puisse momentanément se passer de ses étais; couper toutes les manœuvres qui retiennent le tronçon le long du bâtiment, et assujettir le mât de misaine au moyen de ses caliornes et de l'étai de tangage. Garnir un mât de hune de caliornes destinées à lui servir de haubans et de sous-barbes, et le sailler en dehors dans le prolongement du tronçon sur lequel on le bride solidement. Reporter les étais de misaine sur le tronçon, s'il est assez long; sinon, sur le mât de hune.

Si le mât de misaine est cassé, il faudra nécessairement mettre à la cape, à cause de la difficulté qu'on éprouverait à gouverner sous une autre allure; bien coïncer son tronçon, et élever à sa place un mât de hune sur lequel on aura préalablement capelé des barres de perroquet et un chouque. Ce mât de hune sera solidement maintenu contre le tronçon par de bonnes roustures.

Il pourrait arriver qu'on se trouvât dans l'obligation de faire vent arrière; et en pareille circonstance, on pourrait employer le moyen suivant destiné à augmenter la puissance du gouvernail et à corriger les embardées : Filer par l'arrière vingt à trente brasses d'un câble en chanvre soutenu par des espars de distance en distance; pousser de chaque bord, par le sabord latéral le plus de l'arrière, un arc-boutant bien saisi, et frapper aux extrémités de cet arc-boutant les poulies supérieures de deux palans dont les poulies inférieures seront aiguilletées sur le câble, à quelques brasses en dehors; ces palans serviront à le manœuvrer en même temps et dans le même sens que le gouvernail.

Si le grand mât est cassé, prendre l'allure qui fatiguera généralement le moins, c'est-à-dire gouverner vent arrière ou mettre à la cape, et procéder comme nous l'avons dit plus haut.

La perte du mât d'artimon est sans importance, si on la compare aux précédentes : on remplace aussi ce mât par un mât de hune.

269. Un bâtiment a démâté de tous ses bas mâts, comment peut-on les remplacer ?

Lorsqu'on démâte de ses bas mâts par une cause quelconque, il faut, après avoir sauvé le plus de débris possible, travailler à les remplacer par des mâts de hune et de perroquet; c'est-à-dire installer une mâture de fortune. Le plus fort des mâts de hune, ou espars, remplacera le grand mât; les autres serviront de mât de misaine, de beaupré et de mât d'artimon.

Supposons que les mâts aient été cassés à trois ou quatre mètres au-dessus du pont et qu'on ait pu sauver leurs chouques.

L'on gréera et mâtera de petites bigues que l'on disposera un peu sur l'avant du tronçon du mât d'artimon; elles serviront à mâter le mât de perroquet de fougue. Avant de frapper les caliornes de mâtage sur ce mât, on y introduira le chouque qui doit se capeler sur le tenon fait à l'extrémité du tronçon ; il sera soutenu par une fronde. Les barres de perroquet seront aussi capelées avant le mâtage. On fera ensuite marcher les bigues jusque sur l'avant du grand mât, et la même opération sera faite sur le grand mât de hune.

Le mâtage du beaupré s'effectuera au moyen du petit mât de hune poussé en bataille et soutenu par les bigues que l'on aura amenées sur l'avant de l'étambrai du mât de misaine (§ 19). Il n'y aura plus , pour terminer l'opération du mâtage, qu'à dresser le mât de hune et à le fixer contre le tronçon du mât de misaine.

270. Lorsqu'on s'aperçoit à la mer que les élongis d'un bas mât sont craqués, quelles sont les précautions à employer pour éviter les conséquences de cette avarie ?

Il faut, dès qu'on a connaissance de l'avarie, passer la guinderesse du mât de hune et bien la raidir pour empêcher la clé de trop forcer sur les élongis ; faire de bonnes roustures embrassant le ton du bas mât et la partie inférieure du mât de hune ; passer aussi le braguet. Dépasser le mât de perroquet et envoyer son gréement en bas. On peut ensuite rétablir le hunier en y prenant des ris.

271. Quels moyens peut-on employer pour changer à la mer les barres de perroquet ?

Toute avarie des barres de perroquet, autre que la rupture

du traversin de l'arrière, nécessitera leur remplacement. Il faudra alors dégréer le perroquet, en dépasser le mât, amener la vergue de hune sur la hune, caler le mât de hune jusqu'au-dessous du chouque et le décapeler, envoyer dans la hune les gréements de hune et de perroquet, ainsi que le chouque du mât de hune.

Le mât de hune ayant été calé jusqu'au-dessous du chouque, on portera sa caisse au vent à l'aide d'une caliorne frappée sur le premier bas hauban et, continuant à guinder, on obligera sa tête à s'élever sous le vent du chouque. Lorsque le mât dépassera le chouque d'un peu plus que la demi-longueur des barres, on bossera la guinderesse et on la bridera solidement au ton ; il servira dans cette position à amener sur le pont les barres avariées et à capeler celles de rechange. Celles-ci ayant été amarrées sur le chouque, on pourra dévirer la guinderesse, présenter le mât de hune dans le trou rond du chouque, le guinder de manière à faire reposer les barres sur ses épaulettes et continuer l'opération de la manière décrite § 265.

272. La guibre ayant été avariée par un coup de mer ou un abordage, quels moyens peut-on employer pour consolider le beaupré et son gréement ?

On doit, dès que l'avarie a lieu, prendre l'allure du grand largue ou du vent arrière sous lesquelles le bâtiment peut se passer momentanément de ses étais, puis tenter de redresser la guibre avec des caliornes et la maintenir par des cabrions. Si l'on suppose la solidité de la liure compromise, on peut en établir une de renfort, et pour cela, confectionner une bague en filin que l'on maintiendra au-dessous du beaupré par plusieurs tours de filin d'un écubier à l'autre du même bord, et faire la liure dans cette bague et autour du beaupré.

Si les sous-barbes n'ont plus de point d'appui sur la guibre, on les remplace par des caliornes que l'on croche, à la hauteur de la flottaison, dans l'œil formé par le milieu d'un grelin dont les bouts passent sous la carène de chaque bord et reviennent à bord par les sabords d'arcasse ; des faux bras frappés sur le grelin et passés sous la quille l'obligent à s'appliquer contre les fonds du bâtiment.

On peut en outre consolider la tenue du beaupré, en employant le moyen suivant : Fixer sur ce mât le milieu d'un grelin au moyen d'un demi-nœud ou d'un amarrage ; faire une erse d'une longueur de deux brasses environ terminée par une cosse à chacune de ses extrémités. Chaque bout du grelin sera passé dans une des cosses et on fera courir l'erse de manière à la placer par son milieu sous la quille et à quelques mètres de l'étrave ; les deux bouts rentreront à bord par des sabords de l'arrière ou du travers. On placerait un deuxième grelin de la même manière, si un seul ne suffisait pas à donner une bonne tenue au mât.

273. Comment faut-il agir lors d'avaries dans la barre du gouvernail, la drosse et la roue ?

Lorsque la barre est craquée ou cassée, il faut prendre la panne ou mettre en cape et coïncer ensuite la tête du gouvernail dans la jaumière. Cette opération faite, on introduit la barre franche dans la mortaise supérieure et l'on gouverne au moyen de palans frappés à son extrémité et crochés en abord, après avoir décoïncé le gouvernail ; un compas est placé à la portée des hommes qui manœuvrent les palans, et des timoniers échelonnés jusqu'au pont transmettent les ordres venant du commandant ou de l'officier de quart. La barre craquée sera jumelée ; si elle est cassée, on travaillera à arracher le tronçon pour établir le plus promptement possible la barre de rechange.

Si la drosse casse au vent, il faut mettre la barre dessous et prendre la panne, ou mettre à la cape si le temps est mauvais ;

si c'est sous le vent, on vire lof pour lof et l'on prend la panne
de l'autre bord; la drosse peut alors être changée ou réparée.
Cette avarie ne se produira le plus souvent que pendant le
mauvais temps, et dans cette circonstance, les palans élongés à
l'avance dans la sainte-barbe (§ 238) pourront être crochés
sur la barre et permettront de continuer à gouverner et à faire
route.

Une avarie dans quelques rayons de la roue est sans conséquence; mais si elle est tout entière brisée ou démontée, la
barre sera livrée à elle-même et se mouvra violemment d'un
bord à l'autre ; il sera donc urgent de s'en rendre maître le
plus promptement possible pour éviter sa rupture et des avaries graves dans le gouvernail; on y parviendra si l'on a pris la
précaution de mettre des palans sur la barre à l'approche du
mauvais temps.

274. Quelles sont les causes qui occasionnent généralement la perte
du gouvernail et quels moyens provisoires peut-on employer pour
gouverner ?

Les causes qui produisent la perte du gouvernail sont : un
échouage, de grosses lames produisant de violentes secousses
sur cette machine déjà fatiguée dans ses ferrures, et aussi les
grands mouvements auxquels elle est soumise lorsqu'après la
rupture de sa barre on éprouve une grande difficulté à coïncer solidement sa tête dans la jaumière.

Lorsque cette avarie se produit à la mer, il faut mettre en
cape, si déjà l'on n'y est, pour aveugler promptement la jaumière par laquelle l'eau entre avec abondance, et si le gouvernail est seulement démonté, on doit s'efforcer de frapper un
grelin sur ses sauvegardes pour le filer de l'arrière et éviter
ainsi qu'il ne frappe le bord. S'il fait beau temps, on dispose immédiatement les appâraux nécessaires pour le remonter ; mais
s'il fait mauvais, on le garde derrière jusqu'à ce que l'opération
devienne possible.

Divers moyens sont employés pour suppléer momentanément à un gouvernail démonté ou perdu : l'un d'eux consiste en un bout de câble filé derrière (§ 268) dont la partie immergée doit alors être garnie de plusieurs bordages présentant une certaine surface et chargée de quelques gueuses pour aider à son immersion ; un deuxième moyen, c'est d'employer l'ancre flottante ; enfin un troisième, qui constitue en quelque sorte un véritable gouvernail de fortune, consiste à filer derrière, de chaque bord, des bailles installées comme nous le dirons plus loin. Les deux premiers procédés sont temporaires ; ils suffisent à gouverner jusqu'à ce qu'on ait pu mettre en place le gouvernail de rechange ou un gouvernail de fortune. Voyons maintenant quels sont les moyens à employer pour embarquer le gouvernail démonté.

275. Décrire les appareils employés pour monter à bord le gouvernail ?

On se sert, pour exécuter cette opération, d'un des mâts de hune ou d'une vergue de hune de la drôme destiné à être poussé en flèche sur le mât d'artimon ; la pièce de mâture choisie est amenée sur l'arrière à l'aide de cartahus doubles ou de palans d'étais ; si c'est un mât de hune, sa caisse doit avoir été tournée vers l'avant.

Supposons qu'on fasse choix de ce mât. On aiguillette au ton du mât d'artimon les poulies supérieures de deux caliornes dont on vient également aiguilleter les poulies inférieures près de la noix du mât de hune ; ces deux caliornes peuvent être remplacées par une guinderesse de mât de hune passée en martinet dans quatre poulies de guinderesse ; deux sur le mât et deux au ton. Une caliorne venant des élongis d'artimon est destinée à servir de support à la caisse du mât que deux forts palans de bout crochés sur les bossoirs de poupe doivent empêcher de rentrer en dedans ; on dispose une caliorne de chaque

bord en palan de garde, leurs poulies inférieures se crochent
dans des erses entourant la vergue de brasseyage et les bossoirs de poupe.

On installe sur le mât de hune entre les poulies de caliornes
de balancines une estrope à cosse maintenue par un burin, un
croc ou un aiguilletage ; et l'on passe dans cette cosse une pantoire dont on amarre l'un des bouts au capelage du mât d'artimon, et sur l'autre bout de laquelle on aiguillette la poulie
supérieure de l'appareil à l'aide duquel on doit hisser le gouvernail. Sur un grand bâtiment, on dispose deux pantoires pour
pouvoir agir sur deux appareils.

Le mât d'artimon est soutenu par une caliorne frappée au ton
et crochée au pied du grand mât.

Ces dispositions achevées, on élève la caisse du mât de hune
avec la caliorne de support, la contretenant à l'aide des palans
de bout ; puis on donne au mât l'inclinaison convenable en
pesant les caliornes ou la guinderesse servant de balancines et
filant avec précaution les palans de garde. Cette inclinaison
sera suffisante lorsque l'appareil abandonné à son propre poids
se trouvera en dehors de la verticale du couronnement et que
la distance de sa poulie-supérieure au couronnement sera un
peu plus grande que la longueur du gouvernail. Brider ensuite
la caisse avec le mât d'artimon.

Disposer les palans d'étais au mât d'artimon et sur l'arrière
du grand mât ; bien brider le gui ; frapper à son extrémité
deux forts palans pour écarter le gouvernail du tableau ; mais
s'il ne déborde pas assez le couronnement ou si celui-ci a trop
d'élévation, pousser par les sabords d'arcasse les plus voisins
de la jaumière deux bouts-dehors de bonnette basse sur les
extrémités desquels on aiguillettera trois palans ; l'un d'eux servira de sous-barbe, le deuxième venant du couronnement ou
de la hune d'artimon agira comme balancine, le dernier devra
être croché dans les boucles de sauvegardes pour éloigner le
g ouvernail de la voûte et du tableau. Aiguilleter aussi à l'extré-

mité de chacun d'eux une poulie dans laquelle on passera un faux bras venant d'un des sabords de l'arrière et qui servira de bras ; enfin marier ces deux extrémités par un bon bout de filin.

Affaler des hommes qui crocheront l'appareil sur le piton de cervelle ou dans une erse baguée au trou de la barre et les palans de retenue dans les boucles des sauvegardes.

Peser l'appareil et hisser le gouvernail en embraquant d'abord les palans et faux bras de retenue, et les mollissant lorsque leur point d'application est au-dessus des bouts-dehors. Son milieu étant arrivé à hauteur du couronnement, baguer une erse un peu au-dessus et y crocher le palan d'étai du mât d'artimon; continuer à palanquer, et lorsque le talon a paré le couronnement peser le palan d'étai jusqu'à ce que le gouvernail soit à son appel ; crocher alors le palan d'étai du grand mât dans une erse sur son extrémité inférieure et l'amener sur le pont en le contretenant au roulis par des palans et faux bras. Procéder ensuite à sa réparation.

276. Mettre en place un gouvernail de rechange ou un gouvernail réparé ?

Avant de monter le gouvernail, il faut préalablement s'assurer qu'aucun aiguillot n'engage les ferrures d'étambot et au cas où quelques femelots seraient obstrués, tenter de les dégager en coulant au-dessous une gueuse de 50 kil. suspendue par un bout de corde passé dans chacun de ses trous. En halant fortement sur les deux bouts à la fois et à plusieurs reprises, on peut espérer faire sauter le bout d'aiguillot.

Pour débarquer le gouvernail et le mettre en place ; pousser en flèche un mât de hune ou une vergue de hune, ainsi qu'il a été dit dans la question précédente, et faire sailler en dehors par les sabords d'arcasse deux bouts-dehors de bonnette basse. Ces dispositions permettront de porter le gouvernail en dehors du bord, mais ne suffiront pas pour le conduire dans la jaumière. Il faudra donc, après avoir bien bridé le gui sur le couronnement, le soutenir en outre par des barres de cabestan ou des vergues légères disposées en X et aiguilleter sur le gui, au-dessus du panneau correspondant au trou de jaumière, une poulie de guinderesse ; on passe dans cette poulie une guinderesse qui se rend de là dans la jaumière, puis dans une autre poulie de guinderesse crochée dans le piton de tête du gouvernail, et revient faire dormant au gui.

Hisser le gouvernail sur les palans d'étai du grand mât et du mât d'artimon, en le contretenant par des retenues, et lorsqu'il est élevé suffisamment au-dessus du pont, y crocher l'appareil à l'aide duquel on lui fait parer le couronnement. Dès qu'il est arrivé à ce point, cesser d'agir sur la caliorne du mât de hune et virer sur la guinderesse crochée dans son piton de tête à mesure qu'on l'amène ; les palans frappés sur les bouts-dehors sont embraqués raides pour le tenir écarté du tableau.

On arrive ainsi à amener la tête du gouvernail dans la jaumière, mais la partie la plus difficile de l'opération reste à faire : c'est celle qui consiste à engager les aiguillots dans les femelots. Pour parvenir à l'accomplir, il faut, pendant que le gouvernail est encore à bord, passer deux faux bras en sens contraire dans le trou pratiqué à la partie inférieure du safran ; celui qui est dirigé de tribord à bâbord aura l'un de ses bouts à bâbord devant et sera maintenu à tribord contre le gouvernail, pendant qu'on le halera, par un morceau de bois amarré sur son double ; une disposition analogue sera prise pour l'autre faux-bras. En manœuvrant le gouvernail au moyen de ces faux-bras et de la barre engagée dans son tenon dès qu'on l'aura pu, on parviendra à le faire reposer sur ses ferrures.

Si le bâtiment porte à son étambot les chaînettes conductrices imaginées par M. Mancel, les difficultés de ce travail seront fort aplanies.

277. Quels sont les gouvernails de fortune les plus usités ?

Le gouvernail de fortune le plus efficace et le plus facile à mettre en place consiste en une vergue de hune sur l'extrémité plongeante de laquelle on fixe des affûts ou des jas d'ancre qui présentent à l'eau une certaine surface de résistance, et dont le point d'attache à bord varie suivant l'élévation du tableau du navire. Dans le système dit *du pilote Olivier*, ce point d'application est sur l'étambot près de la jaumière ; dans les gouvernails de fortune des capitaines *Fabvre* et *Peat*, la vergue entre à bord par un trou pratiqué dans le tableau ou s'appuie contre un châssis sur le couronnement. On les met en mouvement au moyen de faux bras frappés sur leurs bouts extérieurs et sur lesquels on agit, soit avec des palans, soit avec le cabestan.

Un grand nombre de gouvernails ont été imaginés ; ils se composent pour la plupart de tronçons de câble juxtaposés ou de pièces de mâture. Nous citerons l'appareil imaginé par le capitaine Lucas, dont la relation a été insérée dans les annales maritimes de l'année 1841.

Un procédé fort ingénieux est celui de M. Quoniam. Ce capitaine eut l'idée de remplacer le gouvernail démonté de son bâtiment par des bailles filées derrière à une certaine distance, et les résultats qu'il obtint de cette installation dépassèrent les espérances qu'il avait conçues ; la simplicité de cette machine, l'extrême facilité avec laquelle on la construit, sont de puissants motifs de recommandation en sa faveur. (Voir la description de divers gouvernails de fortune à la note 4.)

278. Comment un bâtiment donne-t-il la remorque à un autre bâtiment ?

Si le temps est beau, le bâtiment qui veut donner la remorque met en panne et amène une embarcation qui porte au navire à remorquer un bon faux-bras sur lequel celui-ci amarre une aussière ou un grelin que le remorqueur hale et tourne à son grand mât. Il peut aussi élonger le navire et en passer très-près de manière à jeter à bord un petit boulet ou un plomb de sonde sur lequel est amarré une ligne légère à l'aide de laquelle le remorqué hale à son bord le cordage devant servir de remorque.

Si l'état de la mer ne permet pas d'amener une embarcation, le bâtiment qui veut donner la remorque vient se placer sur l'avant et sous le vent du navire à remorquer et file à la mer une bouée sur laquelle plusieurs faux-bras ont été amarrés bout à bout ; il prend ensuite la panne. Le remorqué se dirige un peu au vent de la bouée, et lorsqu'il en est à petite distance met aussi en panne pour dériver dessus ; des hommes placés à l'extérieur sur les minots ou les sous-barbes se saisissent de la bouée et on hale du bord sur les faux-bras aux extrémités desquels on a fixé le cordage qui doit servir de remorque.

Les remorques doivent être fourrées sur une longueur de quelques brasses à une certaine distance de chacun de leurs bouts pour pouvoir être rafraîchies de temps à autre ; elles sont tournées aux bittes du remorqué. Si une seule remorque doit suffire, le remorqué la prend par l'écubier du vent pour que, avec la dérive, elle n'étrive pas sur la guibre et le remorqueur la fait travailler en patte-d'oie en frappant dessus, à petite distance de son arrière, une embossure qui rentre à bord du côté opposé à la remorque.

Il est bon d'établir un faux-bras de communication de l'un à l'autre navire ; on le passe dans une poulie sous le beaupré du remorqué pour qu'il ne coure pas le risque de s'entortiller autour de la remorque et on l'amarre sur le milieu du couronnement du remorqueur. Il permettra de changer facilement la remorque lorsqu'on redoutera sa rupture, sans nécessiter d'autre manœuvre que celle de ralentir la vitesse pendant l'opération.

16

279. Comment doivent manœuvrer le remorqueur et le remorqué
dans les diverses circonstances de la navigation ?

Le remorqueur ayant prévenu le remorqué qu'il va virer vent
devant, celui-ci se tient prêt à exécuter la même manœuvre. En
même temps que le remorqueur envoie, le remorqué laisse arriver de quatre quarts ; dans ce mouvement, il entraîne l'arrière du remorqueur sous le vent et oblige l'avant à venir au
vent ; lorsque le remorqueur a levé les lofs, le remorqué lofe
à son tour et c'est alors au tour du remorqueur à l'aider à ef-
féctuer son évolution.

Dans un virement de bord lof pour lof, le remorqueur commence aussi l'évolution ; le remorqué se maintient à la même
route et ne laisse porter que lorsque le remorqueur a effectué
une arrivée de quatre quarts. Le remorqué doit avoir pris la
précaution de diminuer de voiles pour ne pas tomber sur le remorqueur dont il abrite la voilure.

Si le calme se fait, la remorque doit être larguée pour éviter
un abordage ; il doit en être de même lors d'une saute de
vent.

Lorsque le mauvais temps se déclare, il est urgent pour le
remorqué de larguer la remorque qui, sans cette précaution,
le fatiguerait beaucoup par ses secousses ; il doit en être de
même si les deux navires fuient vent arrière, car dans cette
circonstance le remorqué se rapprochera d'autant plus du remorqueur qu'il abritera ses voiles. Dans l'un et l'autre cas, le
remorqueur se tient à petite distance du remorqué de manière
à pouvoir lui renvoyer les remorques au retour du beau temps
ou à lui porter secours au besoin.

VOIES D'EAU.

ABATAGE EN CARÈNE.

---

280. Quelles sont les causes qui peuvent produire une voie d'eau et
quels sont les moyens qu'on doit employer pour la boucher ou
l'aveugler ?

Lorsqu'un bâtiment a été soumis pendant quelque temps à
l'action d'une mer très-dure ou qu'il a talonné sur un danger,
une voie d'eau peut se déclarer. L'important est alors de connaître l'endroit où elle existe et sa recherche ne sera pas sans
difficultés, lorsqu'elle aura été causée par la fatigue du navire.
Un moyen indiqué par la plupart des auteurs consiste à appliquer l'oreille contre le bord dans un moment de silence ; il est
alors possible d'entendre le bruit que fait l'eau en entrant et d'en
déduire le lieu probable de la voie d'eau ; on délivre ensuite
quelques vaigres en cet endroit pour s'assurer de la réalité de
ses conjectures.

Si l'eau filtre à travers des coutures voisines de la flottaison,
il peut suffire de mettre le bâtiment à la bande ou de déjauger
l'avant ou l'arrière ; on procède alors à un calfatage provisoire,
et si une partie de bordage est avariée, on cloue par-dessus un
romaillet sur lequel on fixe une feuille de feutre recouverte
d'une plaque de plomb.

Quand un bordage se décloue et que sa position ne permet
pas de réparer l'avarie en mettant le bâtiment à la bande, on

travaille à le remettre en place par l'intérieur au moyen d'un tire-bord, et on le calfate ensuite aussi bien que possible.

Le résultat obtenu des pompes pour l'extraction de l'eau peut fournir de bonnes indications sur l'élévation de la voie d'eau et sa position. Ainsi, si l'on peut constater une diminution du niveau de l'eau dans la cale avec les moyens d'épuisement qui ont d'abord été insuffisants, on est autorisè à conclure de ce fait que la voie d'eau se trouve au-dessous du niveau intérieur. En ce qui concerne sa position ; s'il y a abaissement de l'eau après une diminution de voiles, la voie d'eau est sur l'avant parce qu'elle devait l'élévation de son niveau à une plus grande vitesse du bâtiment ; elle est de l'arrière, si le contraire a lieu à vitesse égale. Si, en mettant en panne, la hauteur de l'eau s'accroît avec la dérive, la voie d'eau est alors sous le vent ; si son niveau baisse dans les mêmes circonstances, elle est au vent. De ce que nous venons de dire, on conclut que les voies d'eau les plus dangereuses sont celles qui se trouvent à l'avant ou sous le vent et qu'on doit par conséquent réduire la vitesse dans le premier cas, c'est-à-dire mettre en panne ou prendre la cape ; et dans le second, changer d'amures.

Lorsqu'on ne peut se rendre maître de la voie d'eau en employant les moyens précités, il est quelquefois possible de l'aveugler en partie au moyen d'une bonnette goudronnée, bardée d'étoupes bien suivées que l'on promène sur la carène, de l'avant à l'arrière, au moyen de faux-bras passés les uns par les sabords d'arcasse et les écubiers, les autres aux bouts des basses vergues et par-dessous la quille, et tous frappés sur ses points. Lorsque cette voile se présentera devant l'orifice de la voie d'eau, elle sera pressée par l'eau qui y pénètre et s'appliquera sur l'ouverture.

281. Que doit-on faire lorsque le bâtiment est délié et fait de l'eau par les écarts ou coutures des bordages extérieurs ?

Il faut alors le ceintrer, c'est-à-dire l'entourer de plusieurs tours de grelin passant par-dessous la quille et dans deux sabords correspondants; chaque tour est viré au cabestan, et on les bride entre eux. Les couples peuvent aussi être reliés par d'autres tours de grelin allant d'un sabord à un autre, plus ou moins distant du premier, du même bord.

Si le bâtiment porte de l'artillerie sur les gaillards ou des poids dans ses hauts, on se verra probablement dans la nécessité de les jeter à la mer.

Si les bordages aboutissant à l'étrave prennent du jeu dans la râblure, on peut clouer symétriquement de chaque bord des mains de fer, et passer de l'une à l'autre de fortes bridures; il faut aussi brider les écubiers d'un bord à ceux de l'autre.

Si l'effort exercé par les haubans sur leurs chaînes produit l'ouverture des coutures de bordages de préceintes, on établit des pataras que l'on raidit ou que l'on croche sur des bouts de grelin ou d'aussière tournés du bord opposé, et passés sous la quille.

282. La voie d'eau ayant nécessité une relâche, décrire les opérations auxquelles sa réparation oblige.

Si le port de relâche possède un bassin de carénage, ou un gril de radoub, la réparation sera facile; mais s'il en est dépourvu, il faudra abattre le navire en carène.

Cette opération consiste à incliner le bâtiment sur le bord non avarié, autour de son axe longitudinal, de manière à émerger l'autre côté de sa carène; si l'on amène la quille à fleur d'eau, ou si on l'élève un peu au-dessus de ce niveau, on dit qu'elle est *éventée* et que le navire est *viré en quille*. Le bord sur lequel on incline est dit : *Bord de sous le vent;* l'autre : *Bord du vent.*

Nous allons décrire les dispositions à prendre pour la sécurité et la réussite de l'abatage, en supposant d'abord que le port puisse fournir les pontons et apparaux nécessaires.

PRÉPARATION. — Débarquer l'artillerie, les chaînes et ancres, les vivres, les rechanges, les dromes et le lest, dont on gardera la quantité nécessaire pour mettre le navire sans différence de tirant d'eau, afin que la quille puisse être éventée en même temps dans toute sa longueur; ce lest sera encaissé et solidement accoré. Saisir solidement tous les objets d'attache pouvant rester à bord, tels que le four et les cuisines, et clouer intérieurement, sur le vaigrage et par le travers de ces objets, d'épaisses croûtes d e bois pour protéger les fermetures des sabords contre leur chute possible; démonter le gouvernail, enlever les lisses et chandeliers de bastingages.

PRÉCAUTIONS DE CALFATAGE. — Calfater avec soin le pont, la muraille du navire sous le vent, et le plat-bord; fermer et calfater les hublots et fenêtres des bouteilles, bien boucher la jaumière; forcer dans les dalots et écubiers, sous le vent, des tapes que l'on recouvre extérieurement par des bouts de bordages cloués et calfatés sur le bordé; remplacer les sabords par des faux-mantelets pleins que l'on calfate et recouvre de deux bordages en croix; boucher avec des chevilles brayées les trous des itagues de sabords; clouer des placards sur les chaumards à l'extérieur. Condamner et calfater tous les panneaux, à l'exception de la grande écoutille, qui doit recevoir les pompes, et dans laquelle on établit, à la hauteur de chaque pont, des planchers destinés à supporter les hommes employés à la manœuvre des bringuebales; ces planchers sont inclinés de 25 à 30 degrés sur la grande épontille, pour être horizontaux quand le bâtiment sera abattu; ils sont construits avec des madriers bien arc-boutés sur le pont inférieur, par une de leurs extrémités, et s'appuyant par l'autre contre des barrotins du pont supérieur, sur lesquels on les assujettit par de forts taquets. Les pompes ont leurs pieds renfermés dans des mannes bien serrées, pour que les ordures ne puissent les engager.

TENUE DES MATS. — Si le bâtiment est faible de côté, ne lui conserver que les bas mâts, à l'exception du mât d'artimon; décapeler les chouques, ainsi que les hunes, et laisser à bord une bonne quantité de lest; si même on redoute une inclinaison trop brusque, le soutenir au moyen d'un chapelet de barriques. Si au contraire il est dur à abattre, conserver le mât d'artimon et ne pas dépasser les mâts de hune que l'on guindera plus ou moins.

Si le bâtiment est pourvu de l'ancien système de trelingages, en larguer les branches et les gambes de revers. Mettre en place les caliornes des bas mâts, décoincer les mâts et les appeler de l'avant jusqu'à ce qu'ils touchent leurs étambrais, puis virer les étais; raidir les haubans du vent jusqu'à ce que les mâts appuient un peu contre la partie du vent des étambrais, raidir ensuite ceux de sous le vent. Préalablement à ce ridage, on a arc-bouté les mâts près de leur emplanture, pour qu'ils n'en fatiguent pas trop les flasques.

Capeler à chaque mât, du bord du vent, deux pataras qui viendront se raidir sur de forts espars poussés en arcs-boutants par les sabords situés par le travers des mâts, et solidement maintenus en dedans par des taquets, des mains de fer et des bridures, et extérieurement par des caliornes de braguet en haubans et en sous-barbes crochées dans des boucles ou des mains de fer sur la préceinte. On peut remplacer les pataras par deux caliornes de tête, dont les poulies inférieures se crochent dans les doubles d'un fort filin embrassant par plusieurs tours les deux sabords placés par le travers des mâts. Les haubans du vent seront en outre bridés sur les mâts; cette bridure tiendra lieu de faux trelingage.

AIGUILLES. — Les aiguilles sont des pièces de bois ou espars destinés à soutenir les bas mâts pendant l'effort qu'ils doivent supporter; on en place deux par mât; leur tête est taillée en sifflet, et engoujée suivant la forme du bas mât; la plus longue s'applique à la partie inférieure des jottereaux; l'autre un peu au-dessous. On les fixe contre le mât au moyen d'une velture en deux plans, et l'on introduit des coins entre elle et le mât pour augmenter sa tension. Si le défaut d'espars d'une force et d'une longueur suffisantes obligeait à employer les mâts de hune du bâtiment, on remplacerait la velture par une portugaise.

Sur les bâtiments à batterie barbette, ou corvettes de première classe, les pieds des aiguilles doivent reposer sur le pont des gaillards; sur les bâtiments d'un rang plus élevé, ils pénètrent dans la batterie par des panneaux pratiqués à cet effet par le travers des mâts. Chacun d'eux est reçu sur une sorte de semelle ou sole; on l'y maintient par de forts taquets et des bridures, et on place des bordages ou croûtes de bois entre lui et le bord, pour garantir la muraille. On a épontillé dans les batteries, le faux pont et la cale, sous la partie qui doit recevoir les pieds des aiguilles, et sur une longueur de quelques barrots.

Pour empêcher les aiguilles de remonter sur les mâts, on enfoncera des coins à coups de masse au-dessous des semelles; un cric, placé de manière à soulever un peu le pied de chaque aiguille, facilitera cette opération.

Lorsque les aiguilles seront en place, coincer les mâts dans leurs étambrais, et mettre leurs braies en place; clouer aussi d'autres braies en toile goudronnée autour des panneaux des aiguilles; elles monteront à un mètre environ au-dessus du pont, et on leur aura conservé un certain mou pour que, lorsqu'elles se raccourciront une fois mouillées, elles ne puissent arracher leurs clous.

Pontons et apparaux. — L'abatage se fera sur deux pontons amarrés solidement entre eux, et fixés d'une manière invariable par le travers des bas mâts ; ces pontons, pourvus chacun d'un mât vertical et d'un certain nombre de cabestans, seront lestés convenablement pour résister à l'effort des apparaux.

Aiguilleter, au ton des mâts, les estropes des poulies supérieures des caliornes d'abatage, et les brider aux jottereaux, de façon que l'une des poulies soit à hauteur du point d'appui de la grande aiguille, et l'autre poulie à la hauteur de celui de la petite ; aiguilleter les poulies inférieures sur les doubles d'un grelin embrassant chaque ponton dans un plan latitudinal ; ces doubles seront bridés à l'extérieur, de manière à ne pouvoir courir ; passer les garants avec un passe-appareil, et placer leurs poulies de retour, de façon que les cordons soient parallèles entre eux.

Si l'on craint de ne pouvoir abattre complétement le bâtiment, en raison du mou que prendront les tours des grelins entourant le ponton, il est alors préférable d'aiguilleter les poulies inférieures des appareils dans de fortes boucles chevillées sur les carlingues ; les cordages destinés aux aiguilletages auront assez de longueur pour qu'après avoir passé un nombre suffisant de tours, les poulies se trouvent à la hauteur du pont du ponton

Dans le but de pouvoir redresser le navire à un moment quelconque, et aussi pour l'arrêter s'il se couche trop promptement, on installe à chaque mât une caliorne de redresse. Ces caliornes devant avoir un point d'appui très-élevé, on les aiguillette à la tête des mâts des pontons (à défaut de mâts, il faudrait élever des bigues), et leurs poulies inférieures dans des œils faits sur des bouts de grelin qui passent sous la quille et remontent du bord du vent pour venir faire dormant sur le grand mât et le mât de misaine.

Les arcs-boutants de pataras peuvent trouver leur utilité, si, par une brusque inclinaison du bâtiment, le choc imprimé à la caliorne de redresse détermine une rupture ou un craquement du mât du ponton. Privé alors des moyens de redresser le navire avec la caliorne, on peut employer avantageusement des caliornes frappées sur les extrémités des arcs-boutants.

Par mesure de précaution, on établit à chaque mât un câble de sûreté. Ce câble se fixe par un de ses bouts au mât du ponton, vient, du bord opposé à l'abatage, passer par-dessous le ponton, monte entourer le mât au capelage, et revient sur le ponton en suivant le même parcours; il passe dans une poulie coupée près de son dormant, et se raidit avec des caliornes.

Tenue du batiment. — Pour maintenir le bâtiment à la distance convenable des pontons, on mouille une ancre au vent par le travers, et on forme sur le câble ou la cigale, au moyen d'une deuxième amarre, une patte-d'oie dont les bouts passent sous la quille, et entrent à bord du côté sous le vent. Des amarres à l'avant et à l'arrière complètent la tenue du bâtiment.

Exécution. — Virer les quatre caliornes d'abatage le plus uniformément possible, embraquer à mesure le câble de sûreté, et filer les redresses jusqu'à ce que le bâtiment soit près d'atteindre son fort; ralentir alors le mouvement des cabestans, tenir raides les câbles de sûreté, et ne filer les caliornes de redresse qu'à retour et à la demande. Quand l'inclinaison est jugée suffisante, tenir bon partout, embraquer le mou des redresses et genoper tous les garants, mais être toujours prêt à redresser instantanément le navire, si une circonstance quelconque l'exige. Envoyer aux pompes et les faire fonctionner sans interruption; visiter minutieusement le bâtiment dans toutes les parties accessibles, pour observer l'effet produit par l'opération sur les liaisons, le calfatage et la tenue du système.

Pour redresser le bâtiment, embraquer les caliornes de redresse, et mollir à la demande, et sans secousses, les caliornes d'abatage et câbles de sûreté.

283. Quelles modifications peuvent subir les dispositions de l'abatage en carène, lorsque le lieu de relâche n'offre pas des ressources suffisantes ?

Dans l'opération qui vient d'être décrite (§ 282), le bâtiment a trouvé dans son lieu de relâche toutes les ressources nécessaires; mais il peut arriver que la localité soit dépourvue des objets les plus essentiels, et nous allons indiquer comment il est possible de pourvoir à leur remplacement.

Si le port ne possède pas des pontons de dimensions suffisantes, il faut alors se procurer d'autres points fixes : une cale, un quai, un radeau peuvent les fournir. La cale de même que le quai doivent être d'un abord facile et la marée ne doit pas occasionner contre leurs bords des différences trop grandes dans le niveau de l'eau ; dans le cas contraire, il est préférable d'user d'un radeau.

De vieux canons, des organeaux, sont parfois fixés sur les quais ou les cales et peuvent alors recevoir les poulies inférieures des appareils, ainsi que celles de retour des garants; à leur défaut, on les fixe sur un madrier chargé d'un poids assez considérable pour résister à l'effort exercé par le navire dans son mouvement d'abatée. Si l'on emploie un radeau, il doit entrer dans sa composition des mâts ou vergues assez forts pour qu'on puisse y crocher les poulies d'appareils; on le charge très-lourdement avec du lest, de l'artillerie, les ancres, les chaînes, et on assure sa tenue au moyen d'ancres au large et d'amarres à terre.

Quelque petit que soit le navire à abattre, il faut au moins deux cabestans pour l'opération ; leur usage est indispensable pour pouvoir agir sans secousses sur les appareils. On emploie d'abord celui du bâtiment que l'on installe, s'il est simple, sur une plate-forme assujettie sur le sol par une charge de quelques tonneaux de lest et fortement bridée à des pieux fixés en terre. Lorsque le cabestan est à deux cloches, on creuse une fosse assez grande pour y enterrer la cloche inférieure, et après qu'elle a été comblée, on arrime par-dessus des gueuses ou quelques maillons de chaîne. Le deuxième cabestan absolument nécessaire est volant ; on assure sa tenue en chargeant d'une certaine quantité de lest la base et les traverses que l'on maintient en outre à des points fixes profondément asssujettis dans le sol.

Les poulies supérieures des caliornes de redresse peuvent être aiguilletées sur les cigales d'ancres enterrées par le travers de chaque mât ; mais il est préférable d'élever des bigues aux portugaises desquelles on les fixe.

Si le bâtiment ne possède pas l'appareil complet de carène accordé pour une campagne lointaine, il est possible de fabriquer à bord les poulies d'appareils auxquelles on donne pour réas ceux des mâts de hune et des bittons d'écoute ; des guinderesses de mât de hune ou des pièces de galhaubans servent de garants. On peut aussi composer le deuxième appareil de chaque mât avec six poulies de guinderesse, trois servant de poulie supérieure et les trois autres de poulie inférieure.

284. Si l'on est éloigné de toute terre et qu'on ne puisse parvenir à se rendre maître d'une voie d'eau, quel parti est-on dans l'obligation de prendre ?

Celui d'abandonner le bâtiment dès qu'on rencontrera un navire, ou de se réfugier dans les canots ; mais les embarcations d'un bâtiment de guerre étant insuffisantes pour recevoir tout son personnel, il faut alors construire un radeau.

On coupera donc la mâture pour que les bas mâts principaux et les basses vergues puissent servir à former les deux grands côtés d'un rectangle dont les petits côtés seront formés par les vergues ou les mâts de hune ; par-dessus on placera parallèlement à ceux-ci d'autres espars solidement bridés et

amarrés. Des pièces vides bien bondées pourront être amarrées entre ces espars, elles aideront à faire flotter le radeau ;
lorsqu'elles seront en place, on formera un plancher avec les
bordages de rechange, des caillebotis, panneaux et cloisons
démontées; ces diverses pièces seront clouées et bridées sur les
espars ; on saisira aussi le long du radeau des barriques pleines
d'eau, de vin et d'eau-de-vie ; des chandeliers seront fixés sur
les bords en assez grand nombre, on y bridera des filières, et ils
serviront de tolets de nage. Un mât de perroquet sera élevé au
centre, on y établira un perroquet et un cacatois pour le largue
ou le vent arrière ; à son pied, on construira une petite plate-
forme sur laquelle on saisira les vivres les plus faciles à être
avariés, ainsi que les armes et munitions ; des voiles ou des
prélarts serviront à les préserver. On installera une vergue de
perroquet en godille pour servir de gouvernail et on embarquera sur le radeau une ancre à jet et un grelin, les avirons
de galère et ceux de rechange de la chaloupe, des instruments
de pêche, ainsi que des pavillons et fanaux, compas, cartes,
instruments à réflexion et longues-vues.

La construction du radeau terminée, on procédera à l'em-
barquement dans le plus grand ordre ; chaque homme sera
pourvu d'un rechange d'effets ; les embarcations prendront la
remorque du radeau, dans chacune il y aura un double armement; on aura aussi pris le soin de les fournir d'eau et de
quelques vivres, ainsi que de leurs mâts, voiles, grappins et
câblots, avirons de rechange, armes et compas.

Le commandant, qui sera sur le radeau, donnera la route à
suivre et suivant les circonstances, on fera usage des voiles
ou des avirons. Lorsqu'on apercevra la terre, une embarcation
recevra l'ordre d'aller reconnaître la côte et, sur les indications qu'elle aura fournies, on dirigera le radeau vers le lieu
le plus favorable au débarquement. Si l'état de la mer
le permet, on l'échouera; dans le cas contraire, il faudra le
mouiller à une certaine distance du rivage et effectuer le

transport à terre des hommes, vivres et munitions avec les embarcations.

285. Indiquer comment on pourrait construire un radeau à bord.

Si le nombre des personnes qui doivent trouver place sur le radeau n'est pas considérable, voici la manière dont on pourra le construire :

Prendre les deux mâts de hune de la drome et placer leurs extrémités sur le couronnement de manière qu'elles se croisent du tiers au moins de la longueur des mâts ; brider en travers, par-dessus, des morceaux de bouts-dehors ou de vergues de bonnettes distants l'un de l'autre de soixante centimètres à un mètre ; cela fait, poser deux des plus forts espars au-dessus des premiers dans le même sens et les saisir solidement avec eux, y fixer des pièces de bois parallèles à celles du plan inférieur et au-dessus de leurs intervalles, bien les brider avec les mâts. Suivant le nombre d'espars dont on dispose, on construit de la même manière un troisième et un quatrième plan ; après quoi on cloue sur les traverses supérieures, des planches, cloisons et panneaux pour former un plancher que l'on protége contre la violence des lames en bridant par-dessus et en travers des bouts d'espars.

. Le lancement de ce radeau ne présente pas de difficultés parce qu'il dépasse d'un tiers le couronnement du navire ; il suffit de soulever ses extrémités intérieures à l'aide des drisses des huniers ou de tout autre appareil, et de suiver légèrement le dessous des espars pour les faire glisser facilement. Dès qu'il est à la mer, on le hale le long du bord pour le charger d'eau et de vivres et se tenir prêt à s'en servir (1).

(1) Voir à la note V la description d'un radeau dont la construction extrêmement simple mérite l'attention.

286. Quel est le but de la sonde ?

Le bâtiment qui se sait à proximité de côtes dont l'hydrographie a été étendue jusqu'à une assez grande distance de la terre, sonde pour s'assurer de sa position : cette rectification s'opère en comparant la hauteur du fond et sa nature avec les indications données par les cartes au lieu où se trouve placé le navire d'après le résultat de ses observations astronomiques. On sonde aussi pour diriger sa route par le changement de brassiage, lorsqu'on donne dans une passe et qu'on navigue dans le voisinage de bancs et hauts fonds.

287. Comment sonde-t-on par de grandes profondeurs ?

Avant l'heure choisie pour sonder, on a lové la ligne de sonde dans des bailles en plaçant par-dessus, le bout qui doit être frappé sur le plomb. Ce plomb est mis entre les mains d'un homme placé sur le bossoir ou l'arc-boutant de beaupré sous le vent, et lorsque l'ordre est donné d'élonger la ligne, on en passe le bout dans une galoche frappée sur le galhauban arrière du grand mât de hune au vent et on l'envoie en dehors des haubans, de l'ancre de veille, du bossoir, par-dessous le minot et les sous-barbes, se baguer à la ganse du plomb de sonde. On a placé des hommes dans la poulaine des deux bords, sur le gaillard d'avant, dans les porte-haubans de misaine, sur les bastingages et dans les grands porte-haubans. Chacun d'eux, en commençant par celui placé le plus près du plomb, fait successivement une glène de quelques mètres de ligne et la tient à la main.

Ces dispositions une fois prises, on prend la panne sous le grand hunier, après avoir réduit la voilure pour ne pas trop dériver, et brassant carré seulement pour que l'effet du vent sur les voiles tende plutôt à faire culer qu'à pousser en travers. Lorsque le bâtiment a encore un peu de vitesse, on commande de mouiller le plomb ; l'homme qui en est chargé le laisse tomber à la mer après l'avoir balancé pour le jeter le plus possible au large ; chaque homme file sa glène à mesure que le plomb en demande en coulant et avertit son voisin de se tenir prêt à faire de même, par le cri : Veille ! qu'il accentue plus fortement au moment où il ne lui reste plus de ligne en main ; celui qui s'aperçoit par le toucher que le plomb cesse de solliciter la ligne a trouvé le fond et fait aussitôt un nœud à plein poing pour en indiquer la hauteur ; on range alors du monde sur la ligne et on la rentre à bord en la frappant de temps à autre pour en faire égoutter l'eau ; aussitôt après, on fait servir pour remettre en route ou reprendre de l'air et recommencer l'opération si elle n'a pas réussi. La hauteur du fond s'évalue à l'aide des graduations de la ligne ; des morceaux d'étamine des couleurs bleue, blanche, rouge et jaune sont placés de 25 mètres en 25 mètres, et de petites lanières de cuir partagent ces intervalles en cinq parties dont ils indiquent le rang par un nombre égal de coupures faites dans leur épaisseur ; sa nature est indiquée par les empreintes que rapporte le suif, il faut donc retirer la ligne avec précaution lorsque le plomb est sur le point de sortir de l'eau et la tenir écartée du bâtiment pour éviter qu'il frappe le bord en montant.

C'est afin d'obtenir le fond lorsque la ligne est verticale qu'on jette le plomb de sonde du bossoir ou de l'extrémité de l'arc-boutant de beaupré sous le vent ; si on le jetait au vent, la dérive, quelque faible qu'elle pût être, éloignerait le bâtiment du plomb et l'inclinaison de la ligne obligerait à estimer le fond d'une manière approchée. Si l'on évalue à 10° l'angle de la ligne avec la verticale, on obtient une hauteur du fond suffisamment exacte en retranchant de la quantité de ligne filée les 3/100 de cette longueur ; si l'angle est de 20°, la soustraction à faire est de 10/100. Une plus grande obliquité de la ligne ne permettrait pas de constater la profondeur avec une exactitude suffisante ; il faudrait recommencer la manœuvre.

288. Comment sonde-t-on par des profondeurs moyennes?

Lorsque le fond est inférieur à 100 mètres, mais trop élevé encore pour pouvoir s'obtenir en sondant à la main, on peut se dispenser de mettre complétement en panne ; il suffit alors, si le temps est beau, de ralinguer ou de mettre en panne courante en brassant carré le perroquet de fougue et choquant les écoutes des basses voiles ; le plomb est disposé sur le bossoir du vent, on le mouille lorsque le navire est presque étale. Cette manœuvre, ne nécessitant que des changements insignifiants dans la disposition de la voilure, permet de sonder à des intervalles rapprochés ; elle peut être renouvelée dès que la ligne a été rentrée et élongée de nouveau.

Si l'on est grand largue, la brise fraîche ; il faut rentrer les bonnettes, border plat les focs pour n'avoir pas à craindre de virer vent devant, mettre la barre dessous et lofer en ralingue. Si la brise est faible, on peut ne rentrer que la bonnette basse et procéder de même ; l'effet des focs et de la barre s'opposera à ce que le bâtiment vire, parce que les bonnettes produiront un certain mouvement d'acculée.

289. Ne peut-on pas sonder par des fonds inférieurs à 100 mètres, sans changer la direction de la route et avec une certaine vitesse?

Oui, en employant la bouée de sonde. Elle se compose d'une bouée en liége ayant la forme d'un tronc de cône à bases parallèles ; un axe en bois la traverse, il déborde la grande base de 8 ou 10 centimètres et y est arrêté par une clavette en bois, il dépasse aussi la petite base de 30 centimètres environ ; à sa partie inférieure, cet axe est percé d'un clan dans lequel est un réa sur lequel s'enroule la ligne de sonde ; une petite lame de métal faisant fonctions de ressort est appliquée sur une des faces de l'axe en regard du réa dont elle couvre à peu près la moitié.

Quand on veut sonder, on jette la bouée à la mer en même temps que le plomb ; la ligne passée sur son réa fait à sa sortie écarter le ressort qui la presse et se déroule d'un tour de loch. Lorsqu'elle file moins vite et que la bouée éprouve un mouvement d'oscillation et flotte librement, on peut en déduire qu'elle n'est plus sollicitée par le poids du plomb et que par conséquent, celui-ci est au fond. On hale alors la ligne, qui ne peut remonter à bord sans amener avec elle la bouée dont le ressort presse la ligne devenue verticale ; la longueur comprise entre le ressort et le plomb donne la hauteur du fond.

Cet instrument donne d'excellentes indications par des fonds de 40 à 50 mètres et avec une vitesse de 5 à 6 nœuds ; mais par des profondeurs plus grandes, il faudrait réduire le sillage pour n'avoir pas à dérouler une trop grande longueur de ligne.

290. Comment sonde-t-on par de petites profondeurs ?

Lorsque la hauteur du fond n'excède pas 30 à 40 mètres et qu'on donne dans une passe, on sonde à la main. La vitesse du navire doit être assez réduite pour qu'un sondeur placé dans les grands porte-haubans ou dans une embarcation de côté puisse obtenir le fond ; cet homme est soutenu à hauteur de ceinture par une sangle fixée sur les rides des bas haubans ou sur le bras qui maintient entre eux les deux bossoirs de l'embarcation ; il peut, à l'aide de cet appui, porter le haut du corps en dehors, balancer le pomb, le faire tourner deux ou trois fois et le lancer assez loin sur l'avant pour le sentir arriver au fond au moment où il est lui-même verticalement au-dessus. Lorsqu'il s'est assuré de la quantité de ligne filée, il chante le fond et hale la ligne à bord. « *Tant de mètres tribord ou bâbord , fond !* » S'il n'a pas trouvé le fond, il chante : « *Tant de mètres tribord ou bâbord, pas de fond !* »

On fait habituellement sonder des deux bords ; les sondeurs doivent s'entendre pour lancer le plomb alternativement afin qu'il n'y ait aucune interruption dans le sondage et pour ne pas chanter le fond simultanément.

Les lignes sont divisées de mètre en mètre ; des morceaux d'étamine des couleurs bleue, blanche, rouge et jaune sont placés de cinq mètres en cinq mètres et de petits bouts de cuir partagent ces intervalles en cinq parties égales.

291. Comment doit-on attérir ?

Nous avons vu (§ 286) qu'il est prudent de sonder pour s'assurer un bon attérage ; cette précaution est surtout nécessaire lorsque, après une longue traversée, on conçoit quelques doutes sur la position fixée au navire par les chronomètres. Si le gisement de la côte s'étend du nord au sud, on vient se placer en latitude du point que l'on veut atteindre lorsqu'on s'en suppose éloigné de trois ou quatre degrés de longitude, pour n'avoir plus à faire que du chemin à l'est ou à l'ouest. Si au contraire la côte court de l'est à l'ouest, on attérit obliquement en se dirigeant vers le port que l'on cherche. Dans les deux circonstances, il faut naviguer avec précaution ; les chaînes sont étalinguées sur les ancres, lorsqu'on se suppose à cinquante lieues de la terre et on place des vigies qui explorent avec soin les alentours du bâtiment.

Si la terre est en vue au point du jour, on pourra selon toute probabilité prendre le mouillage avant la nuit ; mais si elle n'est aperçue que dans la journée, cela ne sera guère possible ; il faudra seulement forcer de voiles pour la reconnaître et être au moins bien fixé sur sa position ; les vues de côtes que l'on possédera et les instructions nautiques dont on sera pourvu renseigneront d'une manière à peu près certaine. En supposant donc la position parfaitement déterminée, on pourra, si la côte est bien éclairée, si l'atmosphère

n'est pas épaisse, et avec un vent maniable soufflant d'une
bonne direction, venir prendre son mouillage, ou donner dans
les passes qui y conduisent, sous une voilure permettant de
prendre promptement la panne ou une allure quelconque ;
si le mouillage est très-fréquenté, on mouillera en tête de
rade pour changer de poste le lendemain matin. Si l'on ne
juge pas prudent d'entrer la nuit, on pourra mouiller si la
hauteur du fond et sa qualité le permettent, ou louvoyer à
petits bords en les calculant de manière que celui qu'on courra
au point du jour permette de donner immédiatement dans les
passes ; le calcul de l'heure de la pleine mer aura aussi fixé
sur la longueur et la direction des bordées.

Si le temps est brumeux, on doit redoubler de précaution ;
les vigies sont multipliées et placées aux bossoirs et sur la
vergue de misaine ; on attend une éclaircie pour s'approcher
de terre. Dans cette circonstance, comme dans celle de mauvais temps, il faut mettre en travers jusqu'à ce que la position du bâtiment ait pu être déterminée d'une manière bien
précise.

292. Quel est le système uniforme de coloration appliqué aujourd'hui
à toutes les bouées et balises des côtes de France ?

Les bouées ou balises qu'on doit laisser à tribord, en venant
du large, sont peintes en rouge ; celles qu'on doit laisser
à bâbord sont peintes en noir ; et celles qu'on peut indifféremment laisser d'un bord ou de l'autre sont peintes en
bandes horizontales, alternativement noires et rouges. Les
balises ne sont ainsi peintes qu'à partir du niveau des plus
hautes mers ; au-dessous de ce niveau, elles sont peintes en
blanc.

Sur chaque bouée ou balise on écrit, soit en entier, soit en
abrégé, le nom du banc ou de l'écueil qu'elle signale et l'on
donne en outre une suite de numéros à ceux des ouvrages qui

appartiennent à une même passe. Ces numéros ont leur point de départ du côté du large ; les numéros pairs sont affectés aux bouées et balises rouges, c'est-à-dire à celles que le navigateur doit laisser sur tribord ; les numéros impairs sont donnés aux bouées et balises noires. Les ouvrages peints en bandes rouges et noires portent des noms, mais point de numéros.

DES MOUILLAGES.

293. Quelles sont les dispositions à prendre pour le mouillage et quelles sont les manières ordinaires de mouiller ?

Les ancres ont été dessaisies en vue de terre ; à quelque distance du mouillage, on dégage les puits, le parcours de la chaîne et les linguets ; des palans sont disposés sur les cous de cygne des étrangloirs ou les leviers de leurs lunettes ; on prend les tours de bitte, si la brise est fraîche et la hauteur du fond tant soit peu considérable ; les sondeurs sont à leurs postes dans les grands porte-haubans ou dans les canots de porte-manteaux.

On peut mouiller de deux manières ; soit en conservant un peu de vitesse ou en commençant à culer. Cette dernière manière de faire exige beaucoup de coup d'œil et de précision dans la manœuvre s'il y a obligation à laisser tomber l'ancre dans un endroit précis, aussi ne doit-on l'employer que lorsque le lieu du mouillage est bien dégagé et indéterminé ; la première manière assure de pouvoir mouiller au point voulu, permet d'élonger la chaîne avec le reste de vitesse du bâtiment et donne la certitude de ne pas surpatter.

La voilure sous laquelle on doit arriver au mouillage dépend des difficultés plus ou moins grandes des passes qu'il faut suivre pour y arriver, de l'intensité de la brise, du degré d'instruction de l'équipage et de sa force numérique ; un bâtiment exercé et bien manœuvré se débarrasse en même temps des voiles carrées et du grand foc pour mouiller au point voulu avec un reste d'air de manière à ne pas faire forcer sa chaîne.

Si les bâtiments qui se trouvent au mouillage sont évités debout au vent, il faut diriger la route de manière à laisser tomber l'ancre dans cette direction.

En pareil cas ; après avoir réduit la voilure aux huniers, perroquets, grand foc et brigantine, on gouverne un peu sous le vent du mouillage ; puis, lorsqu'on se juge à distance convenable pour atteindre ce point sans le secours des voiles, on cargue et amène partout, hale bas le grand foc, en même temps qu'on présente le bâtiment debout au vent à l'aide de la barre et de la brigantine. Parvenu à l'endroit voulu, on laisse tomber l'ancre, celle du vent de préférence parce que sa chaîne raguera moins le cuivre que celle de l'ancre sous le vent.

Pour mouiller en culant, on manœuvre de même ; si ce n'est qu'après avoir cargué les voiles on les brasse carré avant de les amener ou que, suivant la force du vent, on les brasse carré d'abord, pour ne les carguer que lorsque le navire commence à culer ; s'il vente un peu, le perroquet de fougue conservé hissé et brassé peut suffire à produire le mouvement en arrière.

Si l'on est obligé de mouiller vent arrière, faute de l'espace nécessaire pour arrondir et amortir l'air du bâtiment, il faut se débarrasser de bonne heure de toutes les voiles et, à l'instant de mouiller, lancer le navire sur un bord ou sur l'autre ; en cette circonstance, l'ancre seule doit l'arrêter et le faire éviter. Si, malgré les dispositions prises, le bâtiment a conservé une assez grande vitesse, on doit étrangler un peu la chaîne, la laisser riper dans les étrangloirs et ne l'arrêter irrévocablement que lorsqu'il est presque étale. Si l'on se servait d'un câble en chanvre, on frapperait de distance en distance des bosses cassantes dont la résistance parviendrait à amortir la vitesse.

294. Comment mouille-t-on avec du courant?

Si le courant a la même direction que le vent, on manœuvre comme nous venons de l'indiquer (§ 293), observant que son action ayant pour effet de porter le bâtiment sous le vent, il faut modifier en conséquence la direction de la route ainsi que l'instant où l'on doit venir au vent, pour mouiller avec un reste d'air ou en culant.

Soit que le courant croise la direction du vent ou qu'il vienne de sous le vent, il faut venir prendre le mouillage aux amures qui y font présenter l'avant, et laisser tomber l'ancre lorsque le bâtiment, quoique paraissant aller encore de l'avant, à en juger par le mouvement de l'eau le long du bord, cule cependant réellement ; des alignements pris à terre on la position du plomb de sonde servent à determiner ce moment. En manœuvrant ainsi, le navire une fois mouillé n'a qu'une petite courbe à décrire pour venir à l'appel de son ancre, et sa chaîne reçoit une secousse moins forte que s'il avait mouillé aux autres amures.

Si l'on a bien examiné l'évitage des navires sur rade, leur position indiquera la manœuvre à faire pour venir étaler au même cap qu'eux après avoir pris les amures qui feront présenter l'avant au courant.

295. Comment mouille-t-on par de mauvais temps ?

Lorsqu'un bâtiment se trouve dans l'obligation de mouiller par mauvais temps sur une côte dangereuse et qu'il veut se réserver un appareillage certain, il mouille sur une ancre à laquelle il empennelle souvent une ancre à jet pour assurer sa tenue.

Ses mâts de perroquet sont dépassés, il a débarrassé son gréement des vergues et voiles inutiles, et serré successivement ses voiles carrées, gouvernant un peu au vent du point qu'il veut atteindre et ne conservant plus à l'instant du mouillage que le petit foc et l'artimon. Si son ancre est empennelée, il ne garde, aussitôt l'ancre à jet mouillée, que la voile nécessaire pour se maintenir dans sa direction.

Si l'on mouille l'ancre avec un câble en chanvre, on en prend préalablement la bitture et on dispose des bosses cassantes pour que le bâtiment ne fasse pas tête brusquement.

Si l'on veut mouiller plusieurs ancres, on doit les laisser tomber en barbe de manière à ce que leurs chaînes travaillent ensemble sans se croiser. Pour exécuter cette manœuvre ; il faut, sous le petit foc et l'artimon, parcourir une ligne perpendiculaire, ou à peu près, à la direction dans laquelle on sera évité une fois mouillé, porter bon plein pour avoir un peu de vitesse et mouiller successivement les ancres en commençant par celle du vent et filant rapidement leurs chaînes ; dès que la dernière est tombée, haler bas le grand foc et lofer.

Les ancres doivent concourir ensemble à la tenue du bâtiment ; elles sont mouillées à une certaine distance l'une de l'autre de manière à ne pas se nuire mutuellement en cas de chasse, et leurs touées ont des longueurs telles qu'elles travaillent également.

296. Comment affourche un bâtiment déjà mouillé sur une ancre ?

On a vu (§ 142) quelles sont les conditions nécessaires pour que l'affourchage offre de la sécurité.

Le bâtiment déjà mouillé sur une ancre et qui veut affourcher peut le faire de plusieurs manières : 1° si la direction du vent et du courant le lui permettent, il se laisse dériver convenablement et mouille sa deuxième ancre lorsqu'il a filé une quantité suffisante de la chaîne de la première ; puis il vire cette chaîne au cabestan, en filant l'autre jusqu'à ce que les deux touées soient égales.

. Dans le cas où le lieu de mouillage de la deuxième ancre ne peut être atteint à l'aide du vent, du courant, des voiles et d'embarcations de remorque, il faut élonger une ancre à jet un peu au vent de ce point et lorsqu'elle est mouillée, virer l'ancre de bossoir à pic, se haler sur le grelin de l'ancre à jet en filant la chaîne de la première ancre à mesure, et arrivé à pic de l'ancre à jet, mouiller la deuxième ancre avec un peu d'air pour qu'elle ne soit pas surjalée ; puis virer la première chaîne en filant la deuxième, jusqu'à égaliser les touées.

297. Quelle est la manœuvre à exécuter pour affourcher à la voile?

On affourche pour le vent le plus à craindre ou pour occuper une position déterminée par rapport à la terre ou à des bâtiments. Dans le premier cas, les ancres doivent être mouillées sur la perpendiculaire de ce vent et la distance qui les sépare dépend du brassiage qui règle en quelque sorte la longueur de la touée ; on s'élève au vent jusqu'à ce qu'on puisse courir un peu largue sur la direction de cette perpendiculaire et arrivé au point choisi, on laisse tomber l'ancre du vent après avoir réduit sensiblement la voilure, de manière à ne conserver que celle nécessaire pour bien élonger la touée ; on file la chaîne le plus rapidement possible en se répandant vers le lieu où doit être mouillée la deuxième ancre et lorsque la longueur filée est le double de la touée qu'on veut donner à chaque chaîne, on stoppe et mouille la deuxième ancre en carguant et serrant partout ; il ne reste plus qu'à virer la chaîne de la première ancre en filant celle de la deuxième, jusqu'à égaliser les touées.

En s'élevant au vent de manière à pouvoir courir un peu largue sur la perpendiculaire du vent, on a pour but de corriger l'effet de la chaîne qui est de rappeler le bâtiment au vent.

Si l'on veut affourcher pour occuper une position déterminée par rapport à un bâtiment; il faut, si ce bâtiment est affourché, s'élever au vent jusqu'à ce que l'on relève la bouée de l'ancre qui a dû être mouillée la première par ce navire dans la direction qu'on doit occuper par rapport à lui ; courir sur cette bouée jusqu'à ce qu'on en soit à la distance qui doit séparer les deux navires ; mouiller alors la première ancre et filer rapidement de la chaîne en laissant porter, pour gouverner sur la ligne à donner aux ancres ; lorsqu'on relève la deuxième bouée dans la même aire de vent que la première, mouiller et égaliser les touées.

ÉCHOUAGE. — NAUFRAGE. — INCENDIE.

298. Quelles sont les circonstances les plus ordinaires d'un échouage?

Les causes les plus ordinaires d'un échouage sont les suivantes : 1° Lorsqu'étant sous voiles ; gouvernant soit à la sonde
et d'après des relèvements, soit sur l'avis d'un pilote, on ap-
précie mal la position d'un banc ou le prolongement sous
l'eau d'une pointe de terre ; 2° lorsqu'étant sous voiles, on
rencontre à son insu un banc ou un haut fond ; 3° lorsqu'on
se trouve affalé sur une terre par des courants dont on igno-
rait la violence et la direction, ou par un vent battant en
côte ; 4° lorsque poursuivi par des forces ennemies, on prend
la détermination de faire côte ; 5° lorsqu'étant à l'ancre, les
ancres chassent ou les chaînes cassent.

Les trois dernières circonstances constituent plus particu-
lièrement le naufrage. Que l'échouage ait été occasionné par
l'une ou l'autre des causes que nous venons d'énumérer, il
est d'autant plus grave que le vent est fort et que la localité
est soumise aux marées.

299. Quelles sont les diverses dispositions à prendre pour déséchouer
un bâtiment dans la généralité des cas ?

La première idée qui se présente à l'esprit, dès qu'un bâtiment talonne ou s'échoue, est de le retirer en lui faisant par-

courir en sens inverse la direction qu'il suivait avant son échouage. S'il a seulement talonné, les voiles manœuvrées convenablement pourront peut-être parvenir à le dégager ; mais s'il est échoué, leur action sera inutile, nuisible même ; il faudra donc les serrer aussitôt, mettre ensuite les embarcations à la mer, envoyer sonder autour du bâtiment s'il a franchi un banc ou un haut fond avant de s'échouer, et élonger une ancre de bossoir dans la direction reconnue la plus favorable. Dans quelque mer ou rivière qu'ait lieu l'échouage, que ce soit de flot ou de jusant, cette opération est la première à exécuter ; non-seulement parce qu'elle met le navire promptement en possession du moyen le plus puissant qu'il puisse employer pour se remettre à flot ; mais aussi parce qu'on ne peut l'alléger avant d'avoir pris les dispositions nécessaires pour qu'il ne soit pas porté plus à terre, s'il y a flot.

Lorsqu'après avoir exercé un certain effort sur l'ancre, on a lieu de croire qu'elle ne suffira pas pour renflouer le bâtiment, il faut vider l'eau des caisses dans la cale et l'en extraire avec les grandes pompes, débarquer les dromes, dépasser les mâts de perroquet et faire passer le lest volant et l'artillerie sur l'arrière, si cette partie est encore à flot.

Si l'on est à proximité d'un port offrant des ressources, on tirera des coups de canon de détresse et l'on enverra un canot demander des secours en bugalets et pontons pour y déposer les vivres, ancres, canons, etc., etc., et aider à soulager le bâtiment ; mais si l'on se voit réduit à ses seuls moyens, on construira un radeau avec les mâts et vergues des drômes et autres espars, tels que les mâts de perroquet, les bouts-dehors, sur lequel on déposera les rechanges et ce qu'on pourra de vivres ; et on jettera les canons à la mer par quelques sabords placés dans la direction opposée à celle de halage, après les avoir garnis d'orins et de bouées.

Lorsque le bâtiment sera à flot ; élonger une deuxième ancre qui servira à s'éloigner davantage du danger.

500. Quelles sont les mesures à ajouter aux précédentes lorsque
l'échouage a lieu sur un fond dur ?

En pareille circonstance, les mâts fouettent et le bâtiment
donne des coups de talon ; il faut donc caler les mâts de hune
et frapper une aussière de retenue sur les boucles de sauvegardes du gouvernail pour se ménager les moyens de le
sauver plus tard, s'il vient à être arraché de ses ferrures. Si
l'effort exercé sur l'ancre de bossoir empennelée et virée avec
des caliornes et marguerites n'amène à aucun résultat, et si
les chocs et secousses qu'éprouve le navire deviennent violents
au point de faire craindre la chute de la mâture, il peut devenir urgent de la couper pour éviter qu'en tombant dans un
moment inattendu elle ne tue ou ne blesse un grand nombre
d'hommes. Mais ce parti ne doit être pris qu'à la dernière
extrémité, et que si les moyens de remâtage se trouvent en
quelque sorte sur le lieu même de l'échouage.

Un bâtiment échoué pendant le jusant et qui talonne avec
force, peut s'échouer davantage pour modérer la violence des
chocs, en introduisant dans sa cale une certaine quantité d'eau ;
mais pareil moyen dénote nécessairement qu'il doit suffire du
retour de la marée de flot pour le relever, et suppose la possibilité de pouvoir remplacer, près du lieu de l'échouage, les
vivres et objets de rechange avariés.

301. Quelles sont les dispositions à prendre pour remettre à flot ou
maintenir le bâtiment, lorsqu'il s'échoue pendant le jusant ?

S'il y a jusant, l'échouage acquiert beaucoup de gravité
dans quelque circonstance qu'il se produise ; on doit donc
employer sur-le-champ des moyens prompts et décisifs, parce
qu'en agissant autrement, on pourrait être obligé de renoncer
à relever le navire jusqu'au retour de la marée de flot. Donc,

élonger promptement une ancre de bossoir et alléger ensuite le bâtiment le plus possible.

Si l'on ne réussit pas de suite à le déséchouer, il faut le béquiller pour l'empêcher de se coucher, et débarquer tous les objets pesants pour qu'il fatigue moins ses béquilles ; on opère ce débarquement ainsi que nous l'avons dit (§ 299).

S'il faut attendre une marée de syzygie pour remettre le bâtiment à flot; bien consolider les béquilles et en doubler le nombre s'il le faut ; visiter extérieurement la carène et réparer le mieux possible les voies d'eau au moyen de placards et de calfatages, garnir de paillets et de glènes de vieux cordages les parties qui pourront avoir à souffrir des roches lorsque le navire commencera à être soulevé, démâter le bâtiment au moyen de bigues, l'alléger en l'entourant d'un chapelet de barriques vides, disposer en un mot tous les moyens qui sont de nature à assurer la réussite de l'opération.

302. Comment béquille-t-on un bâtiment?

Nous venons de dire dans quelle circonstance on béquille un bâtiment; cette opération doit s'effectuer sans hésitation dès qu'on a reconnu l'impuissance de l'ancre de bossoir pour remettre le bâtiment à flot ; si on l'accomplissait lorsque déjà le navire a acquis une certaine inclinaison, les espars employés forceraient d'une manière inégale et il y aurait à craindre la rupture de ceux placés sous le vent.

Ces espars sont les deux basses vergues, des mâts de hune, le mât de perroquet de fougue, le bout-dehors de grand foc, la vergue barrée et le gui. Si le bâtiment a de l'inclinaison, on met les deux basses vergues sous le vent ; s'il est droit, on en place une de chaque côté.

Pour mettre une basse vergue en béquille, à bâbord, par exemple ; déverguer la voile et dépasser ses cargues, envoyer les bouts-dehors en bas ; raidir ses drisses et larguer la suspente; passer la guinderesse du grand mât de hune dans sa poulie au chouque à bâbord, en envoyer le bout sur l'avant de la hune; bien tenir la vergue du grand hunier en bras et balancines, et crocher une candelette à bâbord en fausse balancine; aiguilleter ou frapper au-dessous la poulie supérieure d'une caliorne, et crocher sa poulie inférieure à l'extrémité tribord de la vergue. Apiquer la vergue, décrocher le bras de bâbord, dépasser ou décapeler la balancine, et frapper sur cette extrémité deux faux-bras passés en cartahus doubles venant l'un de l'avant, l'autre de l'arrière; frapper la guinderesse entre les poulies de drisses, et amener la vergue sur ses drisses et la guinderesse en embraquant à mesure la caliorne du grand hunier, jusqu'à ce que la vergue soit verticale; enlever alors les boulons des drisses, et continuer à l'amener sur la guinderesse et la caliorne en la maintenant droite à l'aide des faux bras frappés sur son extrémité. Dès qu'elle repose sur le fond, la forcer à s'y appliquer ou à y rentrer, au moyen d'une caliorne frappée sur le bout de tribord et crochée sur le pont à son aplomb; puis la maintenir solidement contre le bord au moyen de plusieurs tours d'un fort filin passés du capelage aux sabords les plus voisins, et brider ces tours ensemble et avec la vergue perpendiculairement à son axe.

S'il s'agit de mettre en béquille un mât de hune de la drôme; le soulager horizontalement au moyen du palan de bout de vergue de chaloupe disposé sur la vergue à l'aplomb de la muraille extérieure et croché par sa poulie inférieure dans une erse baguée au centre de gravité du mât, à peu près; affaler la drisse de bonnette de hune de sa poulie à l'extrémité de la vergue et y passer une poulie à croc, de manière à constituer un cartahu double dont on fera le dormant sur la vergue près du bout; des retenues seront frappées à la tête et à la caisse du mât pour le contretenir convenablement, et le cartahu double croché au-dessous de la noix permettra de le maintenir vertical pendant qu'on l'amènera le long du bord au moyen du palan de chaloupe; des faux-bras amarrés sur la caisse aideront à le conserver dans cette position.

Si l'inclinaison du bâtiment est prononcée, on peut soulager l'effort que les béquilles ont à supporter en mouillant à bonne distance par le travers, du bord du vent, une ancre à jet dont le grelin passé dans une poulie de guinderesse au capelage du grand mât se raidit au moyen de palans sur le pont; dans le même but, on rentre la batterie du bord incliné.

505. Quel est le moyen qu'on peut employer pour redresser et relever un bâtiment crevé ?

Le meilleur moyen qu'on puisse employer pour redresser le bâtiment, consiste à disposer de chaque côté un certain nombre de pontons maintenus en position invariable par des ancres mouillées dans des directions convenables et unis entre eux par des amarres; puis de l'entourer par des chaînes passées dans le sens déterminé par l'inclinaison et faisant retour à bord des pontons par leur travers, ou par l'une de leurs extrémités. En palanquant des caliornes frappées sur chacune des chaînes, on pourra arriver à redresser le bâtiment.

Les essais entrepris auront d'autant plus de chances de réussite que la localité sera soumise davantage aux mouvements de la marée. Aussi après avoir disposé de chaque bord un certain nombre de pontons ainsi qu'il a été dit, on entourera le navire par des chaînes faisant dormant du bord du vent; les unes passeront par-dessous la quille et seront reçues sur les pontons placés sous le vent; les autres passeront aussi sous la quille, remonteront par-dessus le navire et se rendront du bord du vent; sur les unes et les autres, on frappera des caliornes.

Tout l'effort à produire pour redresser le bâtiment s'opérera sur les pontons placés au vent, ils devront donc être amarrés très- solidement au moyen d'ancres bien empennelées ; les pontons sous le vent seront surtout destinés à soulager le navire, ils recevront un certain nombre de tonneaux de lest volant placés d'abord dans leur partie la plus rapprochée du bâtiment. Après que les chaînes auront été bien palanquées, on transportera ce lest sur l'extrémité opposée. Dès que le flot se fera sentir, ces pontons seront soulagés par la marée et les chaînes qui y sont fixées soulèveront un peu le navire ; en virant alors sur les caliornes des chaînes du vent à bord des pontons placés de ce côté, on parviendra à redresser le bâtiment d'une quantité sensible. L'opération sera continuée de la sorte sans interruption jusqu'à ce que le navire soit droit.

De fortes béquilles auront été disposées à l'avance, elles seront maintenues verticales au moyen de palans et de lest à leurs pieds contre les pontons de sous le vent, et seront prêtes à être approchées des flancs du bâtiment où on les maintiendra solidement par des caliornes en haubans frappées à leurs têtes et crochées dans des doubles de forts filins allant d'un sabord à l'autre. Pour mieux raidir ces caliornes, on les bridera l'une à l'autre ; d'autres bridures seront passées tours et autres par-dessus la béquille et dans les sabords les plus voisins (1).

Après que le bâtiment aura été redressé, il restera à le soulager pour pouvoir le conduire en un lieu où il sera réparé ou démoli. Les moyens à employer consisteront à l'entourer de chapelets de barriques vides bien bondées et à le soutenir, au moyen de chaînes, sur de vieux navires ou des pontons accostés de chaque bord ; puis de l'alléger autant que possible pour pouvoir sans trop de difficultés l'entrer dans un bassin, ou l'échouer le plus avant sur la plage où il devra être démoli.

(1) Cette description donne un aperçu de l'opération exécutée avec succès, en rade de Brest, pour redresser le vaisseau *le Duguesclin.*

304. Indiquez le moyen général à employer pour relever un bâtiment
coulé.

Un petit bâtiment se drague sur le fond jusqu'à ce qu'on par-
vienne à engager sous son étrave et son étambot des chaînes
que l'on raidit ensuite sur des pontons placés de chaque bord,
et préalablement chargés d'une certaine quantité de lest ou
remplis d'eau ; ces pontons sont déchargés après que les chaînes ont été convenablement palanquées. Le navire ayant été
soulagé au-dessus du fond par ce moyen, on le hale à terre,
soutenu par les pontons, jusqu'à ce qu'il soit échoué une
deuxième fois ; puis après avoir chargé de nouveau les pontons
et raidi les chaînes, on continue à opérer comme il vient d'être
dit jusqu'à ce que le bâtiment soit assez approché de terre
pour qu'on puisse apercevoir ses hauts. Arrivé à ce point de
l'opération, on croche dans les sabords, dalots et autres points
résistants, des caliornes venant des mâts des pontons ou de
bigues qui y ont été établies, et on vire pour achever de soulager le bâtiment qui est successivement allégé de tous les objets
qu'on peut atteindre, si déjà l'on n'a pu le faire au moyen d'un
scaphandre.

Sur une côte à marée, il faut profiter du moment de la basse
mer pour raidir les chaînes et du flot pour haler le navire à
terre. (Voir note IV.)

305. Y a-t-il plusieurs partis à prendre lorsque le bâtiment est affalé
sur une côte ?

Le bâtiment qui se trouve en pareille position doit faire toute
la voile possible pour s'élever au vent, virer vent devant en
mettant à profit la marée et les variations du vent, sonder
pendant les virements de bord, lorsqu'il est étale, pour connaître la hauteur du fond et sa qualité. Si le capitaine recon-

naît l'impossibilité de doubler la côte, il ne lui reste que deux partis à prendre : mouiller toutes ses ancres pour résister au mauvais temps au mouillage, ou faire côte sur un point où le sauvetage de l'équipage pourra être effectué sans trop de difficultés.

A part la violence du vent et la grosseur de la mer, la première détermination ne présentera quelques chances de succès que si la profondeur de l'eau n'est pas considérable, et si le fond offre une bonne tenue. A toutes les précautions indiquées pour résister à un coup de vent à l'ancre (§ 180), il faudra joindre l'obligation de couper la mâture.

Lorsqu'on aura pris la résolution de faire côte, il faudra serrer toutes les voiles à l'exception de la misaine ou du petit hunier au bas ris et du petit foc, puis faire route avec la plus petite vitesse possible vers l'endroit où le sauvetage paraîtra le moins périlleux à exécuter, pour échouer le bâtiment perpendiculairement à la côte. Pendant qu'il sera dirigé sur ce point, on l'allégera de tous les poids les plus lourds, et on fera en sorte de débarquer les canots de drome et la chaloupe qui pourraient être brisés plus tard par la chute possible de la mâture au moment du choc de l'échouage.

Si l'opération ne pouvait être accomplie avant la perte des mâts, on parviendrait cependant à l'effectuer en abattant les pavois du bord où il y aurait le moins de mer et poussant en arcs-boutants deux espars bien saisis sur le pont et garnis chacun à leur extrémité extérieure d'une caliorne et d'un bras en double venant l'un de l'avant et l'autre de l'arrière. Ces deux espars ayant été suivés, on crocherait les caliornes sur l'embarcation, et après que des retenues auraient été frappées pour la contretenir au roulis, on larguerait ses saisines et on palanquerait pour l'obliger à glisser sur les mâts. Lorsqu'elle serait arrivée sur leurs bouts, on halerait le bras de l'avant pour écarter les espars l'un de l'autre ; puis, aussitôt que l'avant de l'embarcation ne reposerait plus sur le mât, on affalerait la caliorne de cette extrémité et, après l'avoir molli d'une certaine quantité, on halerait le bras de l'arrière pour agir de même à l'arrière de l'embarcation qu'on amènerait ensuite à la mer.

Dans la plupart des circonstances, il vaudra mieux rester à bord et y attendre des secours ou la fin du mauvais temps que tenter le sauvetage avec les embarcations du bâtiment. Si cependant le navire est disjoint au point de ne plus offrir aucun abri, on se verra forcé de l'abandonner ; alors on prolongera la côte jusqu'à ce qu'on puisse être aperçu par ses habitants qui feront signe d'accoster ou de regagner le large, selon l'état de la mer et la nature de la plage, et se porteront au secours des naufragés dans des bateaux de sauvetage ou des canots de pêche plus solides et plus marins que les embarcations du navire.

Si l'on se voit forcé d'évacuer le bâtiment et que l'état du temps ne permette pas de communiquer avec la terre au moyen des embarcations, on fera appel au dévouement de quelques hommes qui s'aventureront à la nage ou sur un petit radeau à aller porter au rivage le bout d'un va-et-vient ; on attachera autour de ces hommes des ceintures de sauvetage ou vogueurs, qu'il aura été facile de confectionner avec les moyens du bord dans la prévision de l'événement. (Voir note VII à la fin du volume.) On pourra aussi filer du bord une bouée sur laquelle sera amarrée une petite ligne (1). Ce petit cordage permettra de haler à terre une aussière ou un grelin, que l'on y raidira et qui servira à guider un radeau ou à sauver l'équipage homme par homme.

Que l'évacuation ait lieu dans les embarcations ou sur un radeau, les malades et les mousses seront débarqués les premiers ;

---

(1) Beaucoup de moyens ont été proposés pour faire parvenir à terre le bout d'un cordage pouvant servir à l'établissement d'un va-et-vient, mais les uns et les autres, en outre de leur peu d'efficacité, ne peuvent être employés que lorsque la côte sur laquelle a lieu le naufrage est habitée. Seule, entre toutes les inventions, celle de M. Tremblay, ancien capitaine d'artillerie de marine, paraît résoudre avantageusement le problème dans toutes les circonstances. (Voir la note VIII à la fin du volume.)

les autres hommes de l'équipage suivront, dans l'ordre hiérar-
chique en commençant par le grade inférieur; le capitaine
quittera le bord le dernier après s'être assuré par lui-même
qu'il n'y reste plus personne.

Si le naufrage a lieu sur une côte inhabitée ou éloignée
d'un centre de population, il faudra, après avoir déposé en
lieu sûr les malades et les mousses, s'occuper de sauver les
provisions nécessaires pour faire vivre le personnel pendant
quelques jours au moins; ainsi que les effets des hommes,
quelques armes et munitions, des voiles, etc..... On dressera
des tentes sur la plage et l'on campera, en s'entourant des
mesures de défense que l'on jugera nécessaires. Le capitaine
enverra en reconnaissance de petits détachements com-
mandés par des officiers et, sur les renseignements que
ceux-ci auront acquis, décidera d'accord avec eux le meilleur parti à prendre pour atteindre un endroit habité offrant
des moyens de subsistance et de rapatriement.

Tout ce qui vient d'être dit concerne également le bâtiment mouillé sur ses ancres qui se voit porté à la côte parce
qu'elles chassent ou que ses chaînes cassent. Lorsqu'il a
jugé sa perte certaine, il ne doit pas se laisser jeter par la
tempête en un point quelconque du rivage, mais démailler
ses chaînes ou les couper, hisser un foc ou établir toute autre
voile devant, et venir s'échouer dans l'endroit qui lui paraît
le plus accessible à un radeau ou à des embarcations.

306. Quelles sont les prescriptions générales d'après lesquelles on
doit agir lorsqu'un incendie se déclare à bord d'un bâtiment?

Elles doivent d'abord consister à limiter les progrès du
feu et à le circonscrire dans le plus petit espace possible.

Ainsi si l'incendie se déclare sur le pont, il faut immédiatement carguer les basses voiles, faire vent arrière si le feu est
de l'avant, et mettre en panne s'il est de l'arrière; monter la

pompe à incendie, gréer les pompes de lavage et d'étrave, et organiser des chaînes d'hommes pour faire passer de l'eau.

Si le feu a pris dans une des voiles et menace le mât, il est urgent de la séparer immédiatement de sa vergue en coupant les rabans d'empointure et d'envergure.

Si le feu a atteint un mât et se développe malgré les moyens employés pour l'éteindre, on devra le débarrasser des manœuvres qui le rattachent aux autres mâts et le couper de manière à le faire tomber sous le vent pour pouvoir ainsi l'écarter promptement du bord.

Lorsque le feu se déclare dans l'intérieur, il faut prendre la panne sur le bord qui met sous le vent la partie incendiée, fermer les sabords, les écoutilles du pont supérieur et les recouvrir de prélarts, n'en conservant qu'une ouverte pour l'issue de la fumée; boucher, en un mot, toutes les ouvertures pour éviter les courants d'air, organiser activement le service des pompes et des chaînes, ouvrir les robinets de la cale pour pouvoir faire agir aussi les pompes royales, puiser de l'eau le long du bord.

Si l'incendie est concentré dans les fonds et qu'on ne puisse s'en rendre maître, il faudra condamner tous les panneaux après avoir monté sur le pont tout ce qu'on aura pu dégager de vivres, couvrir le pont de sable et de voiles qu'on tiendra constamment mouillées. Les poudres auront été noyées sur l'ordre du capitaine. Si le chargement du bâtiment n'est pas d'une nature très-inflammable, le feu ainsi étouffé pourra sinon s'éteindre, du moins brûler assez lentement pour qu'il soit possible d'atteindre un port voisin. Dans le cas contraire, ou si le feu qui couvait doucement depuis quelque temps éclate soudainement et avec violence, il ne restera d'autre alternative qu'à faire côte si la proximité de la terre le permet, ou à préparer, soit les embarcations, soit un radeau, pour s'y réfugier.

Le capitaine qui, après être parvenu à isoler le feu, aura

pris la détermination de continuer sa route vers son port de
destination, devra s'occuper de consolider sa mâture, car les
pieds des mâts, ainsi que la muraille sur laquelle s'appliquent
les chaînes des haubans, seront, pour ainsi dire, minés. Il
faudra donc passer sous la quille des grelins dans lesquels
on crochera des caliornes destinées à tenir lieu de pataras
ou haubans supplémentaires et disposer en arcs-boutants,
autour des mâts, des barres de cabestan ou des morceaux
de bouts-dehors de bonnette qui s'appuieront par l'une de
leurs extrémités contre de forts taquets cloués sur le mât et
par l'autre sur le pont où ils seront fixés de la même manière.

Lorsqu'un incendie éclate à bord d'un bâtiment mouillé sur
une rade, les navires qui sont placés sous le vent et à proximité doivent s'en éloigner au plus vite. Les secours les plus
efficaces lui sont dirigés, mais il ne doit en résulter aucune
confusion ; il faut que chacun agisse avec calme et activité
et surtout que l'autorité soit concentrée tout entière entre
les mains d'un seul chef. Si les efforts déployés pour arrêter
les progrès du feu sont infructueux, il faut échouer le navire
à la côte si elle n'est pas trop accore ou rocheuse, sinon le
mouiller par petit fond et le saborder. (Voir la note IX à la fin
du volume.)

FIN.

NOTES

NOTE I.

Un auteur anglais, le capitaine J. Sedgwick, donne les conseils suivants dans l'ouvrage « *Golden hints for young mariners.* »

« Lorsque le vent est fort, un navire à l'ancre ne doit pas avoir une
« touée trop faible. Il est trop d'usage de se tenir sur quarante-cinq
« brasses de chaîne lorsqu'il vente frais, d'où il résulte que lorsqu'il
« faut filer du câble, la secousse qu'il donne détache la terre qui en-
« toure la patte de l'ancre ; — tous les marins savent que lorsqu'une
« ancre chasse dans un coup de vent, il est rare qu'elle puisse de nou-
« veau mordre le fond convenablement.

« Le navire qui est à l'ancre sur une rade pendant un violent coup de
« vent brise souvent son guindeau, parce qu'il est successivement
« appelé en avant ou ramené en arrière, et raidit ainsi sa chaîne pour
« la mollir ensuite. On pourrait souvent éviter cet accident en adoptant
« les dispositions suivantes : frapper sur la chaîne, sur l'avant du
« guindeau et à le toucher, la poulie simple d'un bon palan ; crocher
« sa poulie double près de l'écubier et tourner le garant bien raide ;
« frapper un autre palan sur la chaîne, à l'arrière du guindeau, et bien
« le raidir aussi. Ces deux palans agissant à l'inverse l'un de l'autre
« maintiendront la chaîne toujours raide autour du guindeau et pré-
« viendront ces secousses terribles si fatigantes pour le guindeau et
« le navire. Ces deux palans vaudront mieux que tous les étançons pos-
« sibles, fussent-ils aussi forts que le grand mât, et j'ai l'assurance que
« personne n'aura à se repentir d'avoir mis l'idée à exécution. Cette
« manière de faire me fut indiquée par un vieux marin, il y a plusieurs
« années ; et après l'avoir mise en essai plusieurs fois, j'ai non-seule-
« ment trouvé que le guindeau était bien soutenu, mais aussi que le
« navire fatiguait moins. »

NOTE II.

Croc à échappement de M. C. Clifford.

Ce fut vers le milieu de 1856, que l'amirauté anglaise donna l'ordre de mettre le système en essai sur le vaisseau *Princesse-Royale*, le vapeur *Mégère*, et la canonnière-aviso *Osprey*. Les rapports des capitaines furent tellement satisfaisants que de nouveaux ordres prescrivirent d'adopter l'installation sur les canots de quatre autres bâtiments.

Un des essais les plus concluants eut lieu à bord du *Dee*. Ce bâtiment marchait à toute vapeur à l'encontre d'une grosse mer, lorsque l'embarcation des porte-manteaux de tribord munie de l'appareil Clifford fut instantanément amenée avec son équipage complet (neuf hommes et l'inventeur), et dégagée aussitôt du bâtiment par un seul des hommes de l'armement.

L'épreuve suivante faite sur le *Locust*, aviso à vapeur à roues, mérite aussi d'être mentionnée. Ce bâtiment marchant à toute vapeur, vingt-cinq secondes suffirent pour embarquer dans le canot, l'amener, armer les avirons et se dégager du bâtiment.

En même temps que les expériences précédentes s'effectuaient à Woolwich, d'autres essais avaient lieu à Portsmouth.

La corvette à vapeur *Bulldog* expérimenta l'appareil, en panne et avec des vitesses progressives jusqu'à quatorze nœuds ; et dans ces diverses circonstances, l'embarcation fut en quelques secondes amenée avec son équipage.

Dans le courant de l'année 1858, quatre-vingt-sept bâtiments de la flotte anglaise avaient leurs embarcations de porte-manteaux pourvues de l'appareil Clifford.

En ce qui concerne les bâtiments de la marine marchande sur lesquels le gouvernement exerce un contrôle direct, le Comité des commissaires de l'Émigration décida que tout contrat de charte-partie d'un navire frété par lui porterait la clause que « deux des embarcations seraient pourvues de l'appareil Clifford. »

DESCRIPTION DE L'APPAREIL.

La figure 2 de la planche XII représente une section longitudinale du canot avec l'appareil employé pour l'amener. A est un rouleau dont l'axe se meut librement dans des supports placés de chaque bord du canot, sous un des bancs. B est le cordage qui sert à amener; l'une de ses extrémités est amarrée sur le rouleau et il s'y enroule d'une longueur égale à la distance que doit parcourir le canot de son bossoir à la mer; c'est ce cordage qu'un homme mollit pour amener l'embarcation; *c,c*, sont deux bouts de filin ou itagues en simple qui tiennent le canot suspendu; un de leurs bouts fait dormant à l'extrémité du bossoir de porte-manteau, l'autre passe dans les poulies à trois réas DD, puis dans les poulies de retour FF et va de là sur le rouleau où il entre par un trou qui y est pratiqué; les itagues s'enroulent chacune dans un sens opposé. En halant sur le filin B, le rouleau tourne et enroule également les itagues sur une longueur égale à la distance que doit parcourir le canot pour atteindre l'eau; on tourne ensuite le cordage B sur un taquet. Les palans ordinaires qui ont servi à hisser l'embarcation ayant été mollis et décrochés, le canot demeure suspendu sur les itagues et peut être amené à volonté. On l'assujettit contre le bâtiment au moyen de saisines qui se dégagent d'elles-mêmes, lorsqu'on l'amène.

Il n'y a donc pas à les larguer (voir *fig. 4*).

Le canot s'amène en détournant le cordage B et le mollissant à retour sur le taquet; le rouleau tourne alors en déroulant également les itagues; d'où il résulte que le canot est amené horizontalement et que les poulies D qui tiennent à la carlingue par le moyen des poulies F descendent en même temps par le poids de l'embarcation avec une vitesse qui dépend de la promptitude selon laquelle l'homme amène; et dès que l'embarcation a touché l'eau, il suffit, pour la rendre tout à fait libre, de larguer le filin qui a servi à amener; car les itagues dont les bouts ne sont pas amarrés sur le rouleau, mais seulement introduits dans un trou qui le traverse, se dépassent d'elles-mêmes.

Ainsi, le seul fait de mollir un cordage à retour dispense de dessaisir l'embarcation, permet de l'amener horizontalement et également, avec la promptitude désirée, et assure le dégagement des deux itagues au même moment.

La figure 3 est une section transversale de l'embarcation hissée sur ses bossoirs, saisie et prête à amener.

La figure 4 fait voir le genre de saisines employées.

L'un des hommes de l'équipage doit se charger du cordage à amener B, en jetant la glène par-dessus la fargue de l'embarcation et, avec un tour sur le taquet, le mollir en douceur. Les saisines se largueront d'elles-mêmes, et, lorsque l'embarcation sera sur le sommet d'une lame (ou si le navire est à l'ancre, lorsque le canot touchera l'eau), on détournera le cordage du taquet et on le larguera complétement. Les itagues qui ne sont pas amarrées se dégageront d'elles-mêmes et le canot sera libre de toute entrave.

Croc à échappement du capitaine de vaisseau Kynaston de la marine royale anglaise.

Cette invention, à en juger par les rapports que nous avons sous les yeux, paraît être d'une date plus récente que la précédente.

Le système a été expérimenté avec un plein succès, tant sur les bâtiments de l'État que sur les paquebots des compagnies *Royal Mail* et *Peninsular and Oriental*.

De nombreuses attestations certifient l'excellence de cette invention.

Toutes s'accordent à constater que les embarcations ont toujours été amenées et dégagées instantanément, que le bâtiment fût à l'ancre ou en marche, et que l'action de rehisser s'est effectuée sans difficulté.

Les figures 1 et 1 *bis* de la planche XII montrent la disposition du système dont on se rend facilement compte à la simple inspection.

Ainsi, dès que l'embarcation a été amenée à une petite distance de l'eau, il suffit de détourner le garant tourné sur l'un des taquets pour que les crocs qui sont fermés s'ouvrent d'eux-mêmes et laissent le canot libre et dégagé de ses palans.

Croc à échappement (système de Brest).

Ce croc était employé depuis plusieurs années dans notre marine pour servir d'échappement aux chaînes de suspente de basses vergues et aux braguets de bout-dehors de grand foc, lorsqu'il parut qu'on pourrait aussi l'employer avantageusement pour amener une embarcation et la dégager instantanément de ses palans. Des essais eurent lieu à Brest.

La gravure de la planche XI représente une embarcation suspendue sur ses palans ; le croc est fixé à chacune des cosses supérieures des pattes du canot ; le levier d'échappement est maintenu par une clavette dont on se sert par précaution ; car elle n'est pas d'une nécessité absolue pour amener ; la cosse de la poulie inférieure de chaque palan reçoit un maillon qui sert à fixer le croc au palan, enfin un bout de filin amarré sur l'extrémité de chaque levier et passant dans des pitons ou boucles placées dans le fond du canot permet d'obtenir la simultanéité de l'échappement des deux crocs.

Quand on veut amener l'embarcation, un homme se tient prêt à chacune des pattes à enlever la clavette au moment voulu ; un troisième (à bord) se place à l'extrémité du filin qui relie les deux échappements.

Il suffit, pour dégager le canot, d'enlever les clavettes et de haler ensuite fortement sur le bout du filin ; l'embarcation est aussitôt libre et peut immédiatement pousser au large.

Avec ce système, l'échappement a toujours lieu, soit que l'embarcation soit au-dessus de l'eau ou l'ait déjà touchée.

Pour hisser le canot, il n'y a qu'à introduire le croc dans le maillon, placer l'échappement, et mettre en place la clavette de sûreté. Si le levier d'échappement est bien maintenu, on peut même se dispenser de ce dernier mouvement.

Ce système peut donner à craindre qu'il devienne difficile d'enlever instantanément les clavettes ; mais cet inconvénient doit disparaître avec l'emploi de clavettes en bronze d'une forme bien conique.

NOTE III.

L'opération de prendre des ris est à la fois si longue et si pénible
à bord des bâtiments du commerce, en raison de la faiblesse numérique de leurs équipages, qu'un grand nombre d'armateurs et de capitaines de nos différents ports de commerce ont adopté avec empres-
sement l'ingénieux système appelé *diminue-voile*, par son inventeur
M. J. Brouard, du Havre.

Ainsi qu'on le verra par la description qui va suivre, cette invention
est essentiellement digne d'éloges, d'abord au point de vue humani-
taire, puisqu'elle dispense d'envoyer des hommes dans la mâture et
permet ainsi d'épargner la vie d'un grand nombre de nos marins ; puis,
sous le rapport économique, parce qu'elle entraîne la suppression des
garcettes, ainsi que celles des bandes de ris et des pattes de ralingues.

Quoique cette invention ne date guère que de quatre ans, déjà 250
bâtiments au moins, tant français qu'étrangers, l'ont adoptée, et jour-
nellement M. J. Brouard reçoit les félicitations des capitaines dont
les navires sont dotés de son appareil.

Voici l'instruction donnée par M. J. Brouard pour disposer son
diminue-voile à bord des bâtiments, et pour en faire usage à la mer.

« La mâture étant disposée comme d'usage et le gréement en place,
« si l'on veut faire usage de cet appareil, on disposera les vergues
« d'après les indications suivantes :

POUR LA GRAND'VOILE.

« (Planche XIII.) Sur la face avant de la grand'vergue, aux deux extré-
« mités et en dedans du capelage, on laissera environ 0^m,75 plat pour y
« placer une galoche avec un réa. L'essieu du réa de l'écoute de hune
« sera fait plus long pour servir d'essieu au réa de la galoche (1).

(1) Les figures de la planche XIII représentent une basse vergue munie de sa balancine
de ris et de ses cercles de soutenue ; elles sont la reproduction du système primitif,

Sur la chaîne de suspente de la basse vergue, et à moitié de sa lon-gueur, on ajoutera un petit bout de chaîne qui descendra à 0^m,25 ou 0^m,30 de la vergue, pour recevoir deux poulies simples destinées aux itagues de ris. Le cercle de suspente de la basse vergue est disposé pour l'appareil; sur l'arrière, il y a une cavité pour recevoir la tige du piton de drosse.

On suivra pour le diamètre des sous-vergues roulantes, les dimen-sions indiquées au tableau ci-dessous et, en ayant soin d'observer qu'elles soient toujours diminuées d'un cinquième de ce diamètre en arrivant aux extrémités, comme l'indique la figure

VERGUE SUPÉRIEURE. Diamètre au milieu.	SOUS-VERGUE. Diamètre au milieu.
0^m,18	0^m,120
0^m,20	0^m,130
0^m,22	0^m,140
0^m,24	0^m,150
0^m,26	0^m,160
0^m,28	0^m,175
0^m,30	0^m,190
0^m,32	0^m,202
0^m,34	0^m,212
0^m,36	0^m,225
0^m,38	0^m,238

(Planche XVI); soit A, la sous-vergue; B, la goujure pratiquée pour re-cevoir la ralingue d'envergure de la voile; C, le point où se termine l'envergure de ladite voile : à ce point C, on pratiquera une petite en-taille d'un centimètre ou plus, suivant la grosseur de la sous-vergue; à partir de cette entaille, la vergue doit prendre une forme conique ainsi que l'indique la figure. Cette forme est nécessaire pour recevoir la ralingue de chute afin que les tours qu'elle forme en s'enroulant soient placés à côté l'un de l'autre sans se croiser et sans faire de bourrelet (1) ; D, partie de la vergue dont le diamètre est le

tandis que la planche XVI fait voir les modifications que le système a subies depuis son invention. On voit que les cercles de soutenue, qui n'avaient d'abord qu'une branche térieure, en ont maintenant une antérieure, parce que l'expérience a démontré la nécessité de soutenir la vergue roulante pour empêcher sa flexion sur l'avant.

(1) M. Brouard a apporté récemment à son invention une amélioration réelle. Plusieurs capitaines lui avaient signalé que la ralingue de chute d'un hunier formait en s'enrou-

même que celui de la vergue et sur laquelle est tournée la balancine de ris ; E, tourillons en fer chassés dans les bouts de cette sous-vergue ; F, petit cercle entaillé dans le bout de cette vergue pour l'empêcher de se fendre quand on chasse les tourillons.

Les vergues supérieures, soit basse vergue ou vergue de hune, sont munies de deux ou trois et même de quatre ferrures dites *de soutenue*, garnies de rouleaux en gayac ; ces ferrures sont ainsi désignées, parce qu'elles servent à soutenir la sous-vergue roulante : deux suffisent à un bâtiment de moyenne grandeur ; on en met quatre aux vergues de hune des navires de 1,200 à 1,500 tonneaux. En dehors du capelage des vergues, on place un blin ayant une tige, laquelle est percée dans sa partie inférieure pour recevoir le tourillon de la sous-vergue. Quand la vergue supérieure est munie de ses cercles de soutenue et de ses blins à tige, on place la sous-vergue : à cet effet, on ouvre la partie avant des ferrures de soutenue en retirant le boulon à vis qui les tient fermées, puis on place la sous-vergue sur ses cercles de soutenue en introduisant un des tourillons dans le trou de l'un des blins à tige et par le bout opposé à celui où la tige du blin est terminée en forme de crochet fermé par une vis : on retire cette vis, on place le tourillon dans le croc, puis on replace la vis. On referme les parties d'avant des soute-

lant au bout de la vergue un bourrelet assez volumineux, à cause de son épaisseur comparée à celle de la toile, et que lorsque le vent portait la voile sous le vent, les tours de la ralingue du vent montaient parfois l'un sur l'autre et augmentaient ainsi le volume du bourrelet ; d'où il résultait que le côté du vent du hunier était trop raide et que le milieu faisait le sac et orientait mal.

Après plusieurs essais infructueux pour remédier à cet inconvénient, M. Brouard a réussi à trouver un moyen simple et parfaitement approprié au but qu'il se proposait ; or, ce moyen consiste dans la suppression des ralingues de chute en filin depuis l'empointure d'envergure jusqu'à 0^m,70 au-dessus de la bande du troisième ris et leur remplacement par une ralingue plate en toile, disposée comme suit : Une laize de toile, du même numéro que celle de la voile et d'une longueur égale à la distance de l'empointure à la troisième bande de ris, est pliée d'abord en deux dans le sens de sa longueur, puis ensuite en trois ; ce qui constitue une bande ayant en largeur le sixième de la largeur d'une laize et une épaisseur égale à six fois celle de la toile. Une des extrémités se fend en trois à la longueur de 0^m,50 environ et les trois bouts ainsi créés sont épissés à la manière ordinaire avec la ralingue en filin, au-dessus du troisième ris. L'épaisseur une fois faite, on coud cette bande en six à couture debout sur le bord du côté du hunier ; l'autre côté de la bande est cousu à plat sur la voile, et entre ces deux coutures, on fait un bon piquage en luzin. L'on obtient ainsi une bande de 0^m,055 de largeur, d'une grande force puisqu'elle se compose de six épaisseurs de toile. Cette espèce de ralingue plate éprouvée au guindeau a résisté à un effort qui a produit la rupture des ralingues en filin correspondantes.

L'épissure doit toujours être terminée à 0^m,40 au-dessus du troisième ris, afin que la ralingue en filin ait un tour de fait autour de la sous-vergue, lorsque le hunier est au bas ris.

nues, en ayant soin de replacer les boulons avec leurs écrous; les deux vergues sont alors réunies.

Quand il n'y aura que deux ferrures de soutenue, elles devront être placées de manière que la vergue supérieure se trouve partagée en trois parties à peu près égales d'un blin à tige à l'autre ; si l'on met trois soutenues, l'une devra être placée au milieu de la vergue et les deux autres chacune dans l'intervalle restant entre le milieu et les blins à tige. Si l'on en pose quatre, elles devront être disposées de manière à ce que les vergues soient partagées en cinq parties égales.

Les vergues ainsi disposées doivent recevoir leur gréement et être mises en place ; avec cet appareil à la grande voile, les poulies de sous-vergue ne doivent pas être placées à la manière ordinaire, sans quoi elles ragueraient la voile lorsqu'elle serait enroulée. Pour pouvoir les disposer convenablement, il faut que le piton de drosse qui entre dans le croissant fixé à la basse-vergue soit prolongé jusqu'au cercle de suspente dans lequel on a ménagé une cavité pour le recevoir; c'est sur le prolongement de ce piton que l'on doit placer les poulies de bas cul. Les poulies de cargue-points de la basse voile sont aiguilletées à chaque extrémité du croissant ou à un piton sur l'arrière de la vergue supérieure.

La vergue ayant été ainsi disposée et mise en place, on prend un bout de filin auquel on donne le nom d'*itague de ris*, de force proportionnée à la grandeur du navire et ayant un peu plus d'une fois et demie la longueur de la basse vergue; on estrope solidement une poulie simple au milieu de ce cordage. Cette poulie devra se trouver sous la tige du piton de drosse à 0^m,25 environ lorsque les deux bouts auront été passés ainsi qu'il suit : en dedans du croissant et de chaque côté du prolongement du piton de drosse, puis chaque bout dans une des poulies simples fixées à la chaîne de suspente, de là dans la galoche à chaque bout de la vergue; les deux bouts dépasseront assez pour faire autant de tours autour de la vergue roulante que l'on voudra diminuer la surface de la basse voile.

Les tours doivent être faits de l'avant en allant sur l'arrière, en passant sous la sous-vergue, et revenir de l'arrière sur l'avant en passant entre les deux vergues, et ainsi de suite; ces tours doivent être faits en partant de la galoche, en revenant au bout de la sous-vergue. Cinq ou six tours suffisent pour la basse voile; on arrêtera les deux bouts en les fixant solidement à une crampe ou à un piton placé sur l'arrière de la vergue. Dans la poulie estropée au milieu de l'itague de ris, on passera un bout de filin sur lequel sera épissé un croc qui crochera sur le pont et sur l'avant du mât.

Sur le bout opposé de ce cordage, on estropera une poulie double de telle sorte qu'elle soit à toucher là poulie simple de l'itague de ris, le croc étant croché sur le pont. Alors, ayant une poulie simple estropée et crochée sur le pont à l'avant du mât, auprès du croc précédent, on passera un garant dont le dormant sera fait sur la poulie simple du pont et le courant descendra par conséquent de la poulie double supérieure; on aura ainsi constitué un palan à itague sur les itagues de ris. Il devient évident maintenant qu'en pesant sur ce garant, on forcera les deux itagues de ris à faire tourner la vergue de l'avant à l'arrière.

La voile étant enverguée sur cette vergue, s'y enroulera au fur et à mesure que l'on pèsera sur ce palan et diminuera alors de surface; cependant il est nécessaire qu'il reste toujours un tour et demi de l'itague de ris autour de la vergue roulante quand on cesse de diminuer la voile.

POUR LES HUNIERS.

Les dispositions ne sont pas entièrement semblables, par la raison que les basses vergues sont fixes et que les vergues de hune sont mobiles.

A la tête du mât de hune, on fixera, soit sur un cercle avec pitons ou avec une bride en fer sur le chouque, deux poulies simples, l'une à tribord et l'autre à bâbord, pour passer les balancines de ris.

Avec cet appareil, il est bon que les barres de perroquet soient un tiers plus courtes que d'usage, afin d'éviter le frottement des balancines de ris contre les haubans de perroquet, lorsque l'on est brassé au plus près du vent. Cette diminution n'est nullement nuisible à la solidité du mât de perroquet, car les haubans ne servent que d'échelles, les galhaubans étant les vrais soutiens de ce mât.

La vergue inférieure sera faite d'après les formes et propositions indiquées pour celle de la basse voile.

Pour déterminer l'emplacement des galoches des vergues de hune, on prendra la longueur de la vergue et la longueur du bordé; on ajoutera ensemble ces deux quantités, puis on en prendra la moitié, ce qui donnera la largeur du hunier au bas ris; alors on placera les galoches aux extrémités de cette mesure, et les blins pour la vergue roulante à la suite.

L'itague de la drisse de hune peut être indifféremment en filin ou en chaîne; il serait préférable cependant qu'elle fût en double, son dormant à faire cravate sur l'avant des barres de perroquet, ce qui donnerait beaucoup plus de facilité à étarquer le hunier.

La vergue étant en place, on passera les balancines de ris de la manière suivante : Ayant pris un cordage de force proportionnée à la grandeur du navire et d'une longueur égale à quatre fois celle du mât de hune, on estropera en son milieu une poulie simple, ensuite on passera chacun des bouts, l'un à tribord et l'autre à bâbord entre les barres de perroquet; de là; dans les poulies simples qui sont à la tête du mât de hune, de bas en haut; le bout descendra entre les haubans de perroquet pour aller passer dans les galoches qui sont à chaque bout de la vergue. Ces deux balancines de ris ainsi passées doivent être tournées autour de la vergue inférieure roulante, comme pour la basse voile.

Pour savoir le nombre de tours que l'on devra faire, on mesurera la longueur du mât de hune depuis $0^m,30$ au-dessous du clan jusqu'à $0^m,30$ au-dessus du chouque, puis on divisera ce nombre par la circonférence de la vergue roulante au point D, endroit où l'on tourne la balancine de ris. Le quotient indiquera le nombre de tours que l'on devra faire; on ajoutera un tour et demi à ce nombre afin qu'il reste un tour et demi de la balancine de ris autour de la vergue quand le hunier sera au bas ris. Tous ces tours devront être faits exactement comme pour la basse voile, en allant de la galoche vers le bout de la sousvergue et les bouts fixés de même à une forte crampe ou piton placé sur l'arrière de la vergue.

La poulie simple, qui est estropée dans le double de la balancine de ris, devra être à $0^m,75$ environ au-dessus du chouque du bas mât lorsque le hunier sera hissé haut et que les tours seront faits autour de la vergue roulante; dans cette poulie simple, on passera un bout de filin pour faire itague de palan : il fera dormant dans la hune au moyen d'un croc épissé sur le bout. Sur l'autre bout et au-dessous des élongis, on estropera une poulie double ou triple; alors, ayant une poulie simple ou double estropée avec un croc et crochée sur le pont, et passant un garant d'une poulie à l'autre dont le courant descendra sur le pont, on établira ainsi un palan à itague sur les deux balancines de ris.

POUR LES PERROQUETS.

Les ferrures sont de même forme que celles des huniers, mais proportionnées au diamètre et à la longueur des vergues : pour l'emplace-

ment des galoches aux bouts des vergues, on devra suivre les mêmes
données que pour le hunier, et la vergue inférieure roulante sera faite
d'après les mêmes proportions.

Au capelage de cacatois, on placera un bout de filin ayant un œillet
garni dans lequel passera le mât : il sera tenu sur l'arête du capelage ; à
l'autre extrémité et à $0^m,75$ environ du capelage de perroquet, on
estropera une poulie double qui servira pour les balancines de ris.

La vergue ayant été gréée et mise en haut, on disposera les balancines de ris de la manière suivante : On prendra un bout de filin d'une
grosseur proportionnée à la grandeur du perroquet, ayant quatre fois
la longueur du mât de perroquet, depuis son capelage jusqu'aux barres,
et en son milieu on estropera une poulie simple ; on prendra ensuite
les deux bouts que l'on passera, l'un de tribord à bâbord dans la poulie
double qui fait pantoire, et l'autre de bâbord à tribord dans la même
poulie. Le bout qui vient à tribord passe dans la galoche qui est au bout
de la vergue, de ce même côté ; et le bout de bâbord va passer de même
dans la galoche qui est au bout de la vergue à bâbord. On prendra ensuite un bout de filin qui sera passé dans la poulie simple estropée au
milieu de la balancine de ris ; son dormant sera fait sur les barres et
l'autre bout descendra sur le pont. Les deux bouts des balancines de
ris seront tournés autour de la vergue inférieure roulante, en suivant
la même règle qu'au hunier pour obtenir le nombre de tours à faire sur
cette vergue. Ils y seront fixés de la même manière, en observant toujours que le perroquet étant hissé haut, les tours faits autour de la
vergue inférieure, la poulie simple devra se trouver à $0^m,75$ au-dessus
du chouque du mât de perroquet.

Si un grand navire se servait du système pour ses perroquets, il serait nécessaire d'établir un palan sur le bout simple de l'itague des balancines de ris, pour faciliter l'enroulement.

Aux huniers ainsi qu'aux perroquets, pour que l'enroulement ait lieu
quand on file la drisse, il est rigoureusement nécessaire que le courant des balancines de ris soit toujours placé au-dessus du clan de
drisse, c'est-à-dire à la tête du mât de hune ; et l'on suivra, pour les
balancines des perroquets, une élévation proportionnelle.

MANŒUVRE.

POUR DIMINUER LES BASSES VOILES.

Si l'on est sous voiles, sous quelque allure quel'on soit, on devra filer également l'amure et l'écoute au fur et à mesure que l'on pèsera sur le palan des itagues de ris ; alors la vergue inférieure tournera et la voile diminuera de surface. Quand on la trouvera suffisamment diminuée, on n'aura qu'à tourner le palan des itagues des ris, et ensuite amurer et border la voile comme d'usage. Si l'on veut augmenter la surface de la voile, il suffit de larguer le palan d'itague de ris, en ayant soin de ne pas le filer en bande pour qu'il reste (comme il a été observé plus haut) un tour et demi de l'itague de ris enroulé autour de la vergue, le tourner, et ensuite amurer et border la voile à nouveau.

POUR DIMINUER LA SURFACE DES HUNIERS.

Tout ayant été disposé comme il a été indiqué ; la vergue étant sur le ton et le hunier envergué ; si l'on désire diminuer la voile ou prendre des ris avant de la hisser, on bordera d'abord le hunier, ensuite on pèsera sur le palan des balancines de ris, ce qui déterminera la rotation de la vergue inférieure ; le hunier étant envergué sur cette vergue s'enroulera par conséquent, tant que l'on pèsera sur ce palan, jusqu'à ce que la voile soit diminuée au bas ris.

Si, au contraire, le hunier étant sur le ton et n'étant pas diminué, on veut le hisser haut ; on pèse sur la drisse en embraquant en même temps le palan d'itague des balancines de ris, et avant que le hunier ne soit entièrement haut, on raidit le palan desdites balancines que l'on amarre bien raide ; on étarque le hunier avec sa drisse, après quoi on peut l'orienter à volonté.

Le hunier étant établi, si on veut le diminuer, on file la drisse ; et à mesure que cette opération s'exécute, deux ou trois hommes pèsent sur le palan d'itague des balancines de ris pour ne pas laisser prendre de mou à la voile. Lorsque le hunier est diminué au gré de l'officier de quart, on tourne la drisse, puis on raidit fortement le palan d'itague des balancines de ris, ce qui établit le hunier à nouveau.

Le hunier étant enroulé ; si on veut le hisser, il faut ne filer le palan des balancines qu'à mesure que l'on hisse et avoir soin de ne pas le filer en bande, parce que le vent étant dans le hunier, il déroulerait entièrement.

Si le hunier est serré et qu'on veuille le hisser à tête de mât, tout serré pour le larguer au moment d'appareiller, on le hissera comme d'usage avec sa drisse, en ayant soin de rembraquer en même temps le palan d'itague des balancines de ris et de le tourner bien raide quand le hunier sera hissé à la hauteur voulue. Alors, quand on voudra appareiller, il suffira de larguer les rabans de ferlage et de border la voile comme à l'ordinaire.

Dans toutes les circonstances où l'on voudra diminuer la surface des voiles avec cet appareil, il sera toujours préférable d'avoir le vent dedans ou dessus. On devra éviter, autant que possible, de mettre les voiles en ralingue quand il vente grand frais, vu que la force du vent pourrait faire filer la toile sous le vent et faire passer un tour de la ralingue de chute par-dessus l'autre, ce qui ferait diminuer mal la voile et occasionnerait quelques plis : cela n'empêcherait pas le navire de faire route, la voile seulement ne serait pas régulièrement diminuée (1).

POUR LES PERROQUETS.

La manœuvre est absolument la même que pour les huniers.

Système de deux huniers à chaque mât.

Plusieurs bâtiments du commerce portent deux vergues de hune à chaque mât et par suite deux huniers. Voici en quoi consiste l'installation :

La vergue de hune inférieure est supportée en son milieu par une chaîne fixée au moyen d'un boulon P (*fig.* 2, pl. XIV) sur un cercle au centre de la vergue.

Le mât de hune porte un cercle *a* à la partie avant duquel est un piton qui reçoit la chaîne de suspente. Un raccage à collier en fer et à matagot *d* maintient la vergue au mât ; cette vergue est manœuvrée par des bras et balancines.

La voile enverguée sur cette vergue n'a pas de ris ; elle reçoit des cargue-points et cargue-fonds, ainsi que des écoutes.

La vergue de hune supérieure porte en son milieu un cercle sur lequel vient se fixer, au moyen d'un boulon *l*, la chaîne pour itague ; sur l'autre bout de laquelle se frappe la poulie de drisse. Cette itague passe dans le clan supérieur du mât de hune.

La vergue porte un racage mobile sans matagot. Ce racage est un bout de filin simple qui fait dormant par un de ses bouts sur la vergue à toucher le mât, de là vient passer dans une estrope à cosse fixée sur la vergue, de l'autre bord du mât de hune et à le toucher ; sur le bout

______

(1) C'est dans le but de remédier à cet inconvénient que M. Brouard a apporté à son invention la modification que nous avons fait connaître à la page 289.

du racage est fixé un palan dont la poulie inférieure est aiguilletée sur les élongis et le garant vient sur le pont.

La vergue est manœuvrée par des bras et porte les bouts-dehors de hune. Le deuxième hunier est envergué sur cette vergue, il peut avoir deux ou trois ris. Cette voile n'a pour manœuvres que des palanquins, boulines et cargue-fonds ; les points d'écoute sont aiguilletés aux capelages de la vergue inférieure ; on la serre sans qu'il soit nécessaire de la déborder.

La privation de cargue-points rend nécessaire l'emploi de hale-bas pour aider la vergue à amener ; on les installe de la manière suivante : De chaque côté de la vergue, à peu près au quart de la longueur totale, est un petit cartahu double dont la poulie inférieure se trouve placée sur la vergue inférieure en correspondance de la poulie frappée sur la vergue supérieure ; le courant de ce cartahu vient sur le pont, au pied du mât.

Quand on prend des ris, la vergue inférieure sert de marche-pied aux hommes ; il faut par conséquent lui donner le même orientement qu'à la vergue supérieure lorsqu'elle est amenée.

Le bâtiment ainsi gréé pourra, s'il est surpris par un grain ou par le mauvais temps, se soustraire à une inclinaison dangereuse ou diminuer l'effort du vent sur la mâture, en amenant les huniers supérieurs à l'abri des huniers inférieurs.

Passages des manœuvres. — Le bras du petit hunier *inférieur* passe dans une poulie placée en abord par le travers du deuxième hauban de grand mât, monte passer dans la poulie estropée au piton des jottereaux, va de là dans la poulie de conduit aiguilletée à la jonction des branches des étais du grand mât, se rend de là dans la poulie de bras fixée au capelage de la vergue à l'extrémité d'une pantoire et vient faire dormant sur l'arrière du capelage du grand mât. Les deux bras sont bridés à la jonction des branches des grands étais.

Le bras du grand hunier *inférieur* se passe ainsi qu'il a été dit (§ 89). La balancine s'épisse sur un piton à cosse au capelage de la vergue, passe dans la poulie de baraquette et vient s'amarrer sur les élongis du bas mât.

La cargue-point passe dans une poulie en abord, monte par le trou du chat, va de là dans une poulie estropée sous la vergue à toucher le racage, descend passer dans la poulie aiguilletée sur le point du hunier et remonte faire dormant près de la poulie sur la vergue.

La cargue-fond passe dans une poulie en abord, monte par le trou du chat, va passer dans un sabot fixé à la partie supérieure de la vergue à toucher le racage, descend sur l'avant de la voile et va faire dormant sur l'œillet de la ralingue de fond.

La bouline est passée comme à l'ordinaire (§ 122).

L'écoute passe dans un bitton au pied du mât, monte dans la poulie en fer sous la basse vergue, va passer dans le clan à rouet au bout de la vergue et fait dormant sur le point d'écoute de la voile, au moyen d'une manille. (Les écoutes sont en fer.)

Le bras du petit hunier *supérieur* fait dormant au capelage de la vergue, se rend dans une poulie de conduit aiguilletée à la jonction des branches des étais du grand mât de hune, puis dans une autre poulie aiguilletée sur un des galhaubans du grand mât de hune et descend le long de ce galhauban. A son bout est estropée une poulie simple dans laquelle passe un garant dont un des bouts fait dormant sur la lisse et dont l'autre bout est passé dans une poulie en abord par le travers du galhauban.

La cargue-fond passe dans une poulie au pied du mât, passe par le trou du chat, monte le long du mât de hune, passe dans une poulie aiguilletée sur le collier d'étai du mât de hune et fait dormant sur l'œillet de la ralingue de fond.

Le palanquin passe dans une poulie en abord, monte par le trou du chat, élonge le mât de hune, passe dans le clan supérieur de la poulie de baraquette, dans le clan du bout de la vergue, descend ensuite dans la poulie estropée sur la cosse en dessous de la dernière bande de ris et monte faire dormant au bout de la vergue.

La bouline est passé comme à l'ordinaire (§ 126).

L'écoute de perroquet passe dans le clan de la vergue supérieure et continue son passage ordinaire (§ 118).

Système Forbes.

Il y a quelques années, un Américain, M. Forbes, tenta l'adoption, dans la marine commerciale des États-Unis, d'un mode de gréement consistant aussi à substituer deux huniers par mât au seul hunier actuel.

Dans son système, les basses vergues et celles de perroquet occupent la position ordinaire, mais le hunier et le perroquet sont partagés de manière à constituer trois voiles au lieu de deux. Le hunier qu'il propose est exactement de la grandeur d'un hunier ordinaire avec deux ris pris.

Il appelle *perroquet* la voile placée immédiatement au-dessus du hunier et qui représente la moitié supérieure du hunier ordinaire, plus une fraction du perroquet ; et *cacatois* la voile de perroquet ordinaire, tandis que le cacatois de ce nouveau gréement devient le *contre-cacatois*.

Pour qu'on puisse avoir la faculté d'employer la même voile à des mâts différents, il donne à la vergue de misaine la même longueur qu'à celle du grand hunier (sauf une légère différence dans les bouts), à la vergue du petit hunier la longueur de celle du grand perroquet, et la vergue du petit perroquet doit pouvoir remplacer celle de grand cacatois. Les vergues du mât d'artimon ont des proportions telles que chacune d'elles doit pouvoir être substituée à une vergue d'un rang supérieur, au mât de misaine ; et de deux rangs au-dessus, au grand mât. A longueurs égales, il doit cependant y avoir évidemment une différence de diamètre entre les basses vergues et celles de hune ou de perroquet.

D'après l'auteur, son système a sur l'ancien les avantages suivants : Il suffit de se débarrasser des perroquets dans une survente pour que la voilure du bâtiment se trouve aussitôt réduite aux huniers deux ris, et cela, avec le seul travail des hommes de quart ; les voiles sont plus facilement manœuvrées, établissent mieux, peuvent être serrées plus mince dans un mauvais temps et sont ainsi moins exposées à l'usure ; enfin, pendant le mauvais temps, la bordée de quart suffît pour manœuvrer le navire aussi bien ou même mieux que ne pourrait le faire l'équipage entier si le bâtiment était gréé d'après la méthode ordinaire.

M. Forbes dit aussi qu'il faut mettre les mâts en clé sur l'arrière, parce qu'on peut ainsi dépasser les mâts de perroquet et de cacatois sans qu'il soit nécessaire de toucher aux voiles inférieures, de sorte que les perroquets peuvent être portés lorsque les mâts de cacatois sont dépassés et les huniers lorsque les mâts de perroquet le sont aussi.

Aux marins qui objectent que le poids dans les hauts est plus considérable et que des voiles divisées en plusieurs parties ne produisent pas autant d'effet qu'une voile entière, l'auteur répond que, sans doute si l'appareil entier qui constitue le nouveau gréement était placé dans une balance et pesé, on trouverait qu'il a un excès de poids sur l'ancien ; mais que les vergues de hune pesantes ne s'élevant pas au-dessus du chouque et les vergues et la toile qui sont au-dessus étant plus légères, l'effort pour incliner le navire n'est pas plus intense avec le nouveau gréement qu'avec l'ancien. Il est vrai, sans aucun doute, dit-il, que la propulsion est d'autant plus grande que les laizes de toile sont longues, pourvu qu'elles puissent être bien tendues ; mais, dans ce nouveau gréement, les huniers et perroquets peuvent être établis plus plats et il y aura d'autant plus de nécessité de l'adopter que les voiles auront plus de guindant ; car tout le monde sait qu'il est presque impossible d'étarquer convenablement un hunier d'un grand bâtiment, sans en arquer considérablement la vergue.

Système de M. Godet.

M. Godet, capitaine au long-cours, est l'auteur d'une méthode fort ingénieuse qui permet de prendre presque instantanément le bas ris aux huniers et facilite considérablement la prise des autres. Voici en quoi elle consiste :

La bande du bas ris est renforcée dans toute sa longueur par un double de bonne toile ; en outre, plusieurs placards partant de cette bande de ris et allant rejoindre la ralingue de bordure renforcent la voile dans le sens de sa longueur. Quatre cargues sont frappées sur l'arrière de la voile et sur le renfort de la bande du bas ris, deux à tribord et deux à bâbord : il existe entre la ralingue de chute et le point d'application de la première cargue la même distance qu'entre la première et la deuxième cargue. Ces quatre cargues passent ensuite verticalement dans de petits margouillets fixés à la têtière sur l'arrière de la vergue de hune et vont, par une combinaison de poulies, aboutir à une poulie à violon qui descend le long du bas mât ; un cartahu double passé dans cette dernière poulie sert à raidir en même temps toutes les *cargues-bandes*.

Les palanquins sont disposés de manière à agir comme cale-bas pour faire amener la vergue ; ils passent simplement dans des cosses fixées aux empointures et ont la même force que les ralingues de chute.

Pour prendre le bas ris à un hunier ; on commence d'abord par raidir les quatre cargues-bandes, puis on range des hommes sur les palanquins et on amène le hunier. Dans son mouvement de descente, la vergue glisse le long des cargues et vient porter entièrement contre la bande de ris ; il en résulte que lorsque les palanquins ont été pesés à bloc (ce qui s'exécute avec une grande facilité), le hunier est absolument comme envergué. Il ne s'agit plus ensuite que d'envoyer quelques hommes en haut pour faire les empointures et amarrer les garcettes qui sont installées à la Béléguic.

On opère de la même manière pour prendre d'autres ris que le bas ris. La vergue ayant été amenée sur la bande du dernier ris, la voile forme ainsi un grand pli sur l'avant et le ris se prend comme à l'ordinaire.

Ce système expérimenté récemment au Havre a fonctionné parfaitement ; il est en quelque sorte le complément de ce qui existe déjà dans la marine militaire : en effet, il n'est jamais nécessaire de faire ralinguer la voile pour mettre à bloc le palanquin du vent ; car si l'on prend le bas ris, les palanquins se trouvent à bloc lorsque le hunier a été amené ; et pour tout autre ris, on peut les raidir sans difficultés aucunes parce que la partie supérieure de la voile se trouve à l'abri du vent.

NOTE IV.

On a imaginé un très-grand nombre de gouvernails de fortune, consistant pour la plupart en mâts ou vergues de hune.

Les gouvernails de fortune formés avec des vergues de hune sont connus sous les noms de ceux qui les ont imaginés et s'en sont servis les premiers; ceux le plus généralement désignés sont le gouvernail du pilote Olivier, celui du capitaine Fabvre et celui du capitaine Peat (1).

Gouvernail du pilote Olivier.

GOUVERNAIL DU PILOTE OLIVIER. — Ce gouvernail est formé par une vergue de hune dont le bout de l'avant se fixe contre l'étambot et près de la jaumière, au moyen de bridures faites sur des mains de fer ou que l'on maintient par un grelin passé par le trou de jaumière et par deux itagues se raidissant sur l'arrière de chaque bord.

Le bout plongeant de la vergue est garni de deux ou quatre affûts de canon chargés de gueuses ; on y frappe deux aussières qui reviennent à bord en passant dans des poulies frappées aux extrémités de deux arcs-boutants poussés en travers par des sabords de l'arrière ; ces aussières servent à gouverner au moyen de palans. Si le bout de la vergue plonge trop, on le soutient par une balancine venant du couronnement.

Quand le navire cule, il faut filer ce gouvernail pour qu'il ne soit pas brisé ou qu'il n'endommage pas l'arrière. Pour obvier à cet inconvénient, on fait supporter le bout de l'avant par une balancine capelée à l'extrémité d'un arc-boutant faisant saillie sur l'arrière dans le sens de

---

(1) Nous emprunterons la plus grande partie des descriptions de ces gouvernails aux Leçons de manœuvre professées à l'École Navale par M. le lieutenant de vaisseau Duburquois, ainsi qu'à l'ouvrage de M. le baron de Bonnefoux (Manœuvrier complet, ou Traité des manœuvres de mer).

la quille. Cette installation donne plus de jeu à la machine ; il en résulte aussi que les flasques des affûts ne conservent pas toujours la position verticale nécessaire pour produire le plus grand effet.

Gouvernail du capitaine Fabvre.

GOUVERNAIL DU CAPITAINE FABVRE. — La gabarre *la Vigogne*, que commandait le capitaine Fabvre, perdit son gouvernail dans un coup de vent de N. O. de l'année 1834 ; cet officier en fit installer un provisoire de la manière suivante : L'arrière de son navire étant très-élevé, il fit percer dans le tableau un trou dans lequel on passa un grelin dont le bout fut amarré sur le milieu d'une vergue de hune ; le double du grelin fut élongé vers le bout d'en dedans, bridé de distance en distance, et garni à cette extrémité d'une pomme de tournevire embrassant aussi la vergue ; ce grelin bien raidi maintenait la vergue que la pomme empêchait de rentrer en dedans. Une forte cosse aiguilletée près de la pomme reçut la poulie inférieure d'un palan dont la poulie supérieure était crochée sur le gui, ce palan devait servir à écarter la vergue du couronnement lorsqu'on voudrait l'embarquer.

La pelle de la godille était formée par deux parties de jas d'ancre roustées et chevillées ensemble et chargées de quelques gueuses pour pouvoir couler.

Cette extrémité de la vergue était soutenue par une balancine en cartahu double venant du mât d'artimon et crochée dans la cosse d'une pantoire frappée sur la vergue. A chaque virement de bord, on dépassait cette balancine au vent de la brigantine. Une aussière frappée de chaque bord sur les jas servait de drosse pour gouverner ; elles rentraient à bord en passant dans des poulies de retour aiguilletées sur les pattes des ancres de veille et venaient s'enrouler en sens contraire autour du cabestan.

Le navire était si sensible à ce gouvernail que lorsqu'il faisait beau, un seul homme suffisait pour gouverner ; par mauvais temps, il était nécessaire d'avoir un homme par barre. La mer devenant grosse, la vergue se rentrait à bord en palanquant le palan venant du bout du gui, ainsi que la balancine, et en mollissant convenablement le grelin.

Gouvernail du capitaine Peat.

Ce gouvernail est aussi formé par une vergue de hune. L'une de ses extrémités garnie de cuir ou de cuivre repose dans un châssis sur le couronnement ; des taquets cloués sur la vergue forment un épaulement qui l'empêche de rentrer en dedans ; deux palans s'opposent à sa sortie et l'obligent à s'appliquer par son épaulement contre le châssis ; un troisième palan venant du bout du gui soutient l'effort de rentrée qu'exerce la vergue.

A l'autre extrémité de la vergue sont cloués, pour former pelle, des jas d'ancre ou des bordages maintenus en outre par de bonnes roustures. Cette extrémité est soutenue, à la hauteur qui convient pour que la pelle plonge, par un palan venant du bout d'un espars saillant du gaillard d'arrière dans la direction de la quille. Une aussière de chaque bord frappée dans un fort piton sur la pelle rentre à bord après avoir passé dans une poulie à l'extrémité d'un arc-boutant poussé en travers par des sabords de l'arrière, et sert à gouverner.

Cette machine n'a besoin d'être lestée que lorsque le bâtiment file au moins huit nœuds. On peut alors, au moyen d'un cartahu sur le bout duquel on a fait un nœud coulant, laisser couler le long de la vergue une ou deux gueuses ou un sac plein de sable qu'on ramène ensuite à bord quand le sillage diminue.

Gouvernail du capitaine Packenham.

Il entre dans la composition de ce gouvernail : un mât de hune coupé en trois, un espars ou bout-dehors de grand-foc coupé en deux, une jumelle de bas mât, un chouque de bas mât, un jas d'ancre et des bordages.

La partie inférieure du mât de hune sert de mèche au gouvernail, la caisse en est la tête et le trou de la clé reçoit la barre ; deux cercles retirées du jas consolident la caisse au-dessus et au-dessous de son trou. La mèche est passée dans le chouque qu'on amène au milieu de la hauteur que doit avoir le safran, et le trou carré du chouque est évidé de manière que l'étambot puisse s'y emboîter. Le safran est formé par les deux autres parties du mât de hune appliquées contre la mèche, l'une au-dessus, l'autre au-dessous du chouque ; par les deux moitiés du bout-dehors de foc placées l'une contre l'autre ; et par la jumelle fixée sur la face arrière. Des bordages de revêtement sont placés par-dessus. Tout cet assemblage est bridé, cloué et chevillé.

Pour mettre ce gouvernail en place, il faut employer le moyen décrit § 276 ; on le leste à son talon pour l'obliger à prendre dans l'eau une position verticale ; ces poids sont de nature à pouvoir être remontés à bord facilement.

Deux aussières sont aiguilletées aux pitons sur le chouque et, passant sous le navire, rentrent à bord par les écubiers ; elles servent à appliquer le gouvernail contre l'étambot et à l'y maintenir. A sa partie inférieure, le gouvernail est embrassé par le milieu d'une aussière dont les deux bouts reviennent à bord en suivant le même passage que les précédentes.

Lorsque le gouvernail a été introduit dans la jaumière, on fait embrasser la mèche au-dessus de la tête par les deux portions du jas d'ancre entaillées circulairement. Cette disposition empêche le gouvernail de descendre, tout en lui permettant de tourner ; on le soutient en outre par des palans crochés à la voûte et dans les boucles des chevilles du safran.

Ce gouvernail est d'une exécution longue et d'une solidité douteuse. La mèche est convenable, mais le safran composé d'abord de deux parties du mât de hune offrant une solution de continuité ne présente pas une rigidité suffisante ; le chouque est aussi fort affaibli, puisqu'il faut le décercler pour qu'il puisse embrasser l'étambot.

Il exige de plus l'emploi de plusieurs pièces de mâture dont la privation peut être ressentie plus tard, si les circonstances de mauvais temps qui ont causé la perte du gouvernail produisent aussi des avaries dans la mâture.

Gouvernail du capitaine Lucas.

Le capitaine Lucas, commandant le brick français *Trophée et Mathilde*, qui perdit son gouvernail au cap Horn, imagina un gouvernail de fortune composé de la manière suivante :

Voici la description qu'il en donne extraite dans les Annales maritimes de 1836.

AB représente un mât de hune de rechange servant de mèche.

FG, un bout de madrier enfoncé dans le trou de la clé destiné à supporter les pièces formant le safran.

HI, autre madrier enfoncé dans le clan de la guinderesse pour le même objet.

ED, CD, deux fortes planches placées de chaque côté des deux pièces précédentes, roustées sur elles et complétant le safran.

MN, KL, quatre pièces embrassant la mèche et le safran, ayant eu soin de donner au mât de hune une forme prismatique au portage de ces pièces, pour plus d'immobilité ; le tout bien rousté ensemble.

PV représente une figure octogonale formée par quatre pièces de bois de chêne cerclées avec les cercles du bout du guindeau.

OP est la barre. Il fut forcé de la placer sur l'arrière à cause des dispositions de l'habitacle qui se trouvait très-près du couronnement, les drosses se garnissaient comme précédemment et un homme seul gouvernait avec la même facilité.

TR représente le plan qui tient la machine suspendue et PR est une retenue qui l'empêche de monter.

Les câbles font deux demi-clefs chacun sur le mât de hune et vont passer dans les sabords les plus éloignés de l'arrière; ils étaient garnis de pommes. La mèche était maintenue au couronnement avec des retenues aux bossoirs de porte-manteaux.

Le capitaine Lucas dit qu'il serait préférable de mettre la caisse du mât en haut; le trou de la clé servirait de mortaise à la barre et présenterait plus de résistance. Le mât de hune dont il se servit était d'un bois très-mou; il se tordit au couronnement, de sorte que la barre OP ne put plus lui servir; il en fit alors amarrer une sur les barres MN qui, installée comme l'autre, atteignit le même but.

La simplicité de ce gouvernail est telle qu'on aura toujours à bord les pièces nécessaires pour le composer.

En effet, quatre bouts-dehors bien roustés ensemble peuvent former la mèche, et des barres embrassant le tout et roustées l'une à l'autre composent le safran; quant aux câbles qui doivent maintenir ce gouvernail, quelques brasses d'amarre de poste ou mieux un bout de chaîne suffisent.

Avec ce gouvernail, le brick virait de bord de toutes les manières et évoluait parfaitement. Il navigua avec lui sous toutes les allures, ne tint pas la cape, mais prit fuite devant le temps. Si on filait moins de deux nœuds, il frappait l'étambot et on devait alors frapper sur la tête de la mèche un palan venant du grand mât. Cette circonstance donna à supposer au capitaine Lucas que ce gouvernail fatiguerait en cape et qu'il vaudrait mieux la tenir sans lui, en le faisant soulever hors de l'eau; c'est à quoi il s'était disposé.

Cet inconvénient, le seul qu'il lui ait trouvé, disparaîtrait sans aucun doute, si le gouvernail était présenté dans la jaumière au lieu d'être placé à l'extérieur du couronnement.

Cette machine est restée en place vingt-trois jours dans les plus gros temps, le capitaine Lucas avait la certitude qu'elle aurait tenu pour faire le tour du monde.

Gouvernail du capitaine autrichien Marco Starcich.

Ce gouvernail a la forme d'un parallélipipède rectangle (Pl. xv) dont la hauteur PP est de 1^m à 1^m,30, et la largeur de 0^m,60 à 0^m,90 ; son épaisseur est de 0^m,12 à 0^m,15. Il est composé de madriers horizontaux placés l'un au-dessus de l'autre que l'on assujettit par un doublage extérieur de bordages verticaux cloués solidement. Sur la face d'épaisseur PP sont fixés deux cercles en fer empruntés aux vergues de hune de rechange ou aux bouts des guindeaux ; aux faces supérieure et inférieure sont appliqués, au moyen de pattes d'oie, deux cordages *rr* et *bb* dont l'un sert à amener, et l'autre à hisser le parallélipipède. Sur chacune des parois *pp*, un bout de chaîne reçoit une petite aussière *e* devant servir de drosse. Par le trou de jaumière et le long de l'étambot, on descend verticalement un fort espars devant servir d'axe au gouvernail. Pour maintenir invariablement cet axe contre l'étambot, on saisit solidement sur le pont son extrémité supérieure, et on fixe sur l'autre extrémité deux bouts de chaîne *g,g* que l'on raidit à bord au moyen d'un cartahu double dont le courant rentre en dedans par le sabord placé le plus à proximité du chaumard d'écoute de la grand'voile. A l'extrémité inférieure de l'espars *aa*, on aiguillette une poulie pour y passer le hale-bas *bb* du parallélipipède et pouvoir ainsi le manœuvrer du pont. Dans le but d'augmenter l'angle des drosses avec le gouvernail, on pousse par un des sabords latéraux de l'arrière un espars que l'on bride à des boucles en dedans et aux extrémités duquel on frappe deux poulies. La drosse s'enroule sur la roue, passe dans ces poulies, et va faire dormant sur les bouts de chaîne fixés aux faces du gouvernail ; cette installation suffit, le plus souvent, pour gouverner comme à l'ordinaire.

Il résulte des expériences multipliées auxquelles cette machine a été soumise que, par une faible brise, le gouvernail doit être remonté à la surface pour avoir son maximum d'action, tandis qu'il doit être plongé presque jusqu'à l'extrémité de l'étambot, lorsque la vitesse du navire est considérable. Avec un sillage moyen, on l'amène au milieu.

Avec ce gouvernail, le brig autrichien *Norma* gouverna pendant trente jours, de Caudie à Trieste, et louvoya avec tant de précision pour gagner son mouillage, que les spectateurs du rivage ne pouvaient comprendre quel moyen le capitaine avait imaginé pour suppléer au gouvernail ordinaire.

Gouvernail du capitaine Bassière.

Ce gouvernail est léger, facile à monter, se compose de pièces qu'on trouve facilement à bord, mais offre l'inconvénient de présenter une trop grande surface aux coups de mer.

Le capitaine Bassière construisit avec des cloisons un plateau dont la figure était un triangle isocèle terminé à la base par un demi-cercle ayant pour diamètre le petit côté du triangle; les côtés égaux avaient chacun les deux tiers de la hauteur du tirant d'eau, le petit côté ou diamètre du cercle était les trois cinquièmes d'un des autres côtés. Les planches d'une face étaient placées et clouées dans une direction parallèle à un des grands côtés, et celles de la face opposée étaient parallèles à l'autre côté. Aux deux faces, un bordage fut assujetti sur le petit côté du triangle; un autre bordage allait du milieu de ce côté au sommet de l'angle opposé, et un troisième parallèle au premier s'appuyait sur le deuxième aux trois septièmes du sommet de l'angle et débordait un peu la machine vers la partie qui devait être de l'arrière.

Une bague faite par plusieurs tours d'un filin bien fourré était embrassée par un grelin en double et servait en quelque sorte de ferrure d'étambot; elle était maintenue en position par les deux doubles du grelin qui, passant par-dessous le navire, rentraient à bord par les écubiers; on la chargea d'une ou deux gueuses pour la faire couler jusqu'au tiers inférieur du tirant d'eau, et pour la diriger convenablement sur l'étambot, on y introduisit trois bouts de filin dont les doubles furent conservés à bord; l'un d'eux appelait du milieu du couronnement, les autres de chacune des extrémités.

Un grelin fut passé dans cette bague; il faisait dormant sur les extrémités d'en dedans des bordages cloués sur le petit côté du gouvernail et rentrait à bord par la jaumière, après avoir passé dans une autre bague fixée sur le bordage au sommet du triangle. Ce grelin était écarté de l'étambot par un coussin en bois qui empêchait le frottement sur les femelots et se raidissait en dedans. Un autre grelin servait de balancine au gouvernail; il faisait dormant dans un trou au sommet du triangle et rentrait à bord par une poulie aiguilletée sur l'extrémité d'un espars saillant en dehors d'environ deux mètres. Cette balancine servait à diriger le gouvernail et aussi de retenue à deux hommes placés sur la tête de la machine pour faciliter l'opération.

Enfin un faux bras de chaque bord était frappé sur des pattes d'oie faites sur les extrémités arrière des deux bordages parallèles et venait

s'enrouler sur le marbre de la roue, après avoir passé dans une poulie
à l'extrémité d'un arc-boutant poussé par un sabord de l'arrière.

Ce gouvernail fonctionna très-bien pendant quarante heures qu'on
en fit usage et permit d'évoluer parfaitement.

Gouvernail du capitaine Quoniam.

Le capitaine Quoniam effectuait sur le navire *la Pallas* son retour de
l'île Bourbon en France, lorsque assailli par des coups de vent de
N.-O. successifs dans les parages du cap de Bonne-Espérance, le gouvernail fut arraché de l'étambot avec ses ferrures. Après avoir eu recours infructueusement à divers moyens provisoires de gouverner, il
imagina et fit exécuter ce qui suit :

Une vergue de hune de rechange fut mise en travers sur l'arrière du
mât d'artimon ; ses deux bouts sortant tribord et bâbord par deux sabords de l'arrière furent solidement saisis. On la maintint en outre au
moyen de bras amarrés sur l'avant, par le travers du grand mât. Une barrique fut sciée en deux par son milieu, de façon à former deux bailles d'é-
gale grandeur. Chacune d'elles fut embrassée par une estrope en fort filin.

Cette estrope était placée de façon qu'après avoir formé la croix sur
le fond de la baille, chacune de ses quatre branches était saisie autour des bords supérieur et inférieur, ainsi qu'avec deux erses en filin
faisant le tour de la baille, par des amarrages passés dans des trous
pratiqués exprès dans les douvelles. Ces erses consolidaient le cerclage
des bailles et maintenaient aux extrémités de deux diamètres perpendiculaires les quatre branches de l'estrope. Ces branches se réunissaient
deux à deux de manière à former deux pattes d'oie à environ un mètre
au-dessus du bord supérieur de la baille. Chaque patte d'oie fut garnie
d'une cosse ; l'une d'elles, de quelques centimètres plus longue que
l'autre, reçut une moque d'étai au-dessus de la cosse.

On prit ensuite deux bouts d'aussière de la moitié de la longueur du
navire. Une des extrémités fut capelée au bout de la vergue de hune et
l'autre bout fut frappé sur la cosse de la patte d'oie qui portait une
moque.

Sur le bout de la vergue, à deux mètres en dehors du bord, on
frappa de chaque bord une poulie dans laquelle on passa un faux bras
dont le bout fut amarré sur la seconde patte d'oie, après avoir été passé
dans la moque de la première. Ce faux bras fut enroulé sur le cylindre
de la roue du gouvernail. Les deux bailles ainsi préparées furent jetées
à la mer après avoir été bien goudronnées.

Le cordage enroulé sur la roue fut réglé de façon que la barre étant supposée droite, il se trouvât également mou des deux côtés (c'était la drosse) et que sa partie comprise entre la poulie et la baille (le garant) fût plus long d'un diamètre de barrique que le bout d'aussière (la pantoire), compris entre le capelage de la basse vergue et la même baille.

Il résulta de cette disposition que, la roue étant droite, les deux bailles flottèrent à plat traînées par une de leurs pattes d'oie, elles glissèrent en sautillant sur la surface de la mer. Mais aussitôt que l'on tourna la roue à tribord, la drosse de tribord s'enroulant davantage et celle de bâbord se déroulant au contraire, le garant de tribord se raidit en se raccourcissant, et lorsqu'il fut de même longueur que la pantoire, la baille de tribord s'étant dressée comme un bateau de loch offrit son ouverture à la mer, et créa un tel obstacle surtout à cause de la longueur de la vergue, bras de levier immense à l'extrémité duquel il agissait, que le navire abattit de suite sur tribord comme s'il avait obéi au meilleur des gouvernails.

Lorsqu'on redressa ensuite la roue, la baille de tribord se coucha de nouveau à plat, car la drosse de tribord en filant fit mollir la patte d'oie sur laquelle elle était frappée; et les deux bailles n'offrant plus qu'une résistance insensible et d'ailleurs égale de chaque bord, le navire navigua droit.

Enfin, lorsqu'on tourna la roue à bâbord, la baille de bâbord se redressa à son tour et le navire abattit sur bâbord.

Tel fut l'ingénieux moyen employé par le capitaine Quoniam, pour suppléer provisoirement à la perte du gouvernail en attendant qu'un gouvernail de fortune fût construit et mis en place. Quelques heures avaient suffi à son installation.

Il sera urgent dans la plupart des circonstances de consolider le fond des bailles pour qu'elles puissent résister efficacement à la pression de l'eau; aussi doit-on douter que l'appareil du capitaine Quoniam puisse être mis en usage sur un bâtiment d'un tonnage élevé.

NOTE V.

Ce n'est que dans des circonstances très-rares qu'on pourra établir
un radeau d'après le moyen décrit (page 254), car le bâtiment aura
presque toujours des mouvements de roulis trop considérables qui.
s'opposeront à sa construction ; mais le procédé suivant paraît si simple
au capitaine J. Sedgwick, auquel nous en empruntons la description
qu'il croit devoir le porter à la connaissance de tous les marins, parce
qu'ils auront toujours la possibilité de le mettre à exécution même
dans les plus violents coups de vent.

Avec trois bouts dehors de bonnette de hune ou de bonnette de perroquet, les placer sur le pont et fixer sur chacun d'eux deux boucles ou
crampes, l'une à 0^m,30 ou 0^m,40 de l'un des bouts. Cela fait, soulager
cette extrémité des espars, l'ouvrir et former ainsi un triangle ; passer
ensuite une saisine dans les crampes fixées aux autres extrémités pour
les maintenir bien assujetties.

Si les roulis sont considérables, frapper sur ces mêmes extrémités
des retenues raidies en abord. Le triangle une fois formé, il n'y aura
pas grande difficulté à compléter le radeau, car les hommes pourront
se maintenir sur ses côtés ; on bridera donc d'un côté à l'autre à
toucher les bouts inférieurs trois petits espars, et le même nombre d'espars à 0^m,70 ou 0^m,80 des autres extrémités ; les bridures seront assujetties au moyen de clous ou de crampes de manière à ne pouvoir
courir ; puis on placera entre les pièces transversales trois pièces à eau
vides que l'on saisira de manière à ce qu'elles ne puissent courir.

Le radeau est ainsi gréé, sa partie supérieure est le refuge où l'on
établit avec du cordage une sorte de filet dans lequel les hommes peuvent trouver une sûreté comparative, car il n'est pas de lame qui puisse
les enlever et rien ne peut chavirer un radeau construit de cette manière. Il peut être hissé par trois ou quatre hommes et jeté par-dessus

le bord à l'heure du besoin; il est assez grand pour recevoir un baril
d'eau, une caisse de biscuit; et au moment terrible où l'on a perdu
tout espoir de maintenir à flot le bâtiment, une couple de ces radeaux
tenus amarrés courts derrière pour être hors d'atteinte des débris de
mâture flotteront lorsque le vaisseau coulera et seront bien préférables
à un canot comme moyen de sauvetage.

Un pareil radeau serait certainement très-précieux, si un navire devait être promptement brisé sur les roches sans qu'il fût possible de
lui envoyer des secours du rivage.

Les barriques seraient si peu sous l'eau, même avec une douzaine
d'hommes, que le radeau serait apporté presque à sec sur le rivage; ni
courant ni brisants n'auraient pu le chavirer ou le mettre en pièces, si
les bridures avaient été faites avec soin.

NOTE VI.

La goëlette *la Doris* faisait son entrée dans la rade de Brest lorsque, près de la pointe du Porzic, elle fut surprise par un grain violent de N.-O. qui la coucha instantanément. L'eau entra alors à pleins panneaux; en un instant, la cale fut pleine et bientôt après le bâtiment coula.

Le fond avait, en cet endroit, une profondeur de 23 à 24 mètres; on crut qu'il serait possible de draguer le navire et de le relever. Il fallait avant tout s'assurer de sa position relativement au courant, et constater aussi si des ancres ou autres objets de nature à empêcher l'opération ne gisaient pas sur le fond près de lui. Les recherches effectuées dans ce but n'amenèrent la découverte d'aucun obstacle et l'on indiqua par des bouées la position de l'avant et celle de l'arrière.

Comme dispositions préliminaires, on mouilla dans le lit du courant deux bugalets qui comprenaient entre eux le bâtiment coulé et étaient placés à une demi-encâblure environ des bouées; on élongea ensuite six ancres à jet, dont trois sur l'avant et trois sur l'arrière de la goëlette, à un quart d'encâblure : celles du milieu furent placées sur une ligne qui s'écartait peu du plan longitudinal du navire. Cela fait, l'opération du draguage put commencer.

La chaîne qui devait servir à soulager l'avant fut embarquée dans une chaloupe et on fit ajust d'un grelin sur chacun de ses bouts. Celui qui était frappé sur le bout d'en dessus de la chaîne ayant été amarré à bord du bugalet mouillé sur l'arrière et contre lequel la chaloupe avait été accostée, cette embarcation se paumoya sur le grelin de l'ancre à jet mouillée le plus en dehors et commença à filer progressivement la chaîne lorsqu'elle fut parvenue à peu près par le travers de la goëlette; puis lorsqu'elle eut à arrondir sa route pour passer de l'autre bord du navire, elle se hala d'abord sur l'ancre à jet du milieu, et en second lieu sur celle d'en dehors.

Après que la moitié de la chaîne eut été filée, on frappa en son point milieu un orin garni de sa bouée et l'autre partie de la chaîne fut élongée de l'autre bord de la goëlette : pour effectuer cette opération, la chaloupe se hala sur les ancres à jet mouillées à l'arrière. Le bout du grelin frappé sur le bout d'en dessous de la chaîne fut porté sur le bugalet mouillé derrière et à bord duquel on vira les deux grelins à la fois pour faire glisser la chaîne sur le fond jusqu'à ce qu'elle fût arrêtée sous l'avant du navire. L'orin frappé sur le milieu de la chaîne devait servir à la soulager, si elle s'était trouvé retenue au fond.

Par des moyens analogues, on élongea une autre chaîne sur l'arrière du navire. Après que cette opération eut été achevée, les bugalets se halèrent par le travers de la goëlette à peu près, un de chaque bord. Sur chacun d'eux, on avait disposé un bout de chaîne long de quelques mètres, portant à chacune de ses extrémités une cigale à boulons. Dans ces cigales, on passa les chaînes qui avaient été engagées sous le navire, après quoi on laissa glisser chaque petit bout de chaîne jusqu'à toucher les flancs de la goëlette. Préalablement, les chaînes avaient été égalisées en longueur pour que leurs bouts fussent appliqués vers le milieu du navire. L'emploi de ces bouts de chaînes permit de faire venir les chaînes directement sur les bugalets où elles furent virées avec des marguerites et des caliornes, et la goëlette put être soulagée à une certaine hauteur au-dessus du fond. Le reste de l'opération qui consistait à amener le bâtiment à fleur d'eau ne fut plus qu'un travail de caliornes qui s'effectua sans difficulté.

NOTE VII.

Les récits des divers naufrages sont remplis de faits tendant à prouver qu'un bâtiment ne devrait pas quitter le port, sans être pourvu d'un certain nombre de ceintures de sauvetage qui seraient, dans la plupart des cas, un moyen de salut pour l'équipage et les passagers.

On se rappelle que, lors du naufrage de l'Atlantic qui eut lieu en 1846, des ceintures de sauvetage furent jetées en quantité sur le pont du bâtiment ou à la mer, au moment du danger; que les passagers ou autres se les attachèrent au corps ou s'en saisirent, et qu'un grand nombre d'entre eux furent soutenus sur l'eau à l'aide de ces appareils et portés par les lames jusqu'au rivage où ils furent recueillis.

Des ceintures peuvent être confectionnées à très-peu de frais avec des matières que chaque bâtiment possède. Dans son ouvrage (*Manuel du Gréement*), le capitaine de frégate Henri de Littrow, de la marine autrichienne, donne la description d'une ceinture de sauvetage dont la simplicité et la facilité d'exécution méritent d'être connues.

Cette ceinture (Pl. xv) se compose de cinq petits coussins de toile à voile remplis de rognures de liége, elle occupe très-peu d'espace et peut soutenir sur l'eau un poids considérable. Son partage en cinq coussins donne la facilité de l'appliquer commodément autour du corps; une bretelle fixée au milieu de la ceinture par chacune de ses extrémités, et des cordons cousus sur chacun de ses bouts permettent de bien la maintenir. Sa valeur est de 3 fr. 75; c'est le prix de la toile, du fil et du liége. Les intervalles entre *a* et *b*, *b* et *c*, *c* et *b*, *b* et *a*, doivent être laissés vides de liége et piqués solidement. La bretelle *dd* est cousue dans les deux intervalles de *b* à *c* et de *c* à *b*; l'extrémité des deux galons *e* peut porter un œil et un cabillot. La longueur des cinq coussins avec les intervalles et les ourlets des deux bouts est de $1^m,45$ et la hauteur de $0^m,28$ à $0^m,30$.

Les coussins doivent être remplis le plus serré possible, pour qu'ils ne s'imbibent pas d'eau ; il faut donc que le liége soit coupé menu. Le partage de l'appareil en cinq parties séparées offre cet avantage : que si l'une d'elles est déchirée ou mise hors de service l'appareil peut néanmoins encore servir, ce qui n'arrive pas avec les ceintures à air.

NOTE VIII.

M. le Baron de Bonnefoux, dans les « Nouvelles Annales de la marine, 1ᵉʳ semestre 1854, » donne la description suivante du grappin Porte-Amarre de M. Tremblay.

« Le grappin Porte-Amarre sert à lancer une corde armée d'un
« grappin, et il y est joint tout ce qui est nécessaire au tir, c'est-à-
« dire : force motrice, corde, affût et accessoires; le tout est logé
« dans une caisse appelée *caisse de sauvetage*.

« La force motrice consiste en une fusée de guerre de 95 milli-
« mètres qui est le plus gros calibre des fusées actuellement en usage
« parmi celles qui se trouvent à bord des bâtiments; mais l'obus que
« ces projectiles portent en tête est ici remplacé par des crochets en
« fer et par un chapiteau en bois de forme ogivale : ce chapiteau est
« percé, suivant son axe, d'un trou central destiné à recevoir les
« instructions ou les demandes écrites que l'on peut avoir à faire par-
« venir soit du bord à terre, soit de terre à bord. On dirige cette fu-
« sée à l'aide d'une baguette à laquelle est attachée une chaîne en
« fer qui tient à la corde qu'il s'agit d'envoyer. L'extrémité de cette
« corde est recouverte en basane sur une longueur de deux mètres,
« afin de la garantir du feu.

« Ainsi, la fusée est convertie en un *grappin Porte-Amarre* dont
« toutes les parties peuvent supporter un effort de *mille kilogrammes*.
« Les gaz enflammés devant s'échapper par des trous, ceux-ci sont
« filetés à leur partie inférieure et bouchés par des tétons taraudés
« en bronze, ainsi que le trou central qui est destiné à recevoir la
« baguette. Ces tétons taraudés ont un double effet : 1° de rendre
« les préparatifs du tir plus prompts, car les bouchons en liége dont
« on se sert habituellement sont souvent cassés, ce qui les rend

« difficiles à enlever ; 2° de faire du grappin porte-amarre un corps
« inerte à l'abri du feu et de l'humidité.

« La corde logée dans la caisse est enroulée en bobine autour d'un
« arbre en bois qui, retiré après l'opération, laisse un creux ou un
« vide dans lequel se placent les verges des grappins ; le développe-
« ment commence par la couche centrale, à travers un trou de même
« diamètre ménagé dans la cloison antérieure de cette caisse. La
« résistance de la corde, qui a 13 millimètres de diamètre, a atteint,
« dans des expériences faites à Toulon, le chiffre de 1600 kilogram-
« mes. Le pointage en hauteur se fait à l'aide d'un double quart de
« cercle tracé sur un des côtés de la caisse : sur ce même côté, sont
« placés deux triangles pour le pointage en direction. Au couver-
« cle, est adapté un auget, dans lequel, comme affût, se trouve le
« grappin de sauvetage.

« En moyenne, sous un angle de tir de 50 degrés, une corde de
« 11 millimètres de diamètre, longue de 438 mètres et pesant
« 32 kilogrammes, a atteint une portée de 422 mètres. Dans le tir
« du bord à terre, le grappin, s'enfonçant dans les vases ou s'accro-
« chant aux anfractuosités du sol, est destiné à fixer la corde sur
« une côte qui est un but immanquable, et la puissance de l'appa-
« reil est naturellement augmentée en raison de l'intensité du vent,
« si, comme on doit le présumer, il souffle dans cette direction. Dans
« le tir de terre à bord, le grappin sert à fixer la corde au navire
« vers lequel elle est lancée. Toutefois, cet usage, quelque important
« qu'il soit, n'est pas le seul auquel on puisse employer l'appareil,
« et l'on peut encore l'utiliser dans les suivants :

« 1° Rendre possible une communication avec un bâtiment dont
« l'état de la mer empêcherait un autre bâtiment de s'approcher ; et
« pouvoir ainsi faire parvenir des secours à un navire en péril ;

« 2° Lancer une remorque à un bâtiment, opération souvent difficile,
« et que le mauvais temps rend quelquefois impossible ;

« 3° Sauver un homme tombé à la mer dans les cas affreux où la
« prudence oblige impérieusement de renoncer à chercher à le sauver,
« de crainte d'ajouter à sa perte celle des canots et des marins que l'on
« pourrait envoyer à sa recherche.

« Dans ce dernier, cas, deux bouées de sauvetage sont toujours jetées
« à la mer dès que l'homme y est tombé ; s'il peut réussir à se cram-
« ponner à l'une d'elles, son salut est presque assuré à l'aide du grap-
« pin porte-amarre. Pour y parvenir, l'inventeur attache ensemble les

« deux bouées de sauvetage qui sont alors jetées à la mer, et la corde
« qui les réunit est disposée de manière à pouvoir se filer d'elle-même,
« à mesure que les deux bouées se séparent ou s'écartent l'une de
« l'autre. Cette corde de réunion forme par là un but d'une grande
« étendue, vers lequel on dirige le grappin porte-amarre. Le cordage
« sauveteur projeté par ce grappin se dépose alors sur le cordage de
« réunion, et il n'y a plus qu'à haler sur le premier pour faire cro-
« cher le grappin dans le second, et pour ramener à bord l'homme
« tombé à la mer, sans compromettre, dans de vaines et inutiles ten-
« tatives, la vie de ceux qu'on aurait pu envoyer à son secours.

Cette description terminée, M. de Bonnefoux ajoute : Il est donc à
désirer que les navires de guerre, aussi bien que ceux du commerce
de toutes les nations, soient désormais munis d'un appareil si simple
et si puissant, afin que nous n'ayons pas à gémir plus longtemps sur
les catastrophes qui, jusqu'ici, n'ont que trop affligé le cœur des amis
de l'humanité !

Nous donnons ci-après le tableau des expériences de tir faites par
M. Tremblay; le lecteur jugera de l'excellence des résultats obtenus
dans toutes les conditions possibles.

TABLEAU :

VENT.	Nᵒ D'ORDRE DU TIR.	ANGLE DE TIR.	CORDE DÉVELOPPÉE.			PORTÉES.	DÉVIATION.	LIEUX ET CIRCONSTANCES DU TIR.
			Diamètre.	Longueur.	Poids.			
		degrés.	mill.	m.	kil.	mètres.	mètres.	

CORDES DE L'ETAT.

Vent arrière.

VENT.	Nᵒ D'ORDRE DU TIR.	ANGLE DE TIR.	Diamètre.	Longueur.	Poids.	PORTÉES.	DÉVIATION.	LIEUX ET CIRCONSTANCES DU TIR.
Très-forte brise de N.-O., beau temps.	1er Coup. 18 nov. 1850.	52	13	420,00	44	396	6 (1)	TOULON. Tir de bord à terre, sur un bateau à vapeur.
	2e Coup. 18 déc. 1852.	50	7	575,93	21	560	bonne direction.	

Vent debout.

VENT.	Nᵒ D'ORDRE DU TIR.	ANGLE DE TIR.	Diamètre.	Longueur.	Poids.	PORTÉES.	DÉVIATION.	LIEUX ET CIRCONSTANCES DU TIR.
Forte brise d'O., pluie battante.	3e Coup. 18 déc. 1852.	50	13	318,10	30,800	316	5 (2)	Tir de terre sur un vapeur. Corde déposée sur le navire servant de but.

Vent oblique.

VENT.	Nᵒ D'ORDRE DU TIR.	ANGLE DE TIR.	Diamètre.	Longueur.	Poids.	PORTÉES.	DÉVIATION.	LIEUX ET CIRCONSTANCES DU TIR.
	4e Coup. 28 janv. 1854.	50	9 souple	453	36	450	10 au vent.	HAVRE. Tir à terre en présence des officiers du yacht impérial *la Reine Hortense*, sur lequel l'appareil a été installé.
	5e Coup. 28 janv. 1854.	50	14 souple	384	46	380	72 sous le vent,	
Jolie brise de S.-O.	6e Coup. 31 janvier.	50	9 roide.	434,4	46,35	(3)	(3)	Tir à terre exécuté de nuit. Cordes très-humides, du tir du 28, ayant été enroulées très-roides.
	7e Coup. 31 janvier.	50	14 roide.	319,1	49,35	(3)	(3)	
Faible brise de S.-E.	8e Coup. 4 fév.	42	14 souple	353,2	41,51	315	6 sous le vent.	BOULOGNE. Tir à terre exécuté comparativement avec l'appareil porte-amarre du capitaine Manby devant la *Société des Naufrages* de ce port, où l'on installa l'appareil Tremblay.
	9e Coup. 4 fév.	50	14 souple	397,7	47,51	340	21,2 sous le vent.	

Vent debout.

VENT.	Nᵒ D'ORDRE DU TIR.	ANGLE DE TIR.	Diamètre.	Longueur.	Poids.	PORTÉES.	DÉVIATION.	LIEUX ET CIRCONSTANCES DU TIR.
Jolie brise de S.-O.	10e Coup. 6 fév.	50	14 roide.	291,2	36	(4)	(4)	Tir de terre au large. Cordes humides du tir précédent, ayant été traînées sur le sable mouillé de la plage.
Faible brise d'O.	11e Coup. 7 fév.	50	14 roide.	317,2	39,51	(4)	5	

Vent oblique.

VENT.	Nᵒ D'ORDRE DU TIR.	ANGLE DE TIR.	Diamètre.	Longueur.	Poids.	PORTÉES.	DÉVIATION.	LIEUX ET CIRCONSTANCES DU TIR.
Faible brise.	12e Coup. 21 fév.	50	14 roide.	343	41,125	313,50	19 sous le vent.	VINCENNES. Tir au polygone, exécuté comparativement avec l'appareil porte-amarre de M. Delvigne.
	13e Coup. 21 fév.	42	14 roide.	269	40,150	261	10	

Vent arrière.

VENT.	Nᵒ D'ORDRE DU TIR.	ANGLE DE TIR.	Diamètre.	Longueur.	Poids.	PORTÉES.	DÉVIATION.	LIEUX ET CIRCONSTANCES DU TIR.
Faible brise.	14e Coup. 10 mai.	50	9 souple	428	29,75	(4)	(4)	HAVRE. Tir de terre au large (exécuté le jour où arriva la nouvelle du naufrage du *Jonathan*) devant les autorités maritimes du port.

(1) Le navire étant mouillé sur une seule ancre, on n'a pu, à cause des embardées, mesurer la déviation.
(2) Corde déposée sur le pont du navire servant de but.
(3) Tir de nuit. — Les portées n'ont pu être déterminées.
(4) On n'a pu toujours mesurer les déviations. — La mer, montant très-vite, a empêché de mesurer les portées.

VENT.	Nᵒ D'ORDRE DU TIR.	ANGLE DE TIR.	CORDE DÉVELOPPÉE.			PORTÉES.	DÉVIATION.	LIEUX ET CIRCONSTANCES DU TIR.
			Diamètre.	Longueur.	Poids.			
Vent oblique.								VINCENNES.
Faible brise.	15ᵉ Coup. 1ᵉʳ août 1855	50	14 souple	339,4	40,11	313,4	Bonne direction.	Tir au polygone précédant les essais devant le jury de l'Exposition.
Vent debout.								CHAMP DE MARS.
Très forte brise de N.	16ᵉ Coup. 28 sept.	50	14 souple	330	39	310	Nulle.	Tir comparatif entre le porte-amarre Delvigne et l'appareil Tremblay, exécuté en présence du jury de l'Exposition universelle, présidé par S. A. I. le prince Napoléon
	17ᵉ Coup. 28 sept.	50	14 souple	387,2	48,6	300	Bonne direction.	
Faible brise.	18ᵉ Coup. 29 juillet 1856	50	14 souple	419	50,280	355	2,80	VINCENNES.

CORDES DU COMMERCE

VENT.	Nᵒ D'ORDRE DU TIR.	ANGLE DE TIR.	CORDE DÉVELOPPÉE.			PORTÉES.	DÉVIATION.	LIEUX ET CIRCONSTANCES DU TIR.
			Diamètre.	Longueur.	Poids.			
Vent debout.								BOULOGNE.
Jolie brise de S.-O.	1ᵉʳ Coup. 6 février 1854.	50	8 à 9 dure.	97 (5)	79	»	»	Corde cassée par suite d'un vice d'installation. Cette corde se développait sur un cuir à angles vifs.
Faible brise d'O.	2ᵉ Coup. 7 février 1854.	50	8 à 9 dure.	430,04	20	(4)	15	Même corde que ci-dessus, angles vifs abattus.
Vent oblique.								VINCENNES.
Faible brise de N.-E.	3ᵉ Coup. 21 février 1854.	50	7 dure.	521	27,875	471	3	Tir au polygone.
	4ᵉ Coup. 29 juillet 1856.	48	15 souple.	435	79,325	380	0	Idem.

(5) La seule rupture de corde arrivée dans ces essais est due à un vice d'installation, le pourtour du trou de développement de cette corde ayant été garni avec un cuir à angles vifs qui l'a littéralement coupée.

Les fusées 17ᵉ coup (avec corde de l'État) et 4ᵉ coup (avec corde du commerce) étaient du calibre de 9 centim. de la guerre. — Toutes les autres de 9 centim. de la marine. Celles de la guerre contiennent 7ᵏ,500; d'une composition plus vive que celles de la marine, elles ont une puissance de 550 kil.; celles de la marine contiennent 6 kil. de composition seulement, et n'ont qu'une puissance de 330 kil.

Le devis de l'appareil de sauvetage est le suivant :

$$\text{Volume extérieur de la caisse.} \begin{cases} \text{Coffre} \dots & 0^{m2},168 \\ \text{Affût} \dots & 0\ ,0096 \\ \text{Châssis} \dots & 0\ ,0035 \end{cases} 0^{m3},1811$$

Volume intérieur .... 0^{m3},1225

Poids (non compris les ferrures) .... 31^{kil},000

$$\text{Contenance.} \begin{cases} \text{Une bobine de corde} \begin{cases} \text{Diamètre.} & 0^m,013 \\ \text{Longueur.} & 362\ ,88 \end{cases} 43\ ,600 \\ \text{Une fusée-grap. (marine) de } 0^m,095 \dots\ 12\ ,000 \\ \text{Un tube à mèche} \dots\ 1\ ,000 \end{cases} \text{POIDS TOTAL : } 87^{kil},600$$

PRIX.

$$\begin{aligned} &\text{Caisse} \dots\dots\dots\dots\dots\dots\dots\dots & 10^{fr},00 \\ &\text{Fusée-grappin} \dots\dots\dots\dots\dots & 28\quad 75 \\ &362^m,88 \text{ de corde ayant } 0^m,013 \text{ de diamètre} \dots & 53\quad 62 \\ &\text{Tube à mèche} \dots\dots\dots\dots\dots & 1\quad 50 \\ &\text{Treuil pour le lovage de l'amarre} \dots\dots & 2\quad 00 \\ &\text{Deux plateaux circulaires en bois} \dots\dots & 0\quad 80 \\ &\text{Quatre bandes de fer coudées} \dots\dots & 2\quad 00 \\ &\text{Manivelle pour l'enroulement de la corde} \dots & 1\quad 50 \end{aligned} \quad \text{PRIX TOTAL : } 100^{fr},17$$

NOTE IX.

Les accidents de combustion spontanée sont très-fréquents sur les navires du commerce : les chargements de charbon, de coton, de chanvre sont ceux qui y donnent lieu le plus souvent. Avec de pareilles cargaisons, la cale doit être constamment aérée pendant toute la durée de la traversée, c'est-à-dire que toutes les fois que les circonstances de temps le permettent, il faut garder ouverts les panneaux de l'avant et de l'arrière et avoir les manches à vent en place. A l'air échauffé de la cale, on substituera ainsi un courant d'air frais, et si les marchandises ont été embarquées mouillées ou humides, elles seront après quelque temps séchées et rafraîchies.

Si cependant la combustion se déclare, il faut d'abord s'efforcer de découvrir l'endroit où elle existe, puis mettre en œuvre tous les moyens possibles pour soustraire le bâtiment aux dangers de l'incendie et prendre toutes les précautions nécessaires pour assurer le salut de l'équipage, si l'on doit être dans l'obligation d'abandonner le navire (§ 306).

Le capitaine Sedgwick, dont nous avons déjà parlé, conseille d'avoir recours au moyen suivant, pour se rendre maître du feu ; il engage toutefois à ne l'employer qu'après avoir pris les dispositions nécessaires pour sauver l'équipage : s'étant assuré du lieu où est situé le foyer de l'incendie, il faut d'abord condamner les panneaux et écoutilles pour empêcher l'air d'entrer dans la cale ; percer ensuite avec les plus fortes tarières que l'on a à bord quarante ou cinquante trous, dans le pont et presque de part en part, au-dessus de l'endroit où le feu existe ; pendant que cette opération s'exécute, on bouche les dalots et si les murailles des gaillards ont quelques interstices ou ne sont pas bien remplies, on doit placer des planches ou des voiles contre les allonges des membres pour remédier à ce défaut. Ces dispositions ayant été prises, verser de l'eau sur le pont jusqu'à une hauteur de 15 ou 20 centimètres et achever ensuite de percer les trous. La raison pour laquelle on ne doit pas les percer entièrement tout d'abord est évidente; l'eau, lorsqu'elle est sur le pont, empêche tout courant d'air de se précipiter en bas, et les trous étant en partie percés avant que l'eau couvre le pont, il est facile à ceux qui y travaillent d'éviter les baux. Malgré les 20 centimètres d'eau qui laveront le pont, la main pourra facilement retrouver les trous, car ils ne devront pas occuper sur le pont une surface de plus de $1^m,50$ à 2 mètres carrés. Le but essentiel que l'on se propose est d'amener l'eau sur le feu, sans qu'il y ait courant d'air; c'est pour cela qu'il faudra avoir bien bouché toute espèce d'ouvertures, et si l'on s'aperçoit que les coutures extérieures laissent échapper de la fumée, on y collera du papier ou du linge. Tout le monde est employé à pomper et à puiser l'eau que l'on jette sur le pont pour qu'il y en ait toujours en quantité suffisante au-dessus des trous, de manière à empêcher l'entrée de l'air ; et lorsqu'on juge qu'il a été introduit assez d'eau dans la cale, on bouche immédiatement les trous, après quoi l'on attend une heure avant d'enlever un des panneaux pour constater le résultat obtenu.

FIN DES NOTES.

TABLE

SERVANT AUSSI DE QUESTIONNAIRE.

SECTION I.

DU BATIMENT DANS LE PORT.

MATAGE DU NAVIRE.

SECTION II.

DU BATIMENT SUR RADE.

AMARRAGE DU BATIMENT SUR UNE RADE.

MANŒUVRE DES EMBARCATIONS.

SECTION III.

DU BATIMENT A LA MER.

DES APPAREILLAGES.

MANŒUVRE DES VOILES. — DES MAUVAIS TEMPS.

DU BATIMENT A LA CAPE ET FUYANT DEVANT LE TEMPS.

DES AVARIES.

AVARIES DANS LES MANŒUVRES COURANTES.

VOIES D'EAU. — ABATAGE EN CARÈNE.

DES MOUILLAGES.

FIN DE LA TABLE DES MATIÈRES.

CORBEIL, TYPOGRAPHIE ET STÉRÉOTYPIE DE CRÉTÉ.

le texte et tableaux, accompagné d'un atlas de 12 planches in-8...

Ouvrage approuvé par S. E. le ministre de la marine.

Le même ouvrage, [illegible] pages avec [illegible]
atlas de 17 planches [illegible]

[illegible] pour le programme de concours au cabotage [illegible]
deux éditions du Traité des machines marines [illegible] in-9 [illegible]

Note sur les machines à vapeur [illegible]

Étude des machines à vapeur [illegible]
Deux tableaux de très grande dimension pour l'enseignement [illegible]
[illegible] accompagné chacun d'une légende descriptive [illegible]
chacun à balancier; 2e tableau, machine à hélice [illegible]

[illegible] **LACARRIÈRE.** Cours [illegible]